都铎王朝时期英格兰海事法庭研究

A STUDY ON THE COURT OF ADMIRALTY OF ENGLAND IN THE TUDOR DYNASTY

韩晨光 —— 著

MARITIME COURT

法律出版社
LAW PRESS · CHINA
北京

图书在版编目(CIP)数据

都铎王朝时期英格兰海事法庭研究 / 韩晨光著. --
北京:法律出版社,2024
ISBN 978-7-5197-8959-6

Ⅰ. ①都… Ⅱ. ①韩… Ⅲ. ①都铎王朝-海事法规-
研究 Ⅳ. ①D993.5

中国国家版本馆 CIP 数据核字(2024)第 064187 号

都铎王朝时期英格兰海事法庭研究
DUDUO WANGCHAO SHIQI YINGGELAN HAISHI FATING YANJIU

韩晨光 著

策划编辑 田 浩
责任编辑 田 浩
装帧设计 贾丹丹

出版发行 法律出版社
编辑统筹 法商出版分社
责任校对 王语童
责任印制 胡晓雅
经　　销 新华书店

开本 710 毫米×1000 毫米 1/16
印张 16.25 **字数** 221 千
版本 2024 年 10 月第 1 版
印次 2024 年 10 月第 1 次印刷
印刷 唐山玺诚印务有限公司

地址:北京市丰台区莲花池西里 7 号(100073)
网址:www.lawpress.com.cn
投稿邮箱:info@lawpress.com.cn
举报盗版邮箱:jbwq@lawpress.com.cn
销售电话:010-83938349
客服电话:010-83938350
咨询电话:010-63939796

书号:ISBN 978-7-5197-8959-6
定价:78.00 元

凡购买本社图书,如有印装错误,我社负责退换。电话:010-83938349

序

PREFACE

晨光博士在其大作《都铎王朝时期英格兰海事法庭研究》完成之际，特意将书稿寄送给我拜读，并言该书付梓在即，嘱我为之作序。因与晨光有师生之谊，其好意自然无法推辞，但以序言为其大作增彩则不敢想，唯与晨光博士经历了该作从孕育到成熟的全过程，亲自见证其经年努力最终结成了硕果，内心为之感到欣喜而已。

晨光博士在具有悠久海商法专业传统的院校经历了大学和硕士阶段的学习，具备了深厚的法学尤其是海商法学术功底，不仅对当代海事海商法的立法和实践，颇有研究心得，而且对历史上的海事海商法也产生了浓厚的兴趣。正因如此，晨光博士选择进入复旦大学外国法制史专业继续攻读博士学位，并明确了聚焦欧洲中世纪海事海商法的研究旨趣。在校期间，晨光博士遍览了《罗德海商法》《康索拉多海商法典》《巴塞罗那海商法典》《奥列隆法典》《维斯比海商法》等所有能够入手的中世纪海商法典，并在此基础上，埋头研究英国中世纪社会，广泛搜集材料，在迷雾一般的素材中抽茧剥丝，探寻英国的海商法实践，海事将军以及海事法庭的来龙去脉，最终确定了以都铎王朝时期英格兰海事法庭作为研究课题。他在读博和任教期间，不断完善研究文稿，几经磨砺，数度苦寒，终修成正果。

晨光博士的研究虽然聚焦于英国都铎王朝时期的海事法庭，但将其置于欧洲中世纪商业和城市复兴的宏大场域之中。大致从 11 世纪开始，欧洲整体步入了商业和城市复兴阶段，在陆上贸易兴盛的同时，海上运输也逐渐繁忙，明显呈现出从东地中海向西地中海转移的轨迹，与大西洋沿岸的海上贸易路线以及传统的北海波罗的海贸易区连接起来，海商法文本的编纂和承继以及海事法庭的实践也反映出这种贸易流动的特点。由于海上运输涉及船主、船长、船员、商人、乘客等诸多主体，涉及契约、货物、港口、抛货、海损等多重法律关系，同时跨越不同国家、不同领地、不同海域等多重管辖空间，其呈现出与陆地贸易迥然不同的特征，迫切需要特殊的法律进行调整，需要专设的法庭处理纠纷。英国海事法庭的兴起和成熟，正是这一海上贸易兴盛浪潮中的一环。海上运输在大西洋海域的兴起，把英国纳入了欧洲海上事业的循环圈，促使英国海商法和海事法庭从混沌中产生并发展；不同国家和地域的船只在大西洋和英国海岸的聚集，衍生出新的法律调整对象和法律领域，为英国海事法庭提供了发挥功能的空间；海商事行为和法律的国际性特征，使英国与大陆沿岸的法国、西班牙等共享《奥列隆法典》等海事法律文本，使英国法越出普通法的狭隘范围而与欧陆法产生关联。

晨光博士将关于英国都铎王朝时期海事法庭的研究置于整个普通法制度中进行考察。自 11 世纪诺曼入主英国，萌芽之初的普通法，就与欧洲大陆的法律传统分道扬镳，形成了以司法创制法律的独特机制。由于司法带有强烈的实践性，法律制度往往是在功能性的追求中逐步生长出来，所以带有模糊性，无论是王室法庭、令状制度、陪审制度等等都难以追究其清晰的源头，而是在变化和适应社会中逐步成熟。这些与司法有关的制度类似某种复杂的造法机器，在司法实践的同时法律也逐步统一。同样的，为了适应社会的转型和变化，也往往在不动摇原来法律基础的前提下生长出新的制度，或者对前者进行补充或者进行更新。在英国普通法形成的过程中，正是王室司法体系逐步取代了地方性的司法体系，而走向法律的统一；正是衡平法庭的出现，弥补了普通法无法应对社会转型和变化的僵化和不足。立足普通法的特点和背景，我们就能逻辑地理解为什么并不具有司法功能的海事将军逐渐衍生出了审判职能，在与普通法的管辖权冲突中逐渐立足，并在与普通法协调中形成了独特的原则，取得了独立地位。

晨光博士将关于都铎王朝时期海事法庭的研究置于英国王权加强的背景

之下，揭示海事法庭的政治价值和意义。其实，王权与法律的关系是理解英国法律和司法制度的关键所在。与欧洲大陆不同，自诺曼入侵后英国就走上了王权统一的道路，而这种统一是通过司法制度和法律统一而维持的。正是王室法庭和普通法的形成，限缩或者消除了地方法庭和习惯法的影响，在法律层面使王权实质化。当普通法逐渐成熟而成为限制王权的存在时，衡平法的出现赋予了国王以公平正义的形象，同时也给国王提供了进一步伸张权力的机会。以此逻辑，海事法庭和都铎王权之间的密切关系，符合英国历史发展的一贯特点。都铎王朝被认为是英国君主权力最为集中的时期，而王权加强是从中世纪向近代过渡消除封建割据的必由之路，因为王权和封建诸侯的力量是此消彼长的关系；也是商人阶层兴起和商业发展的必然诉求，因为商业发展要求王权的统一，统一的王权不仅可以实现国内市场的统一，而且可以强力支持商人的海外拓展。因此，都铎王朝时期王权支持海事法庭的独立以及海事法庭通过司法维护海洋权益、扩张王室权力，均符合英国从中世纪向近代演化的历史逻辑。

晨光博士关于都铎王朝时期海事法庭的研究虽然属于法律史的范畴，但也充满了现实的关怀。正如其在导论中所说，尽管今日英国在海洋军事上已失去往日辉煌，但其海事法律体系仍然影响着当代国际的海事审判与仲裁，英国海事法庭的实践深刻影响了国际关系准则的形成，这种现象值得我们从历史的角度去透视。从中世纪开始，包括海商法在内的商事法律就有独特的起源，其并非来自罗马法理论和原则的推演，而是来自中世纪商人们的实践和各地习惯的磨合。商事法律的习惯特征深刻影响了近现代社会，也意味着近现代的商事法律具有很强的历史性。因此，对历史上的商事法律进行研究不仅具有学术价值，而且具有重要的现实意义。

选择这样一个主题进行研究需要一定的勇气。关于中世纪海商法的研究国内基础薄弱，可资借鉴的成果较少，需要在相对空白的基础上进行拓荒；关于中世纪历史的资料比较散乱，需要花大量的时间进行搜集、辨别，加上语言的限制，为此付出的劳动是巨大的；英国海事法庭是在一系列平行存在的法庭中逐步萌芽生长的，需要条分缕析才能将其从杂乱的关系中剥离出来，为此需要艰苦细致的工作；同时，由于海商法辐射范围广，具有国际性特征，需要在与外部的广泛联系中进行考察，这考验着研究者把握中世纪整体历史的能力。晨光博士的研究成果在克服了这些困难的基础上，以扎实的资料基础，通过纵向的历史追溯和静态的社会考察，很好地复原了英国海事法庭起源、发展、成熟的全过程，并揭示了海事法庭与普通法、王权和外部政治体的复杂关系，在史实、逻辑和立意方面均称得上是成功之作。

希望该书的出版能够在一定程度上填补中世纪海商法研究领域的空白，并激起学界对中世纪海商法文本、法庭实践方面的研究兴趣。寥寥数语不足以概括本书的精彩，也不足以道尽研究之路的艰辛，唯以此表达对研究者的敬意！

赵立行于复旦

2024 年 10 月 9 日

前　言

FOREWORD

英格兰海事法庭的演进及其对政治、法律、社会等的影响是学界长期争论的问题，而本书将要解决的主要问题是都铎王朝时期的英格兰海事法庭如何服务都铎王权及其海洋、外交等战略。本书将都铎王朝时期的英格兰海事法庭作为静态研究对象，依循对法庭的一般认识逻辑，由下至上逐步阐明它的权力基础、审判机制、管辖、法律适用，并通过论述它与都铎王权的关系阐释海事法庭对都铎王朝时期英格兰政治、法律、经济社会以及国际关系准则等的影响，从而解决提出的问题，这也是本书最大的创新点，即将海事法庭与都铎王权联系起来，论证其作用关系。

由于学界可能对海事法庭不太熟悉，首先须梳理海事法庭在都铎王朝前的发展脉络与特点。权力基础与司法格局方面，都铎王朝之前没有高级海事将军，也没有高级海事法庭，各海事将军治下的海事法庭各自为政，海事司法呈现虚化与分散的特点。管辖方面，海事将军司法职能的范围与海事法庭的管辖范围并不重合，到15世纪末，海事法庭仅可管辖海盗等特定案件。而在法律适用方面，《奥列隆法典》等制定法与地方习惯在海事法庭得到复合适用。

进入都铎王朝后，海事法庭首先实现实质化，表现在海事将军司法特权的实质化、海事法庭令状的类型化以及审判与执行特权的自主化三个方面；又以高级海事将军以及高级海事法庭为标志实现统一化，甚至在没有海事将军的情况下海事法庭仍可以运作，成长为独立的国家司法机关。基于此，英格兰对海事法庭的审判机制有一些设计。一方面，都铎王朝时期建立起“国王代表人审查制度”，审理上诉案件的资格成为国王可以授予的特权之一；另一方面，都铎王朝时期建立起“海事陪审”制度，具有无须申请令状、仅负责审判案件事实等特点。海事上诉和海事陪审都是英格兰移植大陆法系或英美法系中特定程序的尝试，有一定效果，但总体没有发挥出它们在各自法系中本来的重要作用。

与审判机制的设计效果相反，都铎王朝时期海事法庭的管辖范围得到十足扩张，并发挥出巨大作用。在拓展王室收入来源、执行国际贸易政策等“都铎动因”的驱使下，海事法庭以判决、利用海事将军影响力等方式确立了“一般海事管辖权”，突破了案件类型的束缚。在王权的支持下，海事法庭一改都铎王朝之前的颓势，在与普通法法院以及地方政治势力的管辖之争中获胜成为常态。

都铎王朝时期海事法庭的法律适用同样有重大变化，在当时欧洲各地商法、海商法本土化的潮流下，海事法庭确立了包括道德良心原则、合理原则、对等原则等在内的司法原则，并在其指引下灵活适用法律。其中，海事法庭并不绝对优先适用《奥列隆法典》以及欧陆民法等“外国法”，对部分规则有重大调整；海事法庭几乎都会直接适用王国法令、非正式海事制定法等“国内法”，鲜有突破；海事法庭还会以效果为目标自主适用国际条约，并间接促成以国际会议、国王信件往来为核心的海事纠纷解决机制。

海事法庭能够在都铎王朝时期走向巅峰离不开都铎王权的支持，反过来海事法庭也对都铎王权有着重要作用。军事方面，海事法庭协助都铎王权巩固“准常备海军制度”以及“准海上游击”，海事将军也在皇家海军与海事法庭之间发挥着协同管理的作用；财政方面，海事法庭为王室开拓海洋这一来源，并建立了司法市场予以巩固；司法方面，海事法庭独立自主运作的背后是其对都铎王权的绝对服从，海事将军与海事法庭的深度切割也是都铎君主为继续扩大海事将军军事功能，剥离其因海事法庭受王国法令、议会等束缚的刻意设计；外交方面，都铎王权与海事法庭共同配合，客观促成了当时欧洲的国际关系准则，即王权之间的同态复仇，随着民族国家的形成，国家内部对此种准则的反思促进了当代国际法理论的形成。

总体而言，都铎王朝时期的英格兰海事法庭主要通过移植大陆法系的程序设计，扩张管辖权范围，以国王及其战略利益为导向适用法律以及在军事、财政、司法、外交等各个方面发挥巩固既有制度、开拓新的途径等能动性来服务都铎王权及其海洋、外交等战略。

目　录

CONTENTS

导　　论

一、选题缘由与意义

（一）选题缘由

该选题最初来自这样一个困惑：在关于都铎王朝时期英格兰的研究中，既然学者们广泛认可海军大臣（Lord High Admiral）、海军、海洋贸易对当时英格兰政治、军事、经济的影响，为何鲜有对海商海事法律或者海洋纠纷解决机制的研究与论述？难道当时英格兰的海商法（Maritime Law）、海事法庭（Court of Admiralty）没有研究价值？或是对历史发展无足轻重？

查阅相关资料后，发现其实并非如此。学界的相关研究虽然不多，但基本观点较为一致，即普遍认为海事法庭在都铎王朝时期走向巅峰，对英格兰本土商法、海商法的成型、发展起到关键作用，论据主要包括其搬迁至伦敦博士院（Doctors' Common）与当时教会法院等并列、海事法官与王室法院的法官互通有无、拥有保留庭审档案的权力、开始在海外殖民地设立副海事法庭等。最终，海事法庭在国内能够与普通法法院竞争，在国外则成为不少殖民地法院的终审机关，副海事法庭也是不少曾为英属殖民地国家、地区现代法院的起源。[①]

① 主要的相关研究参见 Edward Coke, *The Fourth Part of the Institutes of the Laws of England Concerning the Jurisdiction of Courts*, printed by John Steater and 4 others, 1671, p. 134 – 146; William Blackstone, *Commentaries on the Laws of England, in Four Books*, book Ⅲ, Banks & Brothers, 1877, p. 7 – 8; William Searle Holdsworth, *A History of English Law*, Vol. 1, Brown Little, 1924, p. 530 – 568, 634; Sherston Baker, *Office of Vice – Admiral of the Coast: Being Some Account of That Ancient Office*, BiblioBazaar, 2010, p. 1 – 18; 何勤华、魏琼主编：《西方商法史》，北京大学出版社 2007 年版，第 367 页；何勤华主编：《英国法律发达史》，法律出版社 1999 年版，第 1 – 72 页；程汉大、李培锋：《英国司法制度史》，清华大学出版社 2007 年版，第 81 页；马克垚：《英国封建社会研究》，北京大学出版社 1992 年版，第 106 – 107 页。

而学者们对都铎王朝时期英格兰海商法、海事法庭没有体系性研究的原因可能有二：一是学者们往往聚焦于涉及政治、经济、宗教等领域的重大历史事件来阐述都铎王朝，对法律不甚关注，其中，尤以圈地运动、海外殖民、宗教改革以及海洋战争等重大事件为核心。二是在法律史的研究中，学者们往往将16—17世纪笼统地视为国际法的起源时期，更关注意大利、荷兰等地完备的商人法（Law Merchant）或国际法理论，比如威尼斯商人法院的实践、格劳秀斯（Hugo Grotius）的国际法理论等，英格兰人约翰·塞尔登（John Selden）提出的海洋封闭论虽然也有一定影响，但没有引起学界对16世纪英格兰海商法与海事法庭的太多关注与研究。

研究兴趣由此而生。一方面，就海事法庭与海商法本体而言，它们在都铎王朝时期经历了怎样的蜕变？如何从都铎王朝之前的默默无闻一跃成为极具竞争力与影响力的法庭、法律？王权、议会、海军大臣、海军以及海上贸易商人是否与此有关？与当时欧洲其他地区、国家的商人法庭、海事法庭、商人法、海商法相比有何特点？为何有这些特点？从现代的眼光来看，它们有何优势与超前之处？另一方面，海事法庭是否对都铎王朝时期英格兰的司法系统起到积极作用？有无进一步对都铎王朝政府的政治、经济、文化、宗教政策发挥积极作用？海商法是否对普通法的发展造成冲击？二者有无互动？从现代的眼光来看，其是否具有一定的超前性？又在何处埋下了在都铎王朝之后快速衰落的种子？

（二）理论意义与实践意义

从法学的角度来说，首先，本书的研究在一定程度上可以填补国内英国法律史在这一研究领域的空白。尽管司法制度史一直是英国法史研究的重点，也有诸多专著，海事法庭也似乎始终是这些专著与论文中必然存在的内容之一，但大多都是依照时间顺序的简单介绍，不够全面，更非论述。其次，有利于挖掘海商海事领域的一般规范理念与价值。作为“舶来品”，我国《海商法》颁布三十多年从未修改，说明国际海事规则极具生命力，其确立的价值具有巨大的意义，可国内至今对海商法有何原则、是否需要修改仍在争论不休，本书的研究有利于挖掘其生命力与价值的历史渊源。最后，有利于从社会科学的视角完善对英格兰海事法庭的研究。从学术史来看，国外学者们往往将讨论集中于管辖范围、法庭属性、法律适用等特定主题，鲜有依照一条完整的逻辑线索来认识与论述海事法庭，本书偏重后者，希望通过完整的逻辑进路在静态考察、全面展现都铎王朝时期英格兰海事法庭的同时，阐述其与王权、封建制度之间的关联与规律。

从史学的角度来说，一方面，本书的研究有利于丰富国内世界史研究领域的主题。都铎王朝尽管一直是世界史，尤其是英国史研究的重点与热点，但以议会、国王、战争、经贸等为主题的研究为主，对王室司法研究较少，更不用说海事司法；另一方面，有利于从更小的切入点与更为综合的视角完善对都铎王朝的研究。尽管海事法庭只是王室司法影响力有限的机构之一，但它不仅是国王海军统管的路径，也是王室财政独立的来源，还是国王司法统一的标志，更是维护国际准则的抓手，本书意在以小见大，立体而深刻地从海事司法这一侧面展现都铎王朝。

英国作为老牌海洋强国，尽管在海洋军事上已失去往日辉煌，但其海事法律体系，尤其是海事审判与海事仲裁仍然深刻影响着当代国际的海事审判与仲裁。有律师事务所统计发现，2015—2020 年，每年都有近八成的国际海事仲裁在伦敦开庭，即便是没有在伦敦审判或仲裁的国际海商海事案件，也有近九成的当事人选择适用英国法裁决。[①] 这一现象已经引起了国际法、海商法等部门法学以及全国 11 家海事法院共同关注。

因此，从实践来看，首先，本书的研究有利于透析当事人倾向于选择英国法、英国法庭以及英国海事仲裁机构处理海事纠纷的原因。都铎王朝时期是英国国家战略从陆地转向海洋的开始，也是整个欧洲地区海外殖民、争夺海洋资源的开始，以海事法庭为依托的英国海事规则走向全球，殖民地副海事法庭成为英国海洋法的传播“排头兵”，因此，从源头来看，都铎王朝时

---

① 参见《国际航运中心伦敦：拿下全球海事仲裁市场83%份额》，载 https://www.163.com/dy/article/FJQVLIJ20514C1PI.html，最后访问时间：2022 年 5 月 14 日。

期的海事法庭不仅是英国海事司法体系成形的起点，更是成熟的阶段，当事人对英国法的偏好与喜爱必然在此阶段生根。

此外，本书的研究有利于弄清英国海事司法体系同时得到英美法系与大陆法系国家广泛认可的原因。从比较法的视角来看，大陆法系国家的当事人也热衷于寻求英国法解决海事纠纷，这似乎是部门法学难以回答的问题。因此，从功能比较理论、诠释论或司法与国家权力模式等角度理解都铎王朝时期的海事法庭，将可以从更广、更全面，同时也更深刻的角度发现其运作、管辖以及法律适用的根本特点、根本优势。

二、国内外研究综述

（一）国外相关研究

1. 关于海事法庭管辖范围的厘定问题

海事法庭相关研究中针对厘定管辖范围的问题最多，讨论也最激烈、复杂。关于案件类型是否特定，有的学者认为海事法庭的管辖范围应限定在海盗（pirate）、劫掠等特定案件类型上，有的学者则认为海事法庭的管辖范围是所有与海洋相关的事务，没有特定案件类型。关于管辖地域范围，有的学者认为海事法庭的管辖应限制在公海（high sea），有的学者则认为可以延伸至国内。关于管辖案件的类别，有的学者认为海事法庭管辖的案件可以分为民商事案件与刑事案件，有的学者则认为应当分为一般案件（包括民事、商事、刑事）与捕获案件。

其中，爱德华·科克（Edward Coke）认为海事法庭的管辖特点包括：（1）仅能管辖不在任何国家领土内发生的争议，因此无权管辖任何合同、港口以及船难事件；（2）没有初始令状，并非“记录法庭”；（3）无权对抗普通法庭的禁令（prohibition），海事法庭的管辖因而被限制在公海发生的案件和在与海相邻的主河道上航行的大船上发生的死亡以及故意伤害案件。[①] 威

---

① See Edward Coke, *The Fourth Part of the Institutes of the Laws of England Concerning the Jurisdiction of Courts*, p. 134 – 146.

廉·普尼（William Prynne）则认为，只有海事法庭有管辖外国人案件的古老先例；而即便不从先例考虑，用最狭义的方法解释涉外法令（ordinance）也是不适当的，那会导致普通法庭和海事法庭都无法管辖外国人案件，因此最终由海事法庭管辖是出于别的解释方法，即“Realm of England”既包括不列颠、苏格兰和爱尔兰所有陆地，也包括所有岛屿、河流以及它们所在海洋。① 约翰·戈多尔芬（John Godolphin）认为海事法庭拥有的管辖权是法律到管辖的过程，即在地方港口的实践中已经演变出了海商法、海事法，并且在地方法院适用，只是英格兰习惯与地方习惯往往混同，需要分辨。②

2. 关于海事法庭的属性与法律适用

海事法庭的属性与法律适用似乎一直是学者们难以分开的问题。为了解决属性问题，有的学者认为海事法庭是国王管控海洋贸易商人、海员等的平台；有不少学者从特许状的角度将其定性为特权法庭，但有许多学者强调适用罗马法（Imperial Law）才是特权性质的表现；有的学者认为，由于海事法庭适用陪审团，因此应定性为普通法庭；还有的学者则认为海事法庭实质是衡平法庭。而为了解决法律适用问题，有的学者认为海事法庭自中世纪以来便适用海商海事习惯，成文法典只是习惯的确认；有的学者认为海事法庭是特权法庭，国王法典才是唯一法源；还有的学者认为应分阶段看待，16 世纪之前，海事法庭适用地方海事习惯，16 世纪设立高级海事法庭（high court of admiralty）之后才开始将成文法作为法源。

其中，威廉·斯塔布斯（William Stubbs）对海事法庭的定性极为经典，他认为：先有海军、后有法庭，海军是法庭的保障、海军也是王权的保障，

---

① See W. Prynne, *Brief Animadversions on, Amendments of, & Additional Explanatory Records to, the Fourth Part of the Institutes of the Lawes of England, concerning the Jurisdiction of Courts Compiled by the Late Famous Lawyer, Sir Edward Cooke, Knight*... printed by Thomas Ratcliffe and Thomas Daniel, 1669, p. 75 – 133, 339 – 413.

② See John Godolphin, *A View of the Admiral Jurisdiction*, printed by W. Godbid, 1661, p. 1 – 159.

海事法庭因而与海军、王权密不可分。[1] 约翰·塞尔登（John Selden）则认为，在性质上，海事法庭属于王室法庭，准确地说隶属于枢密院司法委员会（Court of Delegates），与军事法庭、骑士法庭一样，以国王法典为根本指导。[2] 威廉·塞尔·霍兹沃斯（William Searle Holdsworth）的论述综合性更强，并且提到了都铎王朝对海事法庭发展的特殊作用，他认为海商法与海事法庭都是地方的产物，海商法与海事法庭都是商法的分支，自诞生之日起便受到“旧主”妒忌，而正是“都铎王朝扫清了海事法庭在中世纪难以发展的障碍……它在16、17世纪发展了衡平法的司法管辖”。[3]

3. 关于都铎王朝时期海事管辖权与海洋政策之间的关系

海事管辖权与国家海洋政策之关系是不同于海事法庭管辖范围与属性的另一个问题，它的核心争议在于从政治、经贸或社会的视角来看，海事法庭的根本目的是什么？发挥的主要作用是什么？有的学者认为，海事法庭是国家掌控海洋的途径，这也是海事将军司法职能正当性的来源；有的学者则认为，海事法庭仅仅是王室敛财的工具，一切审判、执行都以王室与海事将军的利益为根本考量，还有的学者则认为海事法庭的根本目的与作用始终在于回应诉求，只有海事法庭可以回应海盗与劫掠案件的诉求，在都铎王朝时期，也只有海事法庭能更好地保护英格兰国内外商人的权利。

其中，查尔斯·赫奇斯（Charles Hedges）认为开放的贸易是人口增长、人民富裕的最好方式，只有设立船队护航以及通过法律保护合法权益才能实现这一目标，这也就是海事将军司法职权正当性的来源。[4] 安东尼·穆森

---

① See W. Stubbs, *The Constitutional History of England, in Its Origin and Development*, Vol. 1, Cambridge University Press, 2011, p. 286 – 290.

② See John Selden, *The Dissertation of John Selden, Annexed to Fleta. Translated, with Notes*, Gale ECCO Print Editions, 2010, p. 220 – 221.

③ See William Searle Holdsworth, *A History of English Law*, Vol. 1, p. 530 – 568.

④ See Charles Hedges, *Reasons for Setling* [sic] *Admiralty – jurisdiction, and Giving Encouragement to Merchants, Owners, Commanders, Masters of Ships, Material – men and Mariners Humbly Offered to the Consideration of His Majesty, and the Two Houses of Parliament*, London, s. n., 1690, p. 3 – 7.

（Anthony Musson）和奈杰尔·拉姆塞（Nigel Ramsay）特别强调英法百年战争对海事法庭发展的重要作用以及国王在海事法庭发展标志性事件背后的目的，海事法庭始终以服务战果，尤其是王室在占领区的利益为根本目的，因此针对国王掏腰包赔偿海盗的案件，他们认为这一行为实质上是为了让这些海盗有朝一日能为海军舰队服务。[①]《海事法庭及其改革》（The Admiralty Court and Its Reforms）一文的作者则探讨了海事法庭本身的特点以及它的改革，无论是管辖范围的变化、审判机制的大陆法化还是陪审团、专职法官的配置等，都是为了满足时代对海事案件的需求。[②]

4. 关于海事法庭的评价

随着对海事法庭研究的不断深入，不少学者开始梳理海事法庭的整体发展，进而评价它的历史地位。有的学者认为海事法庭作为司法机关是失败的，但作为王权工具是成功的；有的学者认为海事法庭的核心作用只有一个，那就是解决以海盗为起点引发的一系列国际问题；还有的学者则认为海事法庭在抢夺本土贸易权方面发挥了重要作用。

其中，爱德华·斯坦利·罗斯科（Edward Stanley Roscoe）站在历史的角度对海事法庭作出了整体评价，他认为保障英国人利益必然要求海事将军更为“野蛮”、不遵守法律，但这必然导致海事法庭司法的失败，使执行与判决经常流于形式；但反过来说，海事法庭的“失败”反而是王权“成功”的证明。[③] 而弗雷德里克·罗克韦尔·桑伯恩（Frederic Rockwell Sanborn）则认为民族性反映在本地商人针对外国商人之斗争的胜利中。英国贸易回到英国人手中，既是机遇也是挑战，机遇在于王权可以控制国内市场，获得稳定的经济与社会状态，挑战在于陆上贸易虽已形成习惯，但国内法庭却还没有受理过涉外商事案件，没有适用过欧陆习惯；同样，对海事法庭来说，它

---

① See A. Musson & N. Ramsay, *Courts of Chivalry and Admiralty in Late Medieval Europe*, Boydell & Brewer, 2018, p. 149 – 236.

② See *The Admiralty Court and Its Reforms*, Law Magazine and Law Review, or, Quarterly Journal of Jurisprudence, Vol. 5, No. 1, 1858, p. 34 – 44.

③ See Edward Stanley Roscoe, *Roscoe on the Admiralty Jurisdiction & Practice of the High Court of Justice*, Stevens and Sons., 1920, p. 45 – 290.

成为王权控制海洋贸易的抓手是发展机遇，但同时没有习惯、判例以及涉外案件审判经验也是挑战。[①]

5. 关于海事将军、领港公会等的介绍

除了法学研究，也有不少关于与海事法庭密切相关的人物、机构的专门研究，有的学者专门考证了海商法典，有的学者详细考证了一些海事将军的生平，还有的学者则详细介绍了领港公会，这些人物、机构等都与海事法庭的统一、发展息息相关，比如领港公会的成员常常被邀请作为法官助手，在实际审判中起到很大作用。

其中，亚历山大·吕德斯（Alexander Luders）详细考察了《奥列隆法典》（Lex Oleron）的版本流传；[②] 詹姆斯·W. 谢泼德（James W. Shephard）详细考察了《奥列隆法典》的手稿、起源以及演变；[③] 乔治·S. 波特（George S. Potter）考证了《康索拉多海商法》（Consolato del Mare）到《奥列隆法典》的传播过程。[④] 约翰·坎贝尔（John Campbell）则详细介绍了一些英国海事将军，包含了都铎王朝的几位将军，从他们的事迹中可以看出海事将军地位的提升与其本身对国王的忠诚以及军事才干密不可分。[⑤] 约瑟夫·科顿（Joseph Cotton）则详细考察与介绍了领港公会。[⑥]

（二）国内相关研究

1. 在法学研究中对海事法庭的介绍

在法学研究中，尤其是在英国法律史的相关研究中对海事法庭已有不少

---

① See Frederic Rockwell Sanborn, *Origins of the Early English Maritime and Commercial Law*, The Century Co., 1930, p. 262 - 401.

② See Alexander Luders, *Tracts on Various Subjects in the Law and History of England*... Vol. 2, printed by R. Cruttwell, 1810.

③ See James W. Shephard, *The Roles d'Oleron: A Lex Mercatoria of the Sea*, Comparative Studies in Continental and Anglo - American Legal History, 2005 (24), p. 208.

④ See George S. Potter, *Sources Growth and Development of the Law Maritime*, Yale Law Journal, Vol. 11, No. 3, 1901 - 1902, p. 143 - 152.

⑤ See John Campbell, *The Lives of the British Admirals*, part Ⅰ, BiblioBazaar, 2010.

⑥ See Joseph Cotton, *Memoir on the Origin and Incorporation of the Trinity House of Deptford Strond*, printed by J. Darling, 1818.

介绍，有的学者从法学家的角度引申出对海事法庭的介绍，有的学者则专章以时间顺序介绍海事法庭，还有的学者则从英国司法制度的总体视角提及海事法庭的特殊地位。总体来说，国内学界对海事法庭作为王室特权法庭的定位以及使用教会—罗马法程序的特点已有共识，也已有学者梳理出海事法庭在16世纪到达顶峰、在19世纪被撤销合并这一简单的发展脉络。

其中，侯军主编的《国际海事法与案例分析》中专章论述了英国海事法与《海事黑皮书》（Black Book of Admiralty），作者认为，《海事黑皮书》记载了英国沿海城镇的习惯与条例，又编入《奥列隆法典》，并经过不断修整，到英国海上贸易大规模扩张之时实际发挥了全国公认的海事法典的作用。[①] 程汉大、李培锋合著的《英国司法制度史》中有对海事法庭的专章介绍，他们认为16世纪之前的海事法庭管辖广泛却相对低调，而16世纪之后普通法院管辖权的扩张使海事法庭受到重创，犹以科克为代表。[②] 何勤华主编的《英国法律发达史》中提到科克一生致力于主张普通法的权威、限制王权，1628年起草的《权利请愿书》中包括宣告任意监禁的违法性、强调人身保护令（Habeas Corpus）的作用、禁止军队未经同意擅自屯兵驻扎，很可能直指海事将军与海事法庭。[③]

2. 在都铎王朝史研究中对海事法庭的映射与评论

与法学研究不同的是，针对都铎王朝的历史学研究中对海事法庭有更多侧面的介绍与评价，有的学者从都铎王朝时期历任君主对外政策的角度评价海事法庭，有的学者从经济与商业发展的角度评价海事法庭，还有的学者从司法改革的角度评价海事法庭起到的作用。总体来看，封建集权、宗教改革、王权至尊、农业转型、重商主义、国外市场、海外扩张等是都铎王朝时期的时代背景，海事法庭在一系列重大事件以及社会发展潮流中往往扮演着不引人注目却十分关键的角色。例如，在封建集权中，都铎王朝时期贵族数量大幅下降，

① 参见侯军主编：《国际海事法与案例分析》，载《上海海运学院学报》，编辑部1987年版，第31页。

② 参见程汉大、李培锋：《英国司法制度史》，清华大学出版社2007年版，第83－86页。

③ 参见何勤华主编：《英国法律发达史》，法律出版社1999年版，第1－72页。

海事方面却建立起了海军上将到海事将军这一新贵体系，建立了高级海事法庭；又如，在海外扩张中，战争、军力、舰船是学者们的关注焦点，但海事法庭的捕获、海盗、海上刑事案件却也可以从另一个侧面清晰展现出国家与地区间的实力对比。

其中，郭方在《十六世纪英国国家机构与职能的变革》一文中认为，宗教改革时期国家机构与制度的变革不仅限于中央部门，也体现在其他方面。海事法庭对海上民事、刑事问题的处理，包括海防、商业与外交，为英国逐步发展出了一套适应资本主义新发展的法律与惯例。① 刘季富在他的《英国都铎王朝史论》一书中介绍了海外冒险、打败无敌舰队、打开海外市场、转变岛国发展思维等涉及海洋的内容，对海事法庭在其中发挥的作用进行了介绍与评价。②

总体来看，目前国外针对英格兰海事法庭的研究集中在管辖范围的厘定、法庭属性的争论、适用法律的梳理、对法庭历史地位的评价等，研究方法则多以时间为线索梳理海事法庭发展历程之后评价前人观点以及根据新的史料或角度提出自己的看法；国内研究则相对很少，即使是客观介绍也不太全面，更没有总结其特点，评价其历史地位与意义。

三、研究方法与材料

本书研究主题所处时间段与地区的特点：一是1485年至1603年超过1个世纪的都铎王朝；二是有海事将军记载以来到都铎王朝前近3个世纪；三是包括普通法判例、海事法庭判例、成文法典以及地方习惯在内的英国法。鉴于此，本书研究以外文数据库为主，中文数据库为辅。同时，充分利用各个数据库的优势资源，取长补短，实现文献检索效用最大化。

使用的数据库主要有：英国所有相关王国制定法通过 HeinOnline 的子库 Statues of the Realm 搜索，涵盖了本书所要研究对象的时间范围。都铎王朝

---

① 参见戚国淦、陈曦文：《撷英集——英国都铎史研究》，首都师范大学出版社1994年版，第93－108页。

② 参见刘季富：《英国都铎王朝史论》，河南人民出版社2008年版，第1－209页。

时期以及之前的判例同样是通过 HeinOnline 的子库检索，即 English Reports，在覆盖本书研究时间段的同时可以通过检索关键词获得精确的相关案例。外文期刊类主要通过 JSTOR、HeinOnline 进行检索。JSTOR 可以实现多学科全文检索，利于补充本研究中可能涉及的政治、经济、历史等学科领域的文献。HeinOnline 涉及法学类期刊文献和经典法学著作的检索，可以较为全面地了解外国，尤其是英国学界对本书研究主题的认识。此外，对于都铎王朝时期人们的评论、建言献策等可以通过 Early English Books Online（EEBO）检索，通过设定时间以及简化关键词，有时甚至是关键词的古英语版本来寻找那个时代出现、出版的各类材料。收集档案资料方面主要依靠 Gale Scholar 数据库，有利于发现可能存在于系列汇编中的某一卷、某一章的内容。中文期刊类主要通过中国知网和万方数据查阅，二者收录的资源稍有差异，可以互相补充。著作类的文献部分可以在 HeinOnline 上获取全文。此外，还有 CALIS、WordCat、望道溯源、读秀知识库、上图发现等资源发现系统，在输入中文检索词的情况下，能够自动识别到英文文献；反之亦然。电子资源通过平台可以直接获取，纸质文献也可以很方便地通过馆际互借获取。此外，一些开源的网站也可以下载到不少珍贵的文献，如 Z - Library、Library Genesis 等。硕博论文主要通过 ProQuest、中国知网检索。ProQuest 中一些较早的论文无法获取全文，但是可以检索到论文摘要信息和部分试读内容，通过文献传递获取相关内容。中国知网除最新的论文和个别培养单位部分论文没有入库外，其他都可以获取全文。当然，有些文献仍旧难以获得，有时候还需要通过线下复印扫描的方式获取。

根据本书的研究主题，关于检索词英文类的有：admiral，admiralty，court of admiralty，high court of admiralty，Tudors，sixteenth century；中文类的有：海事法庭、海事将军、海商法庭、都铎王朝、16 世纪等。在具体检索过程中会根据不同的细分主题对检索词及时作出调整和组合。

本书共 5 章，外加导论、结语；第 1—5 章以对法庭的一般认识为线索，逐步阐明了都铎王朝时期英格兰海事法庭在都铎王朝前的演进，在都铎王朝时期的权力基础、机制设计、管辖、法律适用以及它与绝对君主制的关系。

第一章　都铎王朝前英格兰海事法庭

英格兰海事法庭在都铎王朝之前就已出现，由于学者们可能对海事法庭普遍比较陌生，且都铎王朝前后的海事法庭有密切联系与重大差异，因此需要首先梳理海事法庭向都铎王朝演进的历史。

本章主要解决三个问题，即海事法庭的起源、管辖以及在都铎王朝之前的特点。这三个问题其实是海事法庭在都铎王朝之前从诞生到成型再到成熟的三个步骤，难以割裂看待。

第一节　英格兰海事将军司法职能的形成与海事法庭的出现

“海事将军”一词来自英文“admiral”，现在一般将其翻译为海军上将、海军将军，强调军事功能。[①] 但在中世纪的英国，拥有该头衔的人不仅可以统领海军，还可以管理航道、河流、渔业等几乎所有海商海事事宜，因而在此将其翻译为海事将军，强调其在海事领域内的综合性职能。

都铎王朝之前，基于生存、贸易等需要，欧洲各地已对地中海、北海－波罗的海以及大西洋东岸进行过一定探索，造船能力、航行技术也都已达到一定水平；但也受限于此时的科技水平，欧洲还没有能力走向全球，因此，

① “admiral”词条，参见薛波主编：《元照英美法词典》，法律出版社2003年版，第37页。

以维护本国利益为核心，各国、各地区纷纷组建船队应付海盗以及处理外交、商业等一系列事件，船队队长，即后来海事将军的司法职能便在这一过程中逐步形成。

一、海事将军的出现

海事将军从率领船队抵御海盗的船队队长发展而来。中世纪，北欧海盗十分猖獗。789 年，北欧海盗首次入侵英格兰，杀死多切斯特（Dorchester）地方官；9 世纪又在英格兰建立起丹麦法区（Danelaw）。[①] 英格兰各地深受其害，纷纷组建船队抵御他们，并选出队长统一指挥。阿尔弗雷德大帝（Alfred the Great）及其继任者通过堡（burgs）和自治镇（borough）逐渐收复丹麦法区后，建造了巨大的划艇大船（rowing galleys）在海上成功打击维京海盗；安茹王朝的约翰（John）则设立从普利茅斯（Plymouth）向西的海洋防线，构建起英格兰海防线的雏形，[②] 后来逐步扩张到整个英格兰，分为英吉利海峡、北海、西部三部分，分别任命船队队长负责海防事宜。[③] 此时的船队队长仅具有军事职能。

虽被称为"海盗"，北欧海盗的根本目的却不是攻击船只、劫掠货物，而是发动敌对战争，于是，英格兰逐步构建起以五港同盟（Cinque Ports）为核心的海军制度，五港同盟执政官（Lord Warden of the Cinque Ports）是首个拥有如同后来海事将军那样综合性海事职能的船队队长。最晚到威廉一世时期，国王以特许状的形式授权以黑斯廷斯（Hastings）、罗姆尼（Romney）、海斯（Hythe）、多佛（Dover）和桑威奇（Sandwich）为主的港口城镇设立一个独立政府——五港同盟，指定其最高长官为五港同盟执政官，指挥所有同盟中的船队，并兼任多佛治安官（Constable）。特许状为五港同

① See Archibald Ross Lewis, *European Naval and Maritime History*, 300 – 1500, Indiana University Press, 1986, p. 92.

② See Archibald Ross Lewis, *European Naval and Maritime History*, 300 – 1500, p. 100 – 119.

③ See Frederic Hervey, *The Naval History of Great Britain*; *From the Earliest Times to the Rising of the Parliament in* 1779… Vol. 1, printed by W. Adlard, 1779, p. 22.

盟设定了“一揽子”义务，包括随时为国王提供57条船，且每条船配备21名海员及1个服务生并免费服务15天等；赋予义务的同时也给予其多项特权，包括免除同盟内城镇所有税收、通行费，同盟成员都有权在任何海滩构筑堤岸，拥有公地且可以自由砍伐上面的树木等。[①] 这些特权大大超出统领船队职权，五港同盟执政官的管辖范围扩张至涉及海洋、河流、船舶的一切事项，虽没有被称为“admiral”，但其实质就是五港同盟的海事将军。

以五港同盟为核心的海军制度收效甚佳，英格兰人也在后来学习了其他国家船队管理经验，进一步巩固与改进了此制度。比如1192年英国的理查一世从海路来解救被围困的雅法城（Jaffa），虽然大概只有50名骑士以及百名弓弩手，但英格兰人从海上发动炮击，成功将其他势力赶出了雅法城。[②]

有效抑制北欧海盗之后，以法国、西班牙为代表的非北欧海盗却又兴起，在应对此类海盗的国际谈判中，正式出现海事将军。非北欧海盗发动的同样是敌对战争行为，如1217年法国人曾烧毁桑威奇；[③] 海斯则在英国国王亨利四世时期被一场同样由法国人燃起的大火烧毁超过200座房子，5艘船被沉，100人被淹死；[④] 赖伊（Rye）不仅在英国理查二世以及亨利六世时期都被法国人烧毁过，在亨利三世时期的伊甫斯罕（Eversham）之战中更是遭到大屠杀。[⑤] 但非北欧海盗并非国家，他们常常受国王或领主雇佣，恶意攻击港口

---

① See James Russell, *The Ancient Liberties and Privileges of the Cinque Ports and Ancient Towns: To Which Is Prefixed an Original Sketch of Constitutional Rights, and the Principles of Our Ancient Representation*, Printed by C. Stower, 1809, p. 97.

② 参见［英］乔纳森·赖利·史密斯：《十字军史》，欧阳敏译，商务印书馆2016年版，第193页。

③ See James Russell, *The Ancient Liberties and Privileges of the Cinque Ports and Ancient Towns: To Which Is Prefixed an Original Sketch of Constitutional Rights, and the Principles of Our Ancient Representation*, p. 97.

④ See James Russell, *The Ancient Liberties and Privileges of the Cinque Ports and Ancient Towns: To Which Is Prefixed an Original Sketch of Constitutional Rights, and the Principles of Our Ancient Representation*, p. 103.

⑤ See James Russell, *The Ancient Liberties and Privileges of the Cinque Ports and Ancient Towns: To Which Is Prefixed an Original Sketch of Constitutional Rights, and the Principles of Our Ancient Representation*, p. 111.

城镇，从而发动战争行为。如法国海盗曾在英格兰与布列塔尼（Bretagne）签订和约之际进犯英格兰海岸，肯特郡（Kent）的伯爵指挥英国舰队进行了抵抗，虽然最后取胜，但伯爵也在战斗中牺牲。① 非北欧海盗虽然同样受到普遍反对，但也成为一国攻击他国的利用对象，各地区常常签订和平条约要求自行抑制本国海盗，并为受害民众提供救济。13 世纪 90 年代，欧洲各地区便曾派出各自海上船队的队长或海员的总船长进行谈判，不同语言中对“海事将军”的不同称呼也逐渐统一，比如英国就从海岸守护者（keeper of the sea coasts）或皇家海员队长（captain of the king's mariners）等称呼逐渐向法语中的海军上将（amiraux）靠拢。

最终，1300 年，英格兰国王授予杰维斯·阿拉德（Gervase Alard）海事将军称号，其有权指挥五港同盟所有船队，也是目前所知首位正式的海事将军。② 自此，海事将军与海盗对立，成为海上正义代表。

二、海事将军逐步参与司法案件

针对非北欧海盗的谈判与国际条约甚多，其履行情况却十分糟糕，英格兰更是饱受欺辱。1309—1320 年，英格兰与佛兰德斯（Flanders）进行过 8 次关于劫掠案件的谈判，未果；1318—1323 年，英国爱德华二世多次向法国国王控诉加莱（Calais）等地对英国船只的劫掠行为，也未果。③ 地区间、国家间关于海盗与海上劫掠的条约成为一纸空文，地方民众对此不满的同时开始展开大量报复性劫掠（reprisal），使海盗与海上劫掠情况进一步恶化，完善国内司法救济迫在眉睫。

基于此，海事将军开始逐步参与处理海盗案件。在过去，只要海盗逃向

① See Thomas Rymer & Paul Rapin de Thoyras, *Acta Regia: or, an Account of the Treaties, Letters and Instruments between the Monarchs of England and Foreign Powers, published in Mr. Rymer's Foedera, which are the Basis of the English History*... Vol. Ⅱ, Published by M. Le Clerc, 1726 - 1727, p. 100.

② See *Wardrobe Accounts*, 29 ed. Ⅰ. 转引自 Reginald Godfrey Marsden ed., *Select Pleas in the Court of Admiralty*, Vol. 1, Bernard Quaritch, 15 Piccadilly, 1894, p. ii。

③ See Reginald Godfrey Marsden ed., *Select Pleas in the Court of Admiralty*, Vol. 1, p. xxiv.

海上，国王、法官等就对其无可奈何，[①] 但随着船舶与航海技术的发展，海军慢慢有能力抓捕逃窜的海盗。1316 年，爱德华二世通过法令规定，海事将军有义务以自身船队为依托抑制海盗。[②] 但海事将军逮捕海盗、拿回被害人财产之后，地方法院却常常私吞货物，于是，爱德华三世颁布法令规定，被海盗劫掠的货物仍然归属于原所有者，在国内一经发现，不论该货物属于英格兰人还是外国人，都应当归还。[③] 但这一法令未能全面落实，国王仍需通过令状要求当地官员不得干扰海事将军逮捕海盗及扣押其货物，乃至委托海事将军直接审理海盗案件。[④]

与此同时，海事将军开始逐步参与处理国内海事以及国际贸易案件。爱德华二世时期，海事将军开始负责捕获王室之鱼；[⑤] 爱德华三世早期，海事将军成为劫掠案中逮捕外国船、外国人的主力。[⑥] 与海盗案件相似，海事将军一开始仅负责捕获、逮捕等，但后来越发深入，被委托审判相关案件。

令人困惑的是，如果说海事将军基于海军力量参与海盗案件还算顺理成章，那么他参与国际贸易案件以及国内海事案件就显得有些“匪夷所思”。国际贸易案件一般是指涉及外国人、外国财产或外国地点的商事案件，国内海事案件则是指包括王室之鱼、内河航道管理在内的案件。从约翰王一直到爱德华三世早期，这些案件都是由普通法、大法官或御前会议来处理的，是什么原因导致这一习惯被突破，让一个军事将领参与与其职权并无直接关联的司法案件？此外，在法律适用方面，英格兰已经继受《奥列隆法典》，所

① See Edward Stanley Roscoe, *Roscoe on the Admiralty Jurisdiction & Practice of the High Court of Justice*, p. 2.

② See Rot. Scot 9 Edw. Ⅱ. 转引自 Reginald Godfrey Marsden ed., *Select Pleas in the Court of Admiralty*, Vol. 1, p. xxi。

③ See 27 Edw. Ⅲ. Stat. 2. c. 13.

④ See Reginald Godfrey Marsden ed., *Select Pleas in the Court of Admiralty*, Vol. 1, p. xviii – xix.

⑤ 代表性的令状包括：Pat. 19 Edw. Ⅱ., pt. 2, m. 22. Pat. 20 Edw. Ⅱ., m. 13 d.。转引自 Reginald Godfrey Marsden ed., *Select Pleas in the Court of Admiralty*, Vol. 1, p. lxxx。

⑥ 代表性的令状包括：Pat. 1 Edw. Ⅲ., pt. 1, m. 5 d. Pat. 1 Edw. Ⅲ., pt. 1, m. 16。转引自 Reginald Godfrey Marsden ed., *Select Pleas in the Court of Admiralty*, Vol. 1, p. lxxx – lxxxi。

有法院都可以引用；在审判方面，普通法也并不排斥来自欧陆的国际贸易习惯，直到13世纪之前普通法法院的法官都是将判例、罗马法、教会法混合适用，[①] 似乎更无必要频繁指令海事将军用罗马法审判这些案件。

但事实并没有按照惯性思维发展，普通法法院没有处理好此类案件，也就给海事将军参与乃至审判此类案件提供了契机。

第一，海上习惯与陆地习惯的差异过大，普通法法官对海事案件实在有心无力。以合伙为例，尽管都有出资、劳动、收益分配以及风险分担等基本构成要件，但在陆地上一般以血缘关系为纽带组成家庭合伙，允许家族成员以劳动出资，可以自行约定利润分配比例，合伙人共同承担一切损失；而在海洋贸易中，则一般在陌生人之间以纯粹的金钱关系组建合伙，仅允许船长或船员以劳动出资，收益分配依习惯固定，不得随意更改，而若在海上航行中发生共同海损，则由合伙人以及全体货主、船东、船员共同承担抛货损失。[②] 更为特殊的是，船舶造价高，货物价值高，人力成本大，海洋风险丛生，虽然回报极其丰厚，但海上贸易相比陆上贸易是一场艰难探险，被大海吞没所有货物或被海盗杀死所有船员是常见的事。因此，海事司法应以航行安全，而非陆上贸易追求的交易安全为首要考量；动辄需要好几年的远距离贸易也使陆上贸易追求的商事效率不再是核心价值，这些往往是陆上法官难以理解，也与普通法格格不入的。更不用说，造船技术、航行技术、靠泊技术等并非普通法法官所能懂的，一般只有拥有丰富航海经验的人才能对海事案件中的船、货、人等证据作出精准判断，否则可能连要调查何种法律事实都不知道。

第二，普通法的僵化导致普通法法院未能成功吸纳海事案件。早在1308年，爱德华二世就曾颁布法令，要求针对法国人劫掠英国人的案件，应当“找到所有证人、找到所有英国人损失的货物，不根据习惯而根据正义以及

① 参见［英］亨利·萨姆奈·梅因：《古代法》，沈景一译，商务印书馆2009年版，第19页。

② 参见［德］马克斯·韦伯：《中世纪商业合伙史》，陶永新译，东方出版中心2010年版，第1-50页。

简易程序审理”。[①] 这一要求无疑与普通法法院的审判方式相违背。到14世纪20年代，普通法法院也越来越难以救济国际贸易案件中的受损方。例如，由于普通法法院要求必须提供被告姓名，在1324年、1325年连续发生的两起案件中，尽管案中原告受损巨大，却都仅因无法提供被告姓名而被驳回起诉；又如，1327年又连续发生三起英国船被法国捕获，且英国船员被杀害的案件，在这三件案件中，普通法法院为实现对等报复扣押了案外法国人的货物，导致英国船东在向法国法院主张赎回自己的船时被拒绝，受害人无论是寻求国内救济还是国外救济都陷入了僵局。[②] 普通法法院的审判形式也饱受诟病，由于必须要求平民组成陪审团审理案件，但非海员无法判断航海行为的合理性，因此普通平民组成陪审团所确认的案件事实常常失真。五港同盟率先逐渐摒弃使用平民组成陪审团的方式，而改为由五港同盟的海员参与其中，于是便出现了沃尔特案（Walter），该案中，因原告没有在诉状中将陪审团成员局限在怀特岛海员，法官判决其诉讼无效。[③] 普通法对海事案件的僵化处理已引起国内外的普遍反感，国王以及港口城市都需要探索新的司法方式。

第三，也是最重要的，捕获案件的兴起使海事将军成为国际贸易与国内海事案件中不可或缺的一环。随着《康索拉多海商法》在欧洲广泛传播，其第273章至第287章关于捕获的内容在欧洲范围内得到广泛认可，[④] 英格兰既没有在《奥列隆法典》中规定捕获，也没有出台王国制定法或法令对此表示拒绝，《海事黑皮书》更是直接对捕获作出补充性规定，[⑤] 这意味着英格兰同

---

① Thomas Rymer, *Foedera*, *Conventiones*, *Litera*, *et Cujuscunque Generis Acta Publica*, *Inter Reges Angliæ*, *et Alios Quosuis Imperatores*, *Reges*, *... ab anno* 1101, *ad Nostra Usque Tempora*, *Habita aut Tractata*; *... In lucem Missa de Mandato Regina...* Vol. Ⅱ, printed by A. & J. Churchill, 1704 - 35, p. 64. 转引自 Reginald Godfrey Marsden ed., *Select Pleas in the Court of Admiralty*, Vol. 1, p. xxi。

② See Reginald Godfrey Marsden ed., *Select Pleas in the Court of Admiralty*, Vol. 1, p. xxv.

③ See Reginald Godfrey Marsden ed., *Select Pleas in the Court of Admiralty*, Vol. 1, p. xx - xxi.

④ See Christopher Robinson, *A Translation of the Chapters* CCLXXIII *and* CCLXXXVII *of the Consolato del Mare Relating to Prize law*, printed by W. Wilson, St. Peter's Hill, Doctor s' Common, 1800, p. vii.

⑤ See Christopher Robinson, *A Translation of the Chapters* CCLXXIII *and* CCLXXXVII *of the Consolato del Mare Relating to Prize Law*, p. xx.

欧洲各地一样开始区分海盗行为与捕获行为。根据相关规定，若捕获发生在军事管理区，则无效，[①] 仅有海事将军可以否认这一点，因此，只有海事将军可以直接执行衡平法院（Court of Chancery）针对身处地方的外国人、外国船舶的强制性令状，直接证明在地方海域所发生捕获的合法性，海事将军自然以捕获案件为中心深度参与国际贸易与国内海事案件。

让海事将军参与审判并非创举，也没有突破习惯，早在设立五港同盟之时，国王就已赋予五港同盟执政官诸多司法职能，如五港同盟执政官可以自己的名义签发令状，与其他地方法院互相独立；可以审理同盟内地方法院的上诉。而在同盟内部，每一个城市都可以占有在 1 年零 1 天内没有人主张的任何遗失物和无主牲畜，把海上那些因风暴被抛弃以及没有船难情况下的漂流物（flotsam）转为己用，还可以强制生活其中的人在本地法院诉讼，制定自己的标准惩罚罪犯、杀人犯和逃犯，甚至可以成立兄弟行会，享有领地刑事法庭和贵族法庭那样的刑事与贵族案件管辖权。[②] 只是在相当长的一段时间内，这些司法特权仅限于五港同盟，并未扩张至英格兰的所有海事将军。

但这些特权构成国王允许海事将军参与司法案件的先例，让五港同盟以外的海事将军参与案件也就没有突破习惯。此外，英格兰的海事将军们虽然分散各地，但大多由地方领主兼任，基于封建附庸关系，他们不会违背国王命令，既可以接受委任直接审判，也可以根据令状爽快移交海盗案件。而最重要的是，海事将军拥有自己的暴力手段，既可以被动防御，减少沿海城市被海盗攻击的可能，也可以主动出击，执行逮捕命令，国王自然愿意海事将军参与司法案件。

---

① See Christopher Robinson, *A Translation of the Chapters* CCLXXIII *and* CCLXXXVII *of the Consolato del Mare Relating to Prize Law*, p. 6 – 20.

② See James Russell, *The Ancient Liberties and Privileges of the Cinque Ports and Ancient Towns: To Which Is Prefixed an Original Sketch of Constitutional Rights, and the Principles of Our Ancient Representation*, p. 50 – 52.

三、海事将军获得审判权

不论在海盗、国际贸易还是国内海事案件中，海事将军大多停留在参与的程度，虽然国王偶尔会委托审判，但与独立法庭还有不少距离。14 世纪 40 年代，随着英法百年战争的开始，海事将军逐渐不再通过令状获得审判权，其有两大例证。

其一，1337 年出现的《海事黑皮书》。以海事将军这一职务为中心，它规定了包括海事将军职责、副海事将军职责、海事事务处理规则、《奥列隆法典》以及其他行政职能在内的诸多内容。在司法方面，更是详细规定了古代海事诉讼中的发誓规则、偷盗锚的惩罚、重罪放逐规则等司法内容，[①] 是海事将军在国内行使包括军事、行政、司法职能的综合指南。

其二，1338 年出现的海事法令集（Fasciculus de Superioritate Maris）。它包括六份羊皮纸，第一份记载了爱德华三世十二年的一系列特许状，第二份是一系列信件，第三份是英格兰和佛兰德斯 1297 年的一份条约，第四份是爱德华三世和阿方索的联盟条约，第五份是逮捕法（De Emendis super Arrestis），第六份是 1303 年条约之后寄给法国和英格兰大使的一份纪念物。[②] 根据英法百年战争的背景以及法令集中海事将军参与审判国际海商海事案件的记录，可以确认海事将军已在对外战争中为国王分担司法功能，代替国王审判。值得注意的是，《英国法总论》（第 4 卷）强调，此时尚未出现海事法庭，海事将军仅仅是临时受命，被指令审判。[③]

为何要赋予海事将军这样的审判权？其目的或许在于满足英格兰国王们的“海上主权”（sovereignty of the sea）愿景。从 1337 年开始，多份文件将

---

① See Travers Twiss, *Monumenta Juridica*, *The Black Book of the Admiralty*, *with an Appendix*, Vol. 1 – 4, Longman & Co., and Trubner & Co.; etc., 1871 – 76.

② See Sherston Baker, *Office of Vice – Admiral of the Coast: Being Some Account of That Ancient Office*, p. 3 – 4.

③ See Edward Coke, *The Fourth Part of the Institutes of the Laws of England Concerning the Jurisdiction of Courts*, p. 134 – 146.

英格兰国王称为“海洋国王”（king of the sea）或“英吉利海峡任何一边的国王”（lords of the england sea on every side）。[①] 后来爱德华三世正式提出“海上主权”的概念，认为统治英吉利海峡不仅应包括军事占领，还应包括贸易管控及其配套司法管控。[②]

此后，英格兰的贸易政策，尤其是针对外国人的贸易政策大量增多，既有正面的，如英格兰分别在1328年8月8日、1332年4月13日以及1333年8月16日分别确认外国商人在英国的贸易权利；[③] 也有负面的，如在1331年7月23日颁布法令保护本国木材贸易，[④] 又在1335年颁布法令表示不欢迎外国商人。[⑤] 这些政策有的具体、有的模糊，且随着国家与地区间关系的好坏变化而需要把握不同执行尺度，尤其在英法百年战争时期，国王需要一个更为灵活的途径执行贸易政策。基于多年参与处理海盗、国内海事与国际贸易案件的经验，海事将军不仅可以做出令外国人信服的判决，也可以从王权利益出发即时调整裁判标准，完美契合国王建立“海上主权”的需要。从15世纪开始，海盗、国际贸易以及国内海事案件几乎都由国王指令海事将军审理。[⑥] 1339年，有枢密院委员提议由海事将军完全接手海盗案件以及其他海事案件，可以自行赔偿被劫掠的物品、报复性劫掠、逮捕外国船舶和扣押货物等。[⑦] 在1357年国王的一封信件中，国王首次提议建立一座海事法院（maritime tribunal）。[⑧]

---

① See Reginald Godfrey Marsden ed., *Select Pleas in the Court of Admiralty*, Vol. 1, p. xxxiv.

② See Reginald Godfrey Marsden ed., *Select Pleas in the Court of Admiralty*, Vol. 1, p. xv; A. Musson & N. Ramsay, *Courts of Chivalry and Admiralty in Late Medieval Europe*, p. 160.

③ See Thomas Rymer & Paul Rapin de Thoyras, *Acta Regia*… Vol. 1, p. 192; Thomas Rymer, *Foedera*… Vol. 4, p. 361, 516, 574.

④ See Thomas Rymer & Paul Rapin de Thoyras, *Acta Regia*… Vol. 1, p. 195; Thomas Rymer, *Foedera*… Vol. 5, p. 496.

⑤ See 9 Edward Ⅲ. cap. Ⅰ. 其中写到：城市、自治镇以及海港都不欢迎陌生商人。转引自 William Senior, *Doctors' Commons and the Old Court of Admiralty: A Short History of the Civilians in England*, Longmans, Green and Co., 1922, p. 22。

⑥ See Reginald Godfrey Marsden ed., *Select Pleas in the Court of Admiralty*, Vol. 1, p. xxiii–xxiv.

⑦ See Reginald Godfrey Marsden ed., *Select Pleas in the Court of Admiralty*, Vol. 1, p. xxxvi, xli.

⑧ See Reginald Godfrey Marsden ed., *Select Pleas in the Court of Admiralty*, Vol. 1, p. xlii.

14 世纪 60 年代，海事将军获得了真正的、常态化的审判权。1360 年，海事将军约翰·帕维利（John Pavely）的特许状中首次出现“根据海商法（Legem Maritimam）裁判”与“组建海事法院”的表述；同在 1360 年，另一位海事将军约翰·比彻姆（John de Beauchamp）的特许状中更为详细地写到审判权，即“给予他全部的权力来审理有关海事将军涉及的所有控告、审理海商案件、惩治犯罪、关押或释放某人……以及其他一切根据海商法可以做的事情”。[①]

四、海事法庭的出现及运作

海事法庭并未与海事将军的审判权同步出现，更确切地说，中世纪海事将军的特许状中几乎都没有提及海事法庭，它首次出现在 1364 年布拉登汉姆诉邵哥特（Bradenham c. Southgate）案中[②]；至于帕维利特许状中提到的“海事法院”，则是难觅踪迹。

为何要设立海事法庭？除可以更好满足英格兰国王们建立“海上主权”的需要，其原因还在于普通法的僵化已经使普通法从无法处理好海事案件恶化为否定海事特色司法，造成司法危机。虽然《大宪章》（The Great Charter）第 13 条规定国王应保障伦敦以及其他自治镇、城镇和港口的特权和自由风俗，[③] 但其实港口仅可以如同伦敦那般获得已经授予过的相应特权，[④] 因此，即使是五港同盟也不能完全规避巡回法庭的管辖，当大法官来视察时，多佛、黑斯廷斯、桑威奇等港口的地方法院都不得不紧急“凑人”，甚至出现过连自

① See Reginald Godfrey Marsden ed., *Select Pleas in the Court of Admiralty*, Vol. 1, p. xlii.

② See Reginald Godfrey Marsden ed., *Select Pleas in the Court of Admiralty*, Vol. 1, p. xliii.

③ See William Sharp McKechnie, *Magna Carta: A Commentary on the Great Charter of King John, with an Historical Introduction*, J. Maclehose and Sons, 1905, p. 284.

④ See William Sharp McKechnie, *Magna Carta: A Commentary on the Great Charter of King John, with an Historical Introduction*, p. 290.

己名字都不会写的人在陪审团断人生死的情况。[①]

那么海事法庭如何运作？通过案例，可以看到海事法庭的审判流程为：令状开启诉讼、当事人答辩、法官总结所需调查事实、委托各地法院取证、作出判决。[②] 不难发现，海事法庭的运作方式与普通法法院既有相同之处，也有不同之处，为何如此？这与港口法院在海事法庭出现之前就已发展出的较为成熟的海事司法审判有密切关系。

港口法院、衡平法院的司法实践已发展出与陆地案件鲜明区分的海事司法轮廓。案件要素上，随着造船技术的成熟以及海上贸易的发达，海事案件中的事实以及法律要素已经包括海事利息（maritime interest）、船舶抵押契据（bummare）以及船员待遇等，它们与船、货、海员密切相关，且仅有海运会带来这些要素，显著区别于陆上利息、一般抵押以及农业、手工业的雇佣。在法律适用上，《大宪章》第 13 条就已强调“伦敦享有来自陆地和海洋的特权与风俗”，[③] 海员雇佣协议也几乎都以《奥列隆法典》为依据保障自己出海航行时对货物捎带、用餐以及酒类的基本待遇；在捕鱼业，也依靠该法典保障自己在受雇租船打鱼时享有一定的利润份额的权利；[④] 在衡平法院的判例中，也确实发现大段采摘《国法大全》原文的记录，甚至保留了罗马法的专有法律名词。[⑤] 而在审判架构上，尽管原则上港口法院也要遵循陪审团制，但实际上港口法院基本都基于特权由 2 位地方法官和市长（mayor）组成法庭，速裁速决，既不耽误商人行程，也不延误开航船期，已经突破了普通法对陪审团的强制规定。

---

① See James Russell, *The Ancient Liberties and Privileges of the Cinque Ports and Ancient Towns: To Which Is Prefixed an Original Sketch of Constitutional Rights, and the Principles of Our Ancient Representation*, p. 60.

② See Reginald Godfrey Marsden ed., *Select Pleas in the Court of Admiralty*, Vol. 1, p. 1 – 172.

③ William Sharp McKechnie, *Magna Carta: A Commentary on the Great Charter of King John, with an Historical Introduction*, p. 284.

④ See D. M. Palliser, *The Cambridge Urban History of Britain*, Cambridge University Press, 2008, p. 492.

⑤ 参见［英］亨利·萨姆奈·梅因：《古代法》，沈景一译，商务印书馆 2009 年版，第 26 页。

第二节 海事法庭基本管辖范围与争议

由于司法意味着收入，新建立的法庭必然会干涉原有法院的管辖范围，导致他们争夺管辖。而在管辖之争中，由于既不享有记录法院（court of record）的地位，也不受国王直接管理，仅背靠海事将军的海事法庭极易受到各方势力攻讦，海事法庭由此走向成熟。

一、基本管辖范围的诞生与界定

虽然海事将军特许状没有提及海事法庭，但它其实已经描绘出海事法庭的基本管辖范围。以 1361 年授予第二任南、北、西三区海军舰队统帅罗伯特·赫尔（Robert Herle）的特许状为例，它写道："授予他审理所有与海事将军这一职务有关事务的权力，享有海事诉讼管辖权（cognisance in maritime causes），有权执行正义、修正过分行为、根据过失惩罚行为不良者，把他们投入或放出监狱，以及做其他一切在海事将军职权范围以及海商法内的事情；当他无法履行职权时，有权委派别人代替自己履行上述职权。"[①] 尽管没有明确何为"海事诉讼"，但前后 2 次提到"与职务相关"或"在职权范围内"，意味着海事将军可以通过海事法庭处理所有他管理的事务，海事法庭的管辖范围也就是海事将军的职权范围。

进一步分析可以发现特许状对海事管辖进行了二级细分。特许状允许海事将军指定代表人审判，意味着当事人既可以向海事将军起诉，也可以向其指定的代表人起诉，不仅可以规避海事将军随时可能因战争无暇顾及司法事务，导致海事法庭可能长期没有法官的短板，也让海事将军有权选任法律专业人士研究如何更好、更妥善地处理国际贸易案件。

---

① *Calendar of the Patent Rolls Preserved in the Public Record Office*, 1358 - 1361, Edward Ⅲ Vol. 11, Published by His Majesty's Stationary Office, 1911, p. 531.

此外，特许状中“海商法”的表述甚至已经为海事法庭争夺管辖提供了依据。基于当时普通法、罗马法、教会法的混合状态，特许状提出“海商法”与它们并列虽然没有解释，但一方面，海商法必然与其他法律在合同、侵权等领域交叉；另一方面，海商法与现行制定法、国王法令、海事习惯等并无优先顺序，海事法庭可以自行定义何为“海商法”，并优先适用，从而排除其他法院管辖。

可见，虽然海事将军特许状没有提及海事法庭，但它却可以不局限于具体案件，在“海事诉讼”“海商法”的大概念下维护自己的管辖范围，对海事管辖的二级细分甚至可以吸引当事人主动选择到海事法庭诉讼。

值得注意的是，海关很早就与海事将军泾渭分明。早在 1275 年，英格兰就在全国铺开海关系统。[①] 到中世纪晚期，各地海关不仅早已以货物进出口为中心形成成熟的业务体系，也已是王权渗透地方的一股与海事将军并列的强大力量。比如多佛海关，就拥有 2 名海关切符官、3 条海关船、4 条小帆船、1 名海关官员、大量的家臣、10 名骑兵、1 座城堡和 2 座要塞。[②]

另外需要强调的是，海事法庭的管辖并非一直与特定案件类型脱节，随着捕获法的广泛传播，捕获案件逐渐成为海事法庭审理的代表性案件。如果说海盗是不论时间、地点的无差别暴力袭击，以强制入侵、烧杀掳掠为标签，那么捕获就是在特定地点以武力威胁为特点的和平获取，根据《康索拉多海商法》的规定，它的要件主要包括和平控制敌国的船或货以及未出现合法取回的情况，[③] 后来又包括必须是政府行为这一要件，是否允许政府进一步授权则成为争议，如英格兰以海上捕拿特许状授权普通民众广泛参与捕获的行为受到其他国家、地区的普遍抵制，英法就曾因此签订条约规定任何疑似劫

① See D. M. Palliser, *The Cambridge Urban History of Britain*, p. 472.

② See James Russell, *The Ancient Liberties and Privileges of the Cinque Ports and Ancient Towns: To Which Is Prefixed an Original Sketch of Constitutional Rights, and the Principles of Our Ancient Representation*, p. 89.

③ See Christopher Robinson, *A Translation of the Chapters* CCLXXIII *and* CCLXXXVII *of the Consolato del Mare Relating to Prize Law*, p. 6 – 20.

掠的案件都应由海事法庭审判为合法捕获后才可以占有相应船货。[①] 同样地，如果说所谓国际贸易案件就是涉及外国人、外国货、外国船等外国因素的案件，那么捕获中“船或货是敌国的”这一要件便使捕获必然属于国际贸易案件。而随着地理大发现以及海上争霸时代的到来，对殖民地财富的觊觎使海上劫掠成为常态，一直到 19 世纪欧陆各国都还有专门的捕获法庭（prize court），共同解决捕获的合法性问题。[②] 因此，捕获也是海事法庭从被动受案逐渐转变为国王以及海事将军主动攫利的工具。

二、与地方及其他法院的管辖权争议

海事法庭成立之后频频遭到港口法院的抵制，主要方式包括强制审判、抢先审判、发布指令、重复审理等。关于强制审判，1365 年曾发生一起典型案件，案件中，尽管海事将军已经逮捕经历海难的船舶，但普通法庭强行审判，对案涉船舶做出处理，当事人无奈之下只能申请令状让海事将军释放船舶。关于抢先审判，1377 年曾发生一起典型案件，案件中，尽管海事将军已经逮捕并开始审理船难救助案件，但由于普通法庭率先审理并判决支持该笔救助金，海事将军只能无奈释放已经逮捕的受难船。[③] 而关于发布指令，典型案件为 1364 年布拉登汉姆诉邵哥特（Bradenham v. Southgate）一案，案件中，地方普通法院把海事法庭当作逮捕船舶的工具，直接下达了逮捕船舶的指令。[④] 此外，在 1369 年波尔多船舶逃离案中，港口法院重复审理了这件海事法庭已经宣判的案件。[⑤] 海事司法变得混乱不堪，出现大量令人费解的案件，如在 1377 年的一起船难案中，港口法院同时适用普通法和海商法审理船

---

① 参见［美］詹姆斯·W. 汤普逊：《中世纪晚期欧洲经济社会史》，徐家玲等译，商务印书馆 2017 年版，第 103 页。

② See William Blackstone, *Commentaries on the Laws of England, in Four Books*, book Ⅲ, p. 659 – 660.

③ 以上两起案件均出自 Reginald Godfrey Marsden ed., *Select Pleas in the Court of Admiralty*, Vol. 1, p. xliv。

④ See Reginald Godfrey Marsden ed., *Select Pleas in the Court of Admiralty*, Vol. 1, p. xlvi.

⑤ See Reginald Godfrey Marsden ed., *Select Pleas in the Court of Admiralty*, Vol. 1, p. xlvi.

舶失事案件;[①] 又如在1384年葡萄牙商人被劫掠一案中，港口法院让英国人和外国人组成混合陪审团审理这起海事案件。[②]

虽然现在可以区分“海事”与“海商”，但那时二者常被混同，从而产生管辖争议。以是否为平等主体之间从事海洋贸易为标准，可以将“海事管辖”分为海商案件与海事案件，前者包括以海上贸易为内容的合同、侵占、合伙等，后者则包括港口规费、税收、航道管理、共损分摊等。在海事法庭出现以前，除合同、合伙等纯粹的商事案件可以由商人法庭自行处理以外，涉及扣押、取回或其他需要公权力参与的案件都由港口法院受理，海事法庭自然也尊重商人法庭的自治特权。然而，海事法庭的基本管辖范围并未区分海事与海商，如果商人向海事将军主张合同权利，海事法庭也会受理，从而造成港口法院与海事法庭争夺管辖权。

产生管辖之争更深层次的原因是海事将军与地方对商业利益的争夺。随着商业复兴，海洋贸易带来大量财富，港口希望改变受国王控制的传统，拓展自主权，获取更多财富。国王之所以能在8世纪起通过海关牢牢把控着港口，是因为此时港口本身并没有发展力。受限于造船与航行技术，港口渔业资源开发有限；又受限于海盗、海啸、大风、大浪等风险，商人的海上航行稀少，需要停靠港口的船舶较少，码头以及海湾建设也就尚未兴起，外来货物不多，并且需要进口的大多是重要战略物资或国内稀少的物品，港口成为国家资源的矿藏之一,[③] 海关只需在码头建立港口要塞，配备几条船、几十个人就可以全面控制货物进出口。但从8世纪到9世纪中期，以伦敦、哈姆维科（Hamwic）、约克（York）和伊普斯维奇（Ipswich）等城市为代表的港口用拓宽海岸和沿河沉降的方式开始增加内地贸易量,[④] 尽管不动摇国王对进出口货物的控制，但其自身实力不断成长，到签订《大宪章》之时，英格

① See Reginald Godfrey Marsden ed., *Select Pleas in the Court of Admiralty*, Vol. 1, p. xlviii.

② See Reginald Godfrey Marsden ed., *Select Pleas in the Court of Admiralty*, Vol. 1, p. xlviii.

③ See D. M. Palliser, *The Cambridge Urban History of Britain*, p. 33.

④ See D. M. Palliser, *The Cambridge Urban History of Britain*, p. 32.

兰港口城镇普遍都已获得自治特权。中世纪晚期，港口因作为羊毛或呢绒出产地而迎来对外贸易经济的腾飞，如 14 世纪南安普顿（Southampton）的科茨沃尔德（Cotswolds）地区是英国最优质的羊毛生产基地，埃克塞特（Exeter）则是英格兰西南腹地以及伦敦呢绒出口的主要通道，[①] 港口由此形成集聚效应，国内外商人汇聚于此，船舶增多、市场增多、规模扩大，虽然需要不断建设新的码头、防波堤、要塞等，但港口人民已经富裕，可以足额缴纳税费，也可以自行支持港口建设，一改过去外地人几乎掌握所有码头与房屋的状况。

在海事法庭之前，国王对港口的掌控来自海关，不仅牢牢控制货物进出口，也参与地方行政事务，拥有很大的影响力，地方无法撼动海关，便把对王权的不满倾泻到刚成立的海事法庭身上。除上文提及的采用各种方式抢夺海事法庭案件，也用不少行政手段打压海事将军在地方的影响力。比如在五港同盟地区，虽然海事将军作为最高执政官享有专属司法权，但他仍然受到港口本身的诸多限制，导致除特许状规定兼任多佛治安官外，仅担任桑威奇的选举监察官，在黑斯廷斯的地位甚至不如做出捐献的大商人——即便在桑威奇，当海事将军因当地领主贺拉斯·曼恩（Horace Mann）干涉城市内政而与自己产生利益冲突时，市民却也选择后者，将海事将军秘书斯蒂文斯（Stephens）视为海事将军代言人，将其从监察官队伍中驱逐。[②]

三、王权的干预与调整

在与地方及其他法院的管辖权争议中，海事法庭毫无还手之力，只能求助于国王。例如，在 1364 年莱昂内尔·巴德汉姆（Lionel de Bardenham）阻塞航道案与 1367 年海上谋杀案中，国王通过令状命令普通法院将案件移交海

---

① 参见康瑞林：《1350 年至 1700 年英国港口贸易的崛起》，中国社会科学出版社 2019 年版，第 69－92 页。

② See James Russell, *The Ancient Liberties and Privileges of the Cinque Ports and Ancient Towns: To Which Is Prefixed an Original Sketch of Constitutional Rights, and the Principles of Our Ancient Representation*, p. 92－93.

事法庭；又如在1349年普利茅斯的西班牙商船捕获案中，该案本应由国王审判，但普利茅斯地方法院无视当事人对地方法院审理此案的抗议，拒不移交国王，最后当事人上告国王，国王下达命令，让海事将军副官将所有当事人带到伦敦。① 此外，诺福克和萨福克两地曾联名写信给国王要求脱离海事法庭管辖，但国王没有同意这一请求。②

其实，在设立海事法庭之前，国王就以十分强硬的态度向地方法院抢夺过海事管辖权。例如，在1313年的一起案件中，爱德华二世指令一位法官到五港同盟地区审理一起佛莱明人提起的海盗诉讼，案件原告拒绝出庭，要求由普通法法院审判，被爱德华二世拒绝；③ 又如1314年和1315年，曾发生过两起类似案件，案件中的法国人要求适用普通法审理自己被劫掠的案件，未获得国王同意，最终由大法官法庭（Chancery）审理。④ 最为典型的则是1315年发生在奥威尔港（Orwell）的一起海盗案件，案涉海盗逃至莱伊，但莱伊市市长和法庭执行官（bailiff）拒绝执行国王的逮捕令状，导致国王大为不满，最后连续下达2份命令，其中一份要求莱伊治安官逮捕市长以及法庭执行官，另一份则要求该执行官继续执行逮捕令状。⑤

除对抗地方及其他法院对海事法庭施加的管辖压力，英格兰国王们也会主动调整海事法庭的管辖。都铎王朝之前，国王们的大型调整分别发生在理查二世、亨利四世、亨利五世、亨利六世时期。虽然内容不尽相同，但主旨十分相近。

第一，国王们普遍重视刑事管辖，外交是他们的主要考量。都铎王朝之前的5次调整中，有3次都是针对海事法庭刑事管辖的调整，可见国王们对海事法庭刑事管辖的重视，分别是理查二世剥夺海事法庭所有与陆地有关的

---

① See William Senior, *Doctors' Commons and the Old Court of Admiralty: A Short History of the Civilians in England*, p. 22.

② See Reginald Godfrey Marsden ed., *Select Pleas in the Court of Admiralty*, Vol. 1, p. l.

③ See Reginald Godfrey Marsden ed., *Select Pleas in the Court of Admiralty*, Vol. 1, p. xix.

④ See Reginald Godfrey Marsden ed., *Select Pleas in the Court of Admiralty*, Vol. 1, p. xix – xx.

⑤ See Reginald Godfrey Marsden ed., *Select Pleas in the Court of Admiralty*, Vol. 1, p. xx.

合同、侵权、劳动等案件的管辖权，仅保留在公海以及途经主流河道且未停靠船舶上发生的杀人与故意伤害案件的管辖权；[①] 亨利五世设立停战协议与安全管理监护人（Conservator of the Truce and the King's Safe Conducts）一职，可以在国王或海事将军的委任下跨郡调查，并且规定破坏停战协议与安全管理的杀人、抢劫、劫掠以及其他行为都是叛国罪；[②] 亨利六世则规定任何在海上、港口针对外国人的，因军事、联盟或者任何国王的防卫力量引起的纠纷，尤其是抢劫或劫掠外国人的船只、货物，都应由大法官（chancellor）审理，所有在地方受理的案件及其扣押的人、船、货都应立即移送大法官法庭。[③]

这3次调整中，理查二世的法令将海事法庭管辖限制得过于狭窄，没有被后来的国王认可，另外2次调整则得到继承。而不论是亨利五世将破坏停战协议的行为与叛国罪挂钩，还是亨利六世直接规定涉外案件都应移交大法官法庭，都显示出国王们对海事法庭审理涉外案件的谨慎态度，尤其涉及海上劫掠，危害到外国人的人身、船舶、货物安全时，不仅应当排除普通法院的管辖，而且海事法庭也不能自行裁判，而应当由法令设立的独立官员或指向的专门法官调查案件与审判。

第二，国王们坚持与确认海事法庭不同于普通法的审判机制，重视完善二者的协调方式而非改变海事审判规则。普通法院的法官以及地方官们纷纷表示海事法庭适用的法律与普通法差异过大，海事法庭不仅采用独任制审判，无法像陪审团那样保障公平，而且海上习惯与内陆习惯有时截然相反，超出了普通法的范畴。议会基于关于海事法庭管辖的大量抗议于1371年颁布法案允许海事法庭不适用普通法选择陪审团；[④] 爱德华四世则首次指定一位专业法官威廉·莱西（William Lacy）审理海事法庭案件。[⑤] 而在法律适用方面，

① See Statutes of the Realm，15 Ric. Ⅱ. c. 3.

② See Statutes of the Realm，2 Hen. Ⅴ. c. 6.

③ See Statutes of the Realm，31 Hen. Ⅵ. c. 4.

④ See Rot. Pral. ii. 308.

⑤ See Pat. 22 Edw. Ⅳ. Pt. Ⅰ，m. 2.

亨利四世在重新确认理查二世十三年法第 5 章的同时增加了关于海事法庭因海商法与普通法、王国法令不同而错误审判的救济措施，规定如果因海事法庭适用的规则与王国法令和普通法不一致而造成损害，只要该损失在 10 英镑以上且能够证明成立，就可以获得双倍赔偿。①

此外，国王们似乎从未调整过海事法庭在民商事案件中的广泛管辖权，背后原因可能是希望海事法庭发挥更大能动性获取海洋财富。英法百年战争时期，时而和平、时而战斗，时而胜利、时而失败，如果说调整海事法庭刑事案件管辖体现出国王们在不同战争局势下对外国人生命的基本保护，那么外国人的财产则始终是国王们的惦记对象。随着船队扩张、海军增强，海事将军的捕获能力日渐增强；同时随着商业复兴，船舶大型化、航线固定化，每一条船承载的货物价值越来越大，只要被认定为合法捕获，那么就可以在不影响停战协议以及两国关系的基础上获得不菲的收入。因此，尽管在英法百年战争后期英国节节败退，在海上贸易中也不敌汉萨商人与威尼斯商人，但海事将军以及海事法庭在民商事案件上的管辖地位反而日渐重要，鲜有调整。

从这些干预与调整不难看出，国王们对海事法庭的定位仍然是对外，且始终坚持海事管辖权的特殊性。虽然海事法庭在英法百年战争第一阶段英国的胜利中诞生，但后来不论是战胜还是战败都没有对海事将军以及海事法庭产生影响，甚至在 1453 年英国彻底失败之后，海事法庭仍然良好运转，案件持续增多、复杂性持续增强，出现了海事法庭的专门法官。其原因大概有二。一是当时对外作战的胜负与海事将军并无直接关联，尤其是在欧陆本土的作战，虽然由海船承担运送功能，但起决定性作用的仍然是被运送的士兵而非船舶大小、坚固程度，船炮还未发明，也不存在从海上支援陆上作战的可能，因此直到都铎王朝之前，海军船队仍然主要承担战略防御的作用，海事将军

① See Statutes of the Realm，2 Hen. Ⅳ. C. 11.

的军事职能并无履行瑕疵。二是海事法庭并不处理影响国家外交的大案，重要案件仍由国王亲自处理。随着欧洲各国的注意力都转移到捕获案件的合法性认定标准，海事法庭处理的绝大多数都是具有涉外因素的商人与普通民众的案件，而在这些案件中，通行的依然是国际海商海事习惯，英格兰既未取得北海－波罗的海或地中海的贸易话语权，也无力撼动欧陆商人通行习惯在国际贸易中确立的地位，国王们只能认可海事案件的特殊性。

但这些干预与调整也暴露出国王们对海事司法的不甚了解，在移植法律与照搬法律之间犹豫不决。不同于封建领主的司法权完全来自国王特许，不以土地为基础的封建关系是英格兰习惯中的空白，又由于海洋上存在大量海盗，至少在17世纪之前，英格兰国王似乎也无法宣称海洋属于自己所有，因此“水”（water）既是国王识别海事将军与其特殊封建关系的连结点，也是确认海事法庭成立伊始在司法体系中特殊性的参考要素。但随着对英吉利海峡的全面控制以及欧洲各地基于北海－波罗的海、地中海、大西洋的海上贸易交流，国王们意识到“海”是国际交往的平台，港口是海洋平台与大陆平台的交汇点，适用普通法的唯一可能是将所有海洋纳入版图，否则就只能在这一交汇点尊重已经形成的海洋贸易习惯。因此，在海洋战争、海洋财富以及海洋主权对一国起到决定性作用之前，国王们无意透彻了解海事司法，尤其是国际海事司法的具体规则及其特殊性。

这种不了解也导致国王们虽然尊重海事司法的特殊规则，但始终难以决定到底是将其规则彻底融入普通法，还是将其视为与教会法、普通法相并列的单独法律。理查二世剥夺海事法庭所有海商案件管辖以及亨利六世剥夺涉外国人案件管辖的行为表现出这两位国王曾尝试前者，而爱德华三世允许海事法庭不使用陪审团、亨利四世重新确认海事法庭基于“水”的管辖以及爱德华四世为海事法庭指派专职法官的行为则表现出这三位国王曾尝试后者。但无论怎样，海事法庭始终以独立姿态在王权的指导下发挥作用。

第三节　都铎王朝前海事法庭的特点

通过管辖之争与王权调整，海事法庭形成了成熟的运作方式，在英格兰复杂的司法体系中立足。站在进入都铎王朝的门槛上，可以总结出都铎王朝之前海事法庭的特点。

一、分散的海事司法与虚化的司法功能

根据特许状的描述，海事法庭的管辖范围应与海事将军的司法特权基本重合，然而海事法庭在实践中的受案范围却并不与海事将军司法特权范围重合。通过梳理王国制定法，在进入都铎王朝之前海事将军应仅有权审理海盗以及海上非涉外刑事案件，但实践中却有大量案例表明，海事法庭一直审理着包括海上贸易合同、侵占等案件在内的民商事案件。[①] 或许，在国王对海事将军司法特权的设计中，从来就没考虑过建立一个独立法庭，只是允许海事将军就职权内的各项事宜自行裁判，所以王国制定法也从来仅调整海事将军的司法职能范围，并不关心海事法庭在实践中审判哪些案件。

所以，海事将军的司法职能与海事法庭的司法功能其实是割裂的。国王仅通过特许状授予海事将军个人司法审判职能，海事法庭本质上仍然仅是享有依附于封建领主的司法权，而非像星室法庭（star chamber）、财税法庭（the court of exchequer）那样作为国家司法机关而存在。需要注意的是，在没有官方案卷记录的情况下，可以在大法官法庭、御前会议以及衡平法院的档案中见到大量来自海事法庭的上诉案件，但这并不意味着海事法庭与这些

① 最为典型的便是1390年山姆普诉柯蒂斯案（Sampon c. Curteys）和1404年吉纳希诉亨腾案（Gernesey c. Henton）。这两起案件发生时，理查二世已将海事将军的司法管辖范围限定在特定海域的刑事案件，但这两起案件都是发生在陆地上的国际贸易案件。See Reginald Godfrey Marsden ed., *Select Pleas in the Court of Admiralty*, Vol. 1, p. 1 – 172.

机构建立起审级关系，而是基于封建君臣关系，就该领主本人的判决向该领主的上级提起上诉。因此，无论是1390年山姆普诉柯蒂斯案还是1404年吉纳希诉亨腾案，都可以多次上诉，如向海事将军上诉其代表人判决的行为、向国王或大法官法庭上诉海事将军判决的行为，在吉纳希诉亨腾案中上诉总计甚至达到7次。衡平法院本质上也是来自国王本人的司法职能而非来自御前会议、议会或其他国家机关，因此，在都铎王朝之前，海事将军司法职能与海事法庭司法功能其实是割裂的，海事将军将海事法庭视为自己的领主法庭，因此独任审判、可以上诉；但海事法庭本身基于国际海商海事习惯却实际承担了作为国家司法机关的作用，逐渐拥有包括海盗、涉外、捕获等案件的专属管辖权，且背后有国王支持。

英格兰有诸多海事将军，其治下海事法庭本就可能各不相同，再加上海事法庭与海事将军的司法特权互相割裂，国内海事司法也就无法统一，分散各地。建立海军制度之后，英格兰一直拥有东、西、南三大海防线以及五港同盟，拥有3位以上的海事将军，每一位海事将军都可能拥有司法权。但这并非有意为之，海事将军的军事地位本就较低，海洋贸易又受外国人主导，海事司法似乎没有统一的必要。以1340年6月的斯吕伊斯（Sluys）海战为例，爱德华三世从尼德兰带回一支拥有300条帆的舰队，2天以后在斯吕伊斯海战中战胜并摧毁了法国有500条帆的海军，[①] 尽管如此，海事将军在后来100多年的时间里依然仅仅只是一个召集船舶的职位，无论是人、作战还是占领，实质都是陆军在行动。而在中世纪，战船、商船混用，所谓战船其实都是护卫商船的小船，造价并不高、操作难度也不大，战争本身也主要依靠士兵的英勇而非航行技术，海事将军的军事地位始终是配合，无须统一指挥。在司法层面，尽管已有具有全国性效力的《奥列隆法典》和国王法令，各海事法庭之间的法律适用不会有太大偏差，但各港口市场中产品种类不一，往来商人的国籍不同，汉萨同盟、威尼斯、法国等地的海事习惯也不尽相同，

① See Thomas Rymer & Paul Rapin de Thoyras, *Acta Regia*... Vol. 1, p. 257; Thomas Rymer, *Foedera*... Vol. 7, p. 195.

再加上海事法庭本身就以欧陆法为主要法源，海事将军更是以多变的国王法令而非先例为依据裁判，今天合法的航行行为很可能因明天国王宣布某国为敌人而符合捕获条件，只有在海事法庭之上设立更高级别的海事法庭才有可能实现海事司法的统一。

在分散的同时，海事法庭的司法功能还具有虚化的特点，即海事将军的司法特权虽然可以支撑海事法庭进行管辖斗争，却也给国王与地方弱化海事司法提供了机会。一种猜想是，无论是港口法庭还是商人自治法庭都很少用中世纪法院对抗中常用的禁令，而是用抢先审判、重复审判等非司法手段蛮横抢夺管辖权，这似乎表明在普通法法院看来海事法庭不算是一个司法机构。另一种猜想则是，普通法法院认为海事法庭具有领主司法权与司法机关双重属性，不仅严重威胁到自己原有的管辖权，更可能不以司法机关的惯常手段，而是用行政乃至军事手段抢夺案件，仅用事后禁令既无法削减海事法庭的司法救济能力，也无法规避当事人再次寻求海事法庭的救济，只有事前抢夺才能保住原属于自己的管辖范围。不论在哪种猜想下，由于海事法庭不是国王用特许状创造出的机构，海事将军的司法特权也就可以被理解为国王对实践中海事将军已经形成解决纠纷公信力的确认，海事将军及其法庭最终获得的也就不是海事案件专属管辖权。于是，不论是地方抢夺案件还是国王转移案件的时候，海事法庭都无法援引任何一条拥有全国性效力的规定维护自己的管辖权，海事法庭的生存实质全靠当事人的自发选择，所谓“特权”实际上有名无实。

其实，依附于官职的司法机关都存在向虚还是向实的两难，海事法庭也是如此。在罗马，官职任期的短暂性往往使官员无法拥有一个永久法庭，单个案件的裁判规则无法推广，使律师比法院更具有法律解释上的权威性。①这或许可以解释为何英国海事法庭的律师不出自律师工会而是来自大学，也可以解释为何后来海事法庭会搬到博士院和教会法院待在一起，且两边律师

① 参见［英］亨利·萨姆奈·梅因：《古代法》，沈景一译，商务印书馆2009年版，第21页。

可以互通。但海事法庭毕竟不是教会法院，除和它一样以适用欧陆法为主外，二者几乎没有任何相同点，尤其在法官配置以及管辖上，海事将军一旦换人，海事法庭的法官也就换人；只要国王一声令下，海事法庭很可能就被剥夺所有管辖，甚至海事将军这一职务都可能被替代。因此，海事法庭无法向“实”，即不可能以海事将军这一职位及其司法职能永远存在为前提建立如教会法院一般完整的司法体制；也无法向“虚”，即海洋贸易纠纷以及国际海商海事习惯必然需要一个司法平台加以解决适用。在这样纠缠的形态中，海事法庭的身影只能在经济与司法发展大势里若隐若现。

二、明确但不断压缩的管辖范围

当把海事将军与海事法庭的管辖范围看作两个不同的对象，会发现后者其实相当明确。首先，海盗案件。只要涉及海盗，无论是北欧海盗还是欧陆其他国家的海盗，相关案件必然由海事法庭审判。海事法庭对海盗案件的管辖权不会受到其他势力的干预，正如本章第一节分析的那样，其他势力既没有足够的能力受理、执行，其本身也很可能是受害者，需要寻求其他机关的救济，因此海事法庭牢牢掌握着海盗案件。其次，捕获案件。在 14 世纪晚期及之后，随着捕获法的广泛传播，捕获案件成为涉外案件的主要类型，海事法庭也被认为是英格兰的捕获法院。[①] 最后，王权指导下的各类杂项案件。在王室司法体系中，普通民事法院、王室法庭、星室法庭等分别管辖民事、刑事以及行政案件，海事法庭在这一体系中管辖与水相关的民事、刑事以及其他杂项案件。由此，海事法庭既审理过民商事案件，如 1369 年租船合同案；[②] 又审理过刑事案件，如 1370 年雨果（Hugo）叛国案、[③] 1364 年史蒂芬·杰拉德（Stephen Gerrard）谋杀案；[④] 还审理过涉及航道管理、海商法律适

① See William Searle Holdsworth, *A History of English Law*, Vol. 1, p. 561 – 568.

② See Reginald Godfrey Marsden ed., *Select Pleas in the Court of Admiralty*, Vol. 1, p. xlv, xlvi.

③ See Reginald Godfrey Marsden ed., *Select Pleas in the Court of Admiralty*, Vol. 1, p. xlvi – xlvii.

④ See Reginald Godfrey Marsden ed., *Select Pleas in the Court of Admiralty*, Vol. 1, p. xlvi.

用以及停战协议的案件，如 1364 年莱昂内尔·巴德汉姆阻塞航道案、1375 年昆伯勒案（Queenborough）以及 1370 年海事将军返还捕获物案。[①]

所以，从海事将军司法职能自然演变、确认而来的海事法庭管辖范围只有海盗、国际贸易以及国内海事案件，这三类极少甚至不会与地方势力产生冲突；反而是海事法庭在王室司法体系中承担与水相关管辖的分工招致地方的普遍反感，从而使国王们在这一块反复调整，在都铎王朝之前，呈现明显的压缩趋势。

虽然海事将军与海事法庭的管辖范围不完全重合，但它们之间司法职能却彼此影响——海事法庭的管辖范围不会因特许状中的模糊表述而无限扩大，相反，它会因国王对海事将军司法职能的限制而缩小。因此，一方面，英格兰的国王们从未尝试解释何为“海事管辖”、何为“海商法”，他们在判决与令状中直接使用这些概念，允许海事将军在具体执行时无限制地扩大解释，从而保障国王们所作判决或令状，但海事法庭的管辖范围并未因此而囊括所有海商海事案件，典型如船员劳资关系、造船合同乃至捕鱼案件都不是由海事法庭审理。另一方面，理查二世直接剥夺海事将军审判民事与杂项案件的权力，导致了海事法庭只能审判特定刑事案件；亨利六世的国际贸易案件移交命令在剥夺海事将军审判国际贸易案件权力的同时也剥夺了海事法庭对国际贸易案件（甚至可以认为包括海盗案件）的管辖权。

因此到 15 世纪末，虽然海事法庭拥有一位专业法官，但其管辖范围却最小，除海盗已成习惯外，无权管辖捕获以及任何可能涉及暴力的国际贸易案件。

三、制定法与地方习惯复合适用

在 17 世纪爱德华·科克领导普通法法院获得主导地位之前，普通法、衡平法、教会法以及欧陆法在英格兰并行发展，法院种类繁多，彼此之间互有

① See Reginald Godfrey Marsden ed., *Select Pleas in the Court of Admiralty*, Vol. 1, p. xlv, xlvii – xlviii.

冲突。海事法庭也是法院冲突中的一员，但不同的是，海商法虽然与普通法、衡平法一样没有明确指向，却有《奥列隆法典》这一成文立法；海事法庭虽然和普通法法院一样散布各地，但没有巡回审判制度，海事习惯没有统一；而国际海事习惯虽然和教会法一样主要来自欧陆，但国王法令与国际条约多变，在实体法的框架内灵活适用。

在有大量国内外习惯需要协调但既无普通法指引，又无统一习惯的情况下，颁行海商法典，即《奥列隆法典》指导裁判涉外海商案件成为保证法官恰当审理涉外海事案件的首选方式。1148 年，还是法王路易七世妻子的阿莉埃诺（Eleanor）在法兰西周边巡视时发现巴塞罗那的《康索拉多海商法》在地中海东岸得到广泛适用，于是她携带一份副本回到奥列隆岛，当地法院在适用《康索拉多海商法》的同时根据本土审判实际制定《奥列隆法典》。后来阿莉埃诺与法王路易七世离婚，嫁给安茹伯国的亨利伯爵，后者在 1154 年成为英国金雀花王朝的首位君主后便在英国颁行《奥列隆法典》。[①] 奥列隆岛位于比斯开湾（Bay of Biscay），是中世纪欧洲的商业中心之一，在该岛制定的《奥列隆法典》是海事法庭适用的主要成文法律，由于“商事习惯法无论与普通法如何抵触，在所有的商业法律中仍具有最高法律效力”,[②] 因此该制定法是海事案件的首要审判依据。

以《海事黑皮书》中的《奥列隆法典》为例，它共有 35 条，详细规定了从选出船长到靠泊停航整个环节中关于船舶操作、备件买卖、船员管理、抛货等规则，旨在给航行全程的重要环节提供详细操作指南，对于开航、抛货这样的核心环节，更是细致规定到各主体的语言、举止，以求明确责任划分。[③] 比较来看，都铎王朝之前的《奥列隆法典》借鉴了不少中世纪欧洲其他地区的海事习惯，正如孟罗・斯密所说，“在集市及口岸法院之

---

① 参见［美］孟罗・斯密：《欧陆法律发达史》，姚梅镇译，中国政法大学出版社 2003 年版，第 346 页。

② William Blackstone, *Commentaries on the Laws of England, in Four Books*, book Ⅲ, p. 88.

③ See Travers Twiss, *Monumenta Juridica, The Black Book of the Admiralty, with an Appendix*, Vol. 1, p. 89 – 133.

中，各国之商事习惯皆汇于兹，因而彼此间发生一种互争优势之平和斗争，结果所致，往往较优之习惯取得优胜，而至有长久维持之势”。[①] 例如，第5条关于到港后的下船事宜，它规定：“如果一艘船驶离港口，不论装载了还是空的，到达另一地，没有船长的同意船员不得离船：如果船员擅自下船，并且船舶因此丢失或受损，那么他们就须对此负责。但如果船舶靠泊，岸上有足够的人装货，那么只要他们在合适的时间回来，就无须船长的同意。否则若他们有足够的资金，就有责任赔偿。”这与1258年《巴塞罗那海事规则》（The Barcelona Maritime Code of 1258）第1条的部分规定十分相似，它写道：“我们命令任何类型的船只的船长和水手在船上的货物全部卸在陆地上以及所有船舶卸下压载物并系泊之前，都不得离开陆地上的卸货点或离开他们到达陆地所用的船只。但如海面平静，则该船舶或船只的船长在开始卸货时，可与其文员一起上岸；如天气可能令他不能卸货，则，若该船长在陆地上，须立即修理该船舶或船只，如因天气原因不能修理，其船员有充分的权力和许可，可随船舶或船只离开抵达的地方，前往港口或出海。”[②] 又如，第9条关于抛货的规则与8世纪左右的《罗德海法》（Lex Rhodia）第9条十分相似，它规定：“若船长决定弃船，他应当询问船上乘客并投票决定怎么办。留下有用的货物；床上用品、穿戴的服装和用具都要珍惜；如果发生投弃货物以减轻负载的，船长和乘客的责任不超过1利特拉；舵手和大副则不超过半利特拉；水手不超过3格兰玛塔；奴隶和船上没有卖掉的人价值不超过3米纳斯。已卖掉的人值2米纳斯。同样，如果货物被强盗、敌人带走，这些损失也用同样的规则分摊。如果有利润分摊协议，在船上所有物品和船舶本身都被分摊完毕后，让所有对损失有责任的人按其利益份额承担责任。”[③] 两部法典甚至都规定了在抛货前应询问船上人员，尤其是商人意见这

① ［美］孟罗·斯密：《欧陆法律发达史》，姚梅镇译，中国政法大学出版社2003年版，第334页。

② A. de Capmany ed., *Memorias Sobre la Marina*, *Comercio*, Vol. Ⅱ, y Artes de la Antigua Ciudad de Barcelona, 1779, p. 23–39.

③ The Rhodian Law, http://www.stexboat.com/books/maritime_law/Rhodian_Law_Sea.htm, 最后访问时间：2021年3月13日。

样细致入微的行为。

随着中世纪商业复兴，各国商人开始奔忙于欧洲各地，各地区海洋贸易习惯走向融合，而英格兰对此却后知后觉，大量外国商人设立的商站存在于英格兰，且商站内适用本国法律，英格兰的国际贸易习惯也就无法统一。英吉利海峡虽不宽阔，却仍然使英格兰与欧陆分离，沦为欧陆殖民经济区，[①] 英格兰发现自己落后于欧陆时，已到中世纪晚期，虽然英王爱德华二世于1313年建立羊毛出口的集中地制度，要求以后无论是本国商人还是外国商人都把羊毛运送到圣奥美尔（Saint－Ome）集中销售，又在1326年设立集中地，用以阻止外商直接向大生产者购买羊毛，[②] 但此时来自欧陆的海商习惯已在英格兰落地生根，本地习惯与国际贸易习惯格格不入，甚至英格兰可能本就没有国际贸易习惯。依托商站，威尼斯、西班牙、汉萨同盟的商人在各地建立起自己的贸易区，使用自己国家、地区的法律解决纠纷，《奥斯特林海商法》便是当时汉萨同盟商人在英格兰适用吕贝克城制定的法律的体现，这一法典被记录在英格兰海事法官的办案手册《海事黑皮书》中，[③] 与《奥列隆法典》并列，都是海事法庭应当适用的审判依据。

需要强调的是，不论《奥列隆法典》或王国法令在海事法庭中有怎样的优先地位，海事法庭并没有突破“程序优先于权利”的传统，无论是1390年山姆普诉柯蒂斯案还是1404年吉纳希诉亨腾案，当事人都需要到国王秘书处购买令状后开启诉讼，所有的上诉、调查、协助调查也都是通过令状指示、传递，因此海事法庭在法律适用中的灵活性仅体现在实体法中。

14世纪，罗马法在英格兰得到充分发展，无论是大学还是国王身边都已经有较为浓厚的罗马法氛围，由于海事案件最初就包括国际贸易案件，需要外国法即罗马法专家，从而为海事法庭适用罗马法提供了基础与最初的发展。

---

① 参见顾晓鸣主编，赵立行：《英国商人》，江西人民出版社1995年版，第7－8页。

② 参见马克垚：《英国封建社会研究》，北京大学出版社2005年版，第327－330页。

③ See Travers Twiss, *Monumenta Juridica*, *The Black Book of the Admiralty*, *with an Appendix*, Vol. 4, p. 359－386.

而到了15世纪，海上争端使国王以及高层贵族意识到海事争端和教会争端一样具有国际性，可以类比适用罗马法，[①] 尤其是亨利五世将破坏停战协议与国内安全管理规定的行为定性为叛国罪，还设立专门的监督员调查与审理相应案件，这充分表明王权已将海事法庭定位为衔接国内外规则的平台，并且不能像教会法那样受到遥远罗马教廷的操控，而是将国家外交掌控在自己手中，这已然与英国16世纪的宗教改革遥相呼应。

都铎王朝时期的海事法庭继承了之前海事法庭的基本管辖范围、复合型法律适用以及持续受王权干预与调整的特点。随着大航海时代的到来，非以士兵肉搏，而是船舶炮击为主的新型海战成为国家战争的关键，海事将军的地位得到空前提升，司法特权集中而又扎实；又随着英格兰形成绝对君主制、确立重商主义以及开拓海外市场等新情况的出现，海事法庭的管辖得到大量扩充，法律适用得到各国广泛认可，海事法庭受到王权前所未有的重视。在进入都铎王朝后，英格兰海事军事行政由分散、虚化走向集中、实权，海事司法则在进入都铎王朝后由明确、压缩转变为模糊、扩张，同时摒弃了法典、法令、习惯的复合适用，建立了高级海事法庭统一规则，海事法庭迎来发展高潮，在英格兰司法体系中走向巅峰。

---

① See William Senior, *Doctors' Commons and the Old Court of Admiralty: A Short History of the Civilians in England*, p. 32.

第二章　都铎王朝时期海事法庭的权力属性与审判机制

霍兹沃斯认为，海事法庭能够在都铎王朝时期走向巅峰，主要得益于都铎王朝建立起的高效政府，它为海事法庭扫清了在都铎王朝时期之前难以发展的障碍。① 确实，在海商、海事、海军方面，都铎王朝政府做了许多人们熟知且具有重要战略意义的事，包括亨利八世时期设立领港公会（Trinity House）、开设德特福德海军造船厂（Deptford Dockyard），伊丽莎白一世时期组建海军打败西班牙“无敌舰队”等，这些事件不仅让海事将军、海事法庭的地位得到空前提升，也为英国最终建立“日不落帝国”打下坚实基础。但是，政治或军事的视角既无法阐明海事法庭如何突破中世纪使其难以发展的障碍，也无法解释都铎王朝时期海事法庭相比其他法院的优越性，更无从知晓海事将军政治、军事地位的提升与海事司法扩张之间的作用关系。

想要回答上述问题，需要首先搞清海事法庭的性质。目前，学者们对海事法庭性质的认识并不统一。大多数学者认为海事法庭是一种商事法庭（the courts which administered the law merchant），比如霍兹沃斯认为，由于海事法庭适用商人法，因此它和集市法庭、自治市镇法庭（courts of fairs or borough）、商业中心法庭（court of staple）一样，都是商事法庭的一种。桑伯恩赞同霍兹沃斯的观点，他认为虽然英国的海上贸易在16世纪兴起，但当时欧洲的商业中心在欧陆，因而英格兰需要一个适用民法的商事法庭处理国

① See William Searle Holdsworth, *A History of English Law*, Vol. 1, 1924, p. 546.

际贸易事务，那就是海事法庭。[①] 我国学者也有类似的观点，比如何勤华、魏琼认为，海事法庭在英国商法发展中发挥了决定性作用；[②] 程汉大、李培锋则认为，海事法庭是咨议会管辖下的一个独立法庭，在普通法无法管辖的商事案件中获得生存空间。[③] 但也有学者认为，海事法庭是咨议会法院（conciliar courts）的一种，比如约翰·贝克（John Baker）认为，海事法庭是咨议会弥补普通法法院无法审理涉及外国人案件的管辖空白的一种方式，只是由于它和治安官与执法官法庭（courts of the constable and marshal）一样，长期适用民法，因而在咨议会法院中显得与众不同。[④] 有的学者认为海事法庭就是捕获法庭，比如布莱克斯通认为，由于捕获是16世纪全欧洲都需解决的纠纷，因此各国协商在本国都建立以解决该纠纷为宗旨的法院，在英国，便是海事法庭。[⑤] 还有的学者则认为海事法庭属于王室法庭的一种。[⑥]

学者们大多从海事法庭解决的纠纷类型、适用的法律或海事将军与咨议会之间的关系来解读海事法庭的性质，然而，海事将军、海事法官的特许状以及王国法令才是明确海事法庭性质与定位的基础文件；也只有在此基础上厘清海事法庭的权力属性，才可以理解看起来令人困惑的、国王与海事将军对海事法庭审判机制所做的一些尝试、调整。因此，本章将从这些材料出发，从司法制度设计的视角探寻都铎政府对海事法庭的定性与定位，以及他们对海事司法与海事法庭进行的一些顶层设计、设计的原因及其效果。

---

① See Frederic Rockwell Sanborn, *Origins of the Early English Maritime & Commercial Law*, The Century Co., 1930.

② 参见何勤华、魏琼主编：《西方商法史》，北京大学出版社2007年版，第367页。

③ 参见程汉大、李培锋：《英国司法制度史》，清华大学出版社2007年版，第81页。

④ See J. H. Baker, *An Introduction to English Legal History*, Oxford University Press, 2005, p. 131.

⑤ See William Blackstone, *Commentaries on the Laws of England*, *in Four Books*, book Ⅲ, p. 659 – 660.

⑥ See John Selden, *The Dissertation of John Selden*, *Annexed to Fleta*, p. 221.

第一节　作为司法机关的实质化

海事司法特权的虚化是海事法庭在中世纪难以发展的首要，也是基础性障碍，因此，海事法庭首先需要使自己成为一个真正独立的司法机关，逐步摆脱对海事将军乃至对国王的依赖，以独立法庭的姿态审判、执行案件。海事法庭确实做到了这一点，主要表现在三个方面，即海事将军司法特权的实质化、海事法庭令状的类型化以及海事法庭审判与执行特权的自主化。

需要说明的是，本书所称“实质化”并非某一学科或某类研究的专有词汇，而是希望表达与强调一种与“虚化”相对的状态，亦即上文所说海事法庭摆脱依赖，独立审判、执行的状态。

一、海事将军司法特权的实质化

都铎王朝时期，海事法庭仍然被称为“海事将军的法庭”,[①] 高级海事法庭也是如此，因此，海事将军的司法特权仍然是海事法庭的权力渊源，海事法庭作为特权法庭的实质化也首先表现在海事将军司法特权的实质化。

所谓司法特权的实质化，是指海事将军不再像都铎王朝时期之前那样使用政治、行政等手段维护自己的管辖权，而是以自己的特许状为依据使用司法手段，海事将军特许状与王国法律中均出现大量对海事将军司法特权的细致描述。在案件类型上，16 世纪海事将军特许状与王国法令均规定了海事将军可审理的详细案件类型，包括王室之鱼、海难及其残骸案件、漂流物以及运费、货损等;[②] 在法律适用上，规定海事将军可以适用独立的法律、禁

---

① 即“Court of Admiralty”，直译为海事将军的法庭。

② 王国法令与都铎王朝时期诸多海事将军的特许状均有提及，参见 Statutes of the Realm, 32 Hen. Ⅷ. C. 14，以及 Reginald Godfrey Marsden ed., *Select Pleas in the Court of Admiralty*, Vol. 1, p. lviii – lxvi。

令,[①] 甚至可以自行颁布法令和法律管理船队和军队;[②] 在管辖地域范围上，从 1547 年托马斯·西摩（Thomas Seymour）的特许状开始，之后所有高级海事将军的管辖范围都扩展到从国境内第一座桥到海洋这一范围。[③] 1549 年与 1618 年授予沃里克伯爵以及伯明翰公爵的特许状中更是加入了无干扰条款（non obstante）,[④] 坚实保障海事将军实现其司法特权。

这些表述使海事将军可以依照特许状中赋予的详细司法路径维护自己的司法特权，不用再像都铎王朝时期之前那样表述不清，只能用强行扣押货物或等待王权干预等非司法手段维护自己的特权。这种局面不是一蹴而就的，是其政治地位提升、军事实力增强、收入来源扩大之后的连锁反应。

首先，都铎王朝时期英格兰海事将军的政治地位得到空前提升。1493 年 4 月 5 日，亨利七世任命幼年亨利八世为五港同盟执政官,[⑤] 似乎是首次任命王子为海事将军。1525 年，亨利八世授予自己的私生子亨利·菲茨罗伊（Henry Fitzroy）“高级海事将军”称号，配以莱尔（Lisle）子爵和诺福克公爵托马斯（Thomas）作为副海事将军,[⑥] 考虑到此时菲茨罗伊已经被授予 2 个公爵头衔，又拥有 2 位大贵族做副手，尽管此时菲茨罗伊才 8 岁，但他应该是拥有政治、军事实权的。菲茨罗伊早逝之后一直到都铎王朝结束，“高级海事将军”这一头衔未再被授予国王子女，但纵观整个都铎王朝，拥有这一头衔的人都是握有实权的大贵族，且都佩戴嘉德勋章（Order of Garter），例如，1536 年任命的海事将军威廉·菲茨威廉（William Fitzwilliam）是南安普顿伯爵，同时又是兰开斯特公爵领地事务大臣;[⑦] 又如，1540 年任命的约

---

① See Reginald Godfrey Marsden ed. , *Select Pleas in the Court of Admiralty*, Vol. 2, p. xxv.

② See *Calendar of the Patent Rolls Preserved in the Public Record Office*, Vol. 4, 1557 – 1558, H. M. Stationery Office, 1939, p. 12 – 13.

③ See *Calendar of the Patent Rolls*, Edward Ⅵ, Vol. 1, 1547 – 1548, H. M. Stationery Office, 1924 – 1929, p. 181.

④ See Reginald Godfrey Marsden ed. , *Select Pleas in the Court of Admiralty*, Vol. 1, p. lviii.

⑤ 参见［英］罗伯特·哈钦森:《亨利八世：年轻的亨利》，魏静薇译，新世界出版社 2020 年版，第 10 页。

⑥ See Reginald Godfrey Marsden ed. , *Select Pleas in the Court of Admiralty*, Vol. 1, p. lvii.

⑦ See Reginald Godfrey Marsden ed. , *Select Pleas in the Court of Admiralty*, Vol. 1, p. 206.

翰·罗素（John Russell）是皇家船长、嘉德骑士，同时又是锡矿区（Stannary）的守护者及总管。[①] 1558 年任命的爱德华·克林顿（Edward Clinton）与 1585 年任命的查尔斯·霍华德（Charles Howard）虽然一开始没有爵位，但后来分别在 1572 年与 1597 年成为林肯伯爵与诺丁汉伯爵，同样地位显赫。[②]

海事将军政治地位的巅峰在爱德华六世时期。从一份 1548 年的判决书可以看到，在介绍法官时，时任高级海事将军托马斯·西摩在前，爱德华六世在后，并且国王仅仅是“英格兰和爱尔兰船队所有副海事将军、法官……的统治者”，不包括海事将军以及高级海事将军。[③]

在政治地位的加持下，海事将军的军事实力在都铎王朝时期得到迅猛提升。亨利八世设立德特福德海军造船厂后，造出包括大哈利号、君主号在内的巨大且装备精良的战舰。在后来的一系列海上作战中，海事将军更是勇猛，比如在 1512 年英格兰与苏格兰海战中，时任海事将军爱德华·霍华德（Edward Howard）打败安德鲁·巴顿（Andrew Baton），使苏格兰海军主力战舰狮子号被迫卖给法兰西王国海军。后来英格兰与苏格兰又起战事，苏格兰国王詹姆斯四世更是死在第三世诺福克公爵、海事将军托马斯·霍华德（Thomas Howard）手中。[④] 都铎王朝后期同样如此，除打败西班牙“无敌舰队”这一耳熟能详的事例之外，英格兰海军也为英格兰经济发展保驾护航，正如有学者指出的，1569—1639 年这 71 年间，欧陆战争频发，但英国产业却相当兴盛，16—17 世纪英国重商主义迅速发展，是由和平、商人、海军共同创造的。[⑤]

政治地位的提升与军事力量的增强拓展了海事将军的收入来源，各类海

---

① See Reginald Godfrey Marsden ed., *Select Pleas in the Court of Admiralty*, Vol. 1, p. 224.

② See *Principal Officers of Crown and State*, https://lst. gale. com/mss/researchTools. do?userGroupName = fudanu&prodId = SPOL#，最后访问时间：2021 年 6 月 4 日。

③ See Reginald Godfrey Marsden ed., *Select Pleas in the Court of Admiralty*, Vol. 2, p. 1.

④ 参见［英］查尔斯·爱德华·莫伯利：《都铎王朝：1485—1547》，游莹译，华文出版社 2020 年版，第 191 - 194 页。

⑤ 参见赖建诚：《王室与巨贾——格雷欣爵士与都铎王朝的外债筹措》，浙江大学出版社 2015 年版，第 71 页。

事收入应运而生，具有代表性的包括海事将军在捕获物中的份额、对海盗货物的所有权以及“海事什一税”。随着海运货物价值的增大、航行技术的发达，海上捕获成为一门收入不菲的生意，正如第一章第一节提到的，海事将军早已是捕获合法与否的决定性环节。1589 年，英国颁布法令规定合法捕获的要件之一是整批货物没有损害，进一步导致只能由海事将军证明并保证捕获是合法的，捕获人或自愿或被动地需要支付给海事将军一定份额的捕获物。一开始各地海事将军收取的份额并不统一，女王伊丽莎白一世于 1557 年确认海事将军可以拥有捕获物的份额，后在 1560 年颁布法令规定捕获物的 1/3 归海事将军所有，[①] 又在 1586 年颁布法令将其改为 1/10。[②]

与参与捕获物的分配不同，海事将军对海盗货物的所有权是绝对的——不论该货物之前属于谁，只要成为海盗货物，便立即属于海事将军所有。在 1553 年海事将军诉博纳案（Officium Domini c. Bona Piratarum）中，海事法庭判决应由海事将军没收海盗货物，后来虽然原所有人主张过货物所有权，但海事法庭认为：“尽管海盗抢劫的都是英格兰人的船和货物，但逮捕海盗的是国王和海事将军，所以，根据成文法、法律和习惯，这些货物都属于国王，也可以由海事将军代表国王使用。”[③] 在 1585 年戴安娜号案（Diana）中，更是在没有原被告的情况下直接单方判决法国海盗船戴安娜号及其货物属高级海事将军所有。[④]

此外，值得一提的是“海事什一税”。1560 年，伊丽莎白女王的一项法令中曾提道：“海事什一税，即所有的船东都要给海事将军收入的 1/10。”[⑤] 如果这一政策得到实行，那么海事将军将成为“海上主教”，这一税种也将成为海事将军最为稳定与巨大的收入来源。但目前很难判定这一政策是否得到执行，一方面，在 1560 年特维纳德诉特维纳德案（Trewynerd c. Trewynerd）

---

① See Reginald Godfrey Marsden ed., *Select Pleas in the Court of Admiralty*, Vol. 2, p. xviii.

② See Reginald Godfrey Marsden ed., *Select Pleas in the Court of Admiralty*, Vol. 2, p. lxxii.

③ Reginald Godfrey Marsden ed., *Select Pleas in the Court of Admiralty*, Vol. 2, p. 84 – 86.

④ See Reginald Godfrey Marsden ed., *Select Pleas in the Court of Admiralty*, Vol. 2, p. 161.

⑤ Reginald Godfrey Marsden ed., *Select Pleas in the Court of Admiralty*, Vol. 2, p. xv – xix.

中，海事法庭确实估算过鱼类什一税（tenths of the fish），确实有可能存在过“海事什一税”；但另一方面，不论是海事将军特许状还是王国法律都未曾提及这一税种，仅有对海事将军拥有捕获物1/10份额的确认，而非所有船东收入的1/10，因此也确实存在一种可能，即在教会乃至更多势力的反对下并未施行“海事什一税”，而是仅确认海事将军可以享有捕获物的1/10份额。后一种可能性在海事将军对赎罪奉献物的所有权争议中得到另一侧面的佐证。1570年，伦敦一个男人跳楼自杀，海事法庭称其遗产为赎罪奉献物并全部没收。[①] 无独有偶，1600年费舍诉雷德黑德案（Fisher c. Redhead）中，在原被告均没有诉求的情况下，海事法庭直接把案涉船舶创斯维尔号（Chancewell）的3/4作为赎罪奉献物判给约克的海事将军，理由是船系泊的时候，有一名叫罗伯特·伯德（Robert Birder）的海员从船上掉了下去。[②] 这一判决遭到多方抗议，原被告也都提出上诉，高级海事法庭后来撤销了这一判决。

尽管对“海事什一税”的存在存疑，海事将军却已经建立多种攫取海洋财富的途径，甚至国王有时都会与其约定分享份额，而司法手段也就是海事法庭则成为他和平、合法获取这些海洋财富的重要途径，其司法特权也就不再浮于表面，而是在特许状、王国法令中明确其可以管辖的具体案件类型、地域范围以及可以适用的法律。

二、海事法庭令状的类型化

海事法庭令状的类型化是海事法庭实质化的第二个表现。令状制度是英国司法传统，海事法庭在都铎王朝时期之前使用过的令状相当单一，只有中止/执行执行令状（supersedeas）和调卷令（certiorari）2种，且由于法庭特权的虚化，常常是其他法院给海事法庭发这2种令状要求中止诉讼、中止执行或移送案件。随着海事将军司法特权的实质化，这一被动局面被扭转，不仅普遍应用包括人身保护令、咨询令（consultation）、禁令在内的多种令状，

① See Reginald Godfrey Marsden ed., *Select Pleas in the Court of Admiralty*, Vol. 2, p. lxx.

② See Reginald Godfrey Marsden ed., *Select Pleas in the Court of Admiralty*, Vol. 2, p. 200 – 201.

而且以海事将军名义签发的海事特色令状与其他法院发出的令状，尤其是禁令互有往来，在管辖争夺中常常占据上风。

海事法庭的令状可以分为一般令状与海事特色令状，前者在所有法院中都可能出现，后者则基本仅在海事司法中出现。

海事法庭的一般令状，是指同其他法院一样发出的逮捕令、调卷令、咨询令等所有法庭都可能会用到的令状，其内容与形式与普通法法院中出现的也并无二致，例如，在1560年格尼案（In Re Gurney）中出现了逮捕人的令状，该案中，因格尼（Gurney）没有执行海事法庭签发的逮捕约翰·艾尔沃斯（John Aylworthe）的令状，海事法庭判决格尼藐视法庭。[①] 又如，1535年格里夫莱因案（Gryflyng）中出现了调卷令，该案中，由于涉及船舶，海事法庭向布里斯托法院发出令状，要求将该案转移至高级海事法庭；1572年库佩诉威兹巴赫案（Coip c. Wytzbargh）中也出现了调卷令，由于该案是一桩发生在外国商人之间的债务纠纷，因此大法官法庭发出令状要求伦敦市市长和治安官法庭将案件移送至大法官法庭。[②] 都铎王朝晚期，由于伊丽莎白一世时期曾颁布2部法令限制海事将军司法特权，[③] 海事法庭在16世纪80年代发出大量咨询令状，以明确自己对某案件是否有管辖权。[④]

海事特色令状，是指基于海洋贸易纠纷，海事法庭以提高司法效率、减轻当事人经济负担为目的的、几乎仅在海事法庭使用的特色令状，根据案件类型，可以分为诉讼案件特色令状与非诉案件特色令状两大类。

在诉讼案件中，依循审判流程，在逮捕、公告、审判等环节都有不少海事特色令状。在逮捕环节，基于海事诉讼的特殊性，不仅船、货、漂流物都可以被扣押，针对海盗货物、外国货物这样难以扣押的货物，还可以由海事将军与海事法官联名签发协助扣押令状，要求附近的海事将军或地方官尽一

---

① See Reginald Godfrey Marsden ed. , *Select Pleas in the Court of Admiralty*, Vol. 2, p. 113 – 116.

② See Reginald Godfrey Marsden ed. , *Select Pleas in the Court of Admiralty*, Vol. 2, p. lxv, 147.

③ See Statutes of the Realm, 5 Eliz. Ⅰ. c. 5; 27 Eliz. Ⅰ. c. 11.

④ See Reginald Godfrey Marsden ed. , *Select Pleas in the Court of Admiralty*, Vol. 2, p. xliv.

切可能协助扣押。比如在 1569 年隆·马克号案（Long Marke）中，海事法庭就发布协助扣押令状要求丹泽的执行官协助扣押被法国海盗带到英格兰的一艘德国船及其货物，全文如下:[①]

持有人伦敦商人马修·科罗拉夫（Matthewe Collclough）和雷纳德·温顿（Reynolde Wendon）应当已行至朴次茅斯或西部地区的其他地方，他们代表格里高利法院（Gregory Courte）一艘名叫隆·马克号的丹塞克（Dansike）籍船的船长，目的是修理该船及其装载的商品艾姆登鹅（Embden）。这艘船及其货物曾被法国海盗抢去，在朴次茅斯以及其他可能的地方被卖掉，现该法院已经开始逮捕程序。现在以女王陛下的名义要求和命令所有可能帮助、协助他们的人尽全力协助上述程序，不论谁偶然发现或掌控上述船舶或货物，都应协助他们修理，丹塞克的治安法官已经致信女王并且提出谦卑的请求。因此希望你能满足女王欢心并报告你的处境。从 1569 年 8 月 15 日的吉尔福德（Guldefordethe）给朴次茅斯市市长以及其他所有女王陛下的臣民，非女王的和女王的港口、港湾、小湾中所有有关的每一个人。

R. 莱切斯特（R. Leychester）W. 霍华德（W. Howard）
F. 克诺利（F. Knolly）W. 塞西尔（W. Ceicil）

在公告环节，如果案件涉及大量海盗货物，或需要同时逮捕人和扣押物，那么不仅需要制定物品清单、梳理权利主张，还应当告知权利主张人诉讼日期，让他们集中参与诉讼，比如 1548 年一份逮捕海盗及其扣押货物的委任状中规定，“不论该货物处于什么状态，正在海上买卖或其他，如果有任何人宣称对扣押物有权利，那么就告诉他可以在 15 天［如果是开庭日（court

① See Reginald Godfrey Marsden ed., *Select Pleas in the Court of Admiralty*, Vol. 2, p. 37.

day）就顺延一天］之内到最近的任何公共法院（public court house）或惯有司法场所（accustomed place of justice）申辩。扣押之后要做成名册告诉法官、将军从谁手里扣押的、列清楚海盗名单”。这样的公告往往需要高级海事将军和海事法官主席共同署名。[①] 审判过程中的海事特色令状就更多了，例如，海上风险导致承运人无法交付或货物全损时，船长可申请交易验证令（negotium probationis），如果法院顺利颁发，那么商人在法院判决之前就可以凭此令状申请保险；[②] 又如，如果有人伪造提单拿走货物，那么真正的货主就可以申请一个禁令，不等法院判决就宣布自己对该批货物有所有权，从而占有该批货物。[③]

非诉案件中也有海事特色令状，也就是时效取得船难物品所有权案中的船难物品评估令状（warrant to appraise wreck）。由于都铎王朝时期物价不稳，在所有案件中都只能由海事法庭的法官估算涉案物品的价格、价值、质量等。由于时效取得船难物品所有权的案件是非诉案件，既不需要调查事实，也不需要双方抗辩，只要等时效届满，申请人即可获得物品所有权，物品价格仅仅是确定海事法庭收取相应税费的标准，因此海事法庭将估算船难物品价值这一特权以令状的形式外包给第三方，极大提高了司法效率。[④]

类型化的令状有效消除了中世纪时期海事将军司法特权与海事法庭之间的割裂状态，海事将军通过令状，尤其是海事特色令状，可以充分支持海事法庭参与法院之间的管辖权争夺，保证海事将军司法特权与海事法庭受案范围一致。

值得一提的是，海事特色令状体现出海事法庭服务国际贸易的基本导向，在快速解决涉船、涉货、涉薪资等大额、复杂纠纷方面呈现出相比其他法院的巨大优势。比如海事法庭与御前会议虽然同样受罗马法熏陶，以重要官职

---

① See Reginald Godfrey Marsden ed. , *Select Pleas in the Court of Admiralty*, Vol. 2, p. 1 – 5.

② See Reginald Godfrey Marsden ed. , *Select Pleas in the Court of Admiralty*, Vol. 2, p. lxxxi.

③ See Reginald Godfrey Marsden ed. , *Select Pleas in the Court of Admiralty*, Vol. 2, p. lxxxi.

④ See Reginald Godfrey Marsden ed. , *Select Pleas in the Court of Admiralty*, Vol. 2, p. 128 – 129.

（大法官或海事将军）为首脑，但后者作为星室法庭的前身，不适用令状的主要目的是突破普通法法院的僵化，[①] 大法官的权威是当事人的信赖之源；而前者则是以海事特色令状全面融通英格兰国内司法制度、欧洲国际商事习惯以及海事将军司法特权，在不突破英格兰司法制度的情况下使当事人获得最好的救济，从而赢得国内外商人的青睐。

三、海事法庭审判与执行的自主化

海事法庭审判与执行的自主化是海事法庭特权实质化的第三个表现。16世纪之前，海事法庭的审理流程尽管清楚而明确，但因简单杂糅普通法与欧陆法而缺乏自发性，法律文书没有统一格式，判决书也没有一致的行文逻辑，加上受案范围模糊，国内外当事人往往不知道可以向海事法庭寻求救济，就算知道，也不知道如何参与诉讼，更不用说有的当事人在违反海事法庭命令之后，只要在别的法院起诉，就可以获得保护而不用承担任何后果。

总体来说，都铎王朝时期海事法庭的审执自主化又表现在3个方面，分别是固定格式的法律文书、自成逻辑的判决以及惩罚违抗法庭命令的独立手段。

第一，固定格式的法律文书，最具有代表性的是海事诉讼中的起诉状。在1533年富勒诉索恩案（Fuller c. Thorne）中，首次出现完整的起诉状，海事法庭的起诉状格式就此基本固定。诉状原文如下：[②]

“以父之名。在尊贵的、权威的诺福克公爵、英格兰高级财务官，权威的、著名的里士满与索美李斯特公爵、诺丁汉公爵，英格兰、威尔士、爱尔兰、加斯科尼、诺曼底和阿基坦高级海事将军、高级海事法庭的代表亨利殿下的副官、副海事将军托马斯殿下或其他任何受命担任此案法官的您面前，诚实的一方当事人、加来镇从事特定商品贸易的商人托马斯·富勒（Thomas Fuller）和2袋干货、1个大桶、1个篮子在一艘名叫佩蒂·萨尔曼（Petty Salman）船上被逮捕，那些货物都属于一个名叫托马斯·索恩（Thomas

① 参见马克垚：《英国封建社会研究》，北京大学出版社1992年版，第277页。

② See Reginald Godfrey Marsden ed., *Select Pleas in the Court of Admiralty*, Vol. 1, p. 38－41.

Thorne）的伦敦杂货商，托马斯·富勒在您的海事管辖权之内，因此他依法以这份诉状起诉前述托马斯·索恩以及其他任何在您面前提出概要索赔或概要控告的人：前述和托马斯·富勒签订海商合同的托马斯·索恩仍然欠托马斯·富勒共10英磅，这一事实记载在这里呈上的由托马斯·索恩亲手书写、亲笔签名的信件，用以证明前述债务，并已告知他、被他承认，若有其他合法证据也必将证明这一诉求。尽管前述债权已经被托马斯·富勒经常地、急切地索要，债务人表现出的不是未支付、未偿还，而是拒绝支付、拒绝偿还。托马斯·富勒没有其他办法获得前述债权中的数目，只能希望通过第一次判决（first decree）的方式剥夺前述在您管辖权范围内的船舶上发现的对2袋干货、1个大桶、1个篮子的占有，希望您能通过合法权威逮捕追回前述欠款。另外，他（富勒）、前述托马斯·索恩以及其他任何认为享有此类商品权利或利益的人根据习惯和前述法庭的习惯在适当的一天或几天被传唤到适当的地点出现在您、前述的法官面前，后二者一起回应富勒有关的海商诉讼。另外，前述托马斯·索恩和其他任何被传唤在前述时间段、地点来答辩的人都没有拒绝出现或拒绝您的传唤，也没有要求延期，因此前述托马斯·索恩的拒绝与迟到行为应被视为构成违抗法院命令，尤其是四次缺席，应同样被视为构成违抗法院命令，因此总体前述托马斯已经违抗了法院命令。所有前述各项都是社会上真实而又臭名昭著的。托马斯·富勒已经依法发誓，称前述托马斯·索恩这一特定人物和其他任何认为享有此类商品权利或利益的不特定人都已经像前述所说缺席四次、违抗法院命令，基于前述事项，根据海商法和实践与观察到的海商习惯，如果它们的价值匹配或足以偿还债务以及前述托马斯·索恩应当支付的损失和开销，托马斯·富勒和他的代理人应当通过第一次判决根据他起诉和陈述的债权数目占有前述被扣押的商品。同时应判决商品或货物已经被实际评估过。前述事项都已经被公平、正义地决定、判决。前述当事人托马斯·富勒提议和祈求的事项应被连带地一起完成，不应要求他证明所有或单独的事项或要求其提供有关提议的多余证据。但他应就应当证明的前述事项提供证据。请总是保留司法在各项事务上的利益，并卑微地祈愿您、前述尊敬法官职务的利益。

（签名）托马斯·富勒起诉托马斯·索恩及其被扣押的货物。富勒关于第一次判决的诉讼主张。

西德主教节（The Feast of Cedde bishop）翌日，即1533年、亨利八世二十五年3月3日，在约翰·基德（John Hydd）在场的情况下由胡斯（Huse）撰写。”

该起诉状的行文逻辑及其内容包括：合同以及它所确立的债权债务关系已经被证实，由于被告没有支付钱财、偿还债务，原告除了通过货物获得补偿别无他法，因此，原告按照习惯在合适的时间内在海事法庭提起海商诉讼（a cause civil and maritime）。以上事实真实，人所共知。原告已经宣誓保证陈述真实。根据现行海事法律和习惯，原告应获得足额赔偿，不够的应当由被告补足，相关货物应当被估价。应当依照正义和公平审判本案，同时实现原告所提议的事情。[①] 在普通法对严格诉状格式的要求下，海事法庭做了大量优化，例如，在证明债权债务关系时，由于海运中书证少，除合同以外，提单也可作为运输法律关系的证明；又如，在提起诉讼时，由于无法确定海运时长，因此只要在符合海商习惯的时间内提起诉讼即为有效；再如，针对诉讼标的物，由于海运货物价值高、权属复杂，因此原告可以主动申请估价，否则法官将自行估值。在仅保留普通法中部分固定语句的基础上，海事法庭也进一步允许概括性诉求，如在1538年马森案（Masson）中，由于该案被告在诉讼开始前已经被逮捕，原告马森便向海事将军本人发出概要性补偿请求，即不论被告最终受到何种惩罚，都请在被告财产中补偿他所请求的金额。[②]

第二，自成逻辑的判决。1527年海事法庭拥有官方档案记录之后，海事法庭的判决较为完整、清晰地展现在学者们面前。从内容上来看，海事法庭的判决十分简要，与现代形成鲜明对比的是，其中没有当事人诉答意见，甚至不会梳理案情，仅包括国王、海事将军、海事法官等的头衔，当事人身份

① See Reginald Godfrey Marsden ed. , *Select Pleas in the Court of Admiralty*, Vol. 1, p. 38 – 41.

② See Reginald Godfrey Marsden ed. , *Select Pleas in the Court of Admiralty*, Vol. 1, p. 64.

信息，法官确认的案件关键事实，判决结果，盖章。从逻辑上来看，其判决的思路十分清晰，那就是围绕当事人的争议焦点，确定最为关键的案件事实，进而明确双方责任，作出判决。比如在 1544 年科克诉坎普案（Cocke c. Camp）中，奥利坎特号（Olycant）与安东尼号（Anthony）发生碰撞，双方就彼此的责任争执不下，法官在判决中自行推演两船航行历程与碰撞经过，接着判定双方责任与损失，最终明确原被告之间的支付义务。① 可见，海事法官们既没有使用三段论，即以法律规定为大前提，案件事实为小前提，最后得出判决结果，也没有像普通法法官那样不调查案件事实，仅负责程序合法，而是自行调查出结果之后，以自己认定的案件事实为标准，通过判决原被告之间的债权债务关系，恢复原被告之间的平衡状态。

第三，惩罚违抗法庭命令的独立手段，即海事法庭的藐视法庭规则。在 1539 年莱格诉莫尔案（Legge c. More）中，首次出现海事法庭的藐视法庭规则。该案中，原告在伦敦法院起诉一桩海事案件，海事法庭发现后，为了夺回管辖权，海事法官下令扣押当事人财产，并对伦敦执政官发出禁令，基本内容为：海事法庭确认当事人和船舶之间的权属关系，但由于船长、租船人、水手、海员、航程都归海事将军管辖，案涉航程主要在公海，并且商人、船舶所有人、经营者以及其他所有与航程或探险有关的人、合同、信件等都归海事法庭管辖，同时，伦敦法院的法官约翰·莫尔（John Moore）和托马斯·莫尔（Thomas Moore）都受到当事人的欺骗，案发时当事人根本不在伦敦，无法与另一位当事人签订陆地上的协议，而伦敦当局受到管辖的诱惑信以为真。因此，海事法庭反对伦敦法院的管辖。以上事实都已被证实。海事法庭再次反对伦敦法院的管辖，原告的行为已经构成藐视法庭。②

尽管通过判决藐视法庭惩罚当事人违反法庭命令并不是海事法庭的独有手段，但和都铎王朝时期之前当事人几乎可以随意违反海事法庭命令的情况相比，此时的海事法庭无疑已经掌握了自主保障司法权威的手段。比如在

① See Reginald Godfrey Marsden ed., *Select Pleas in the Court of Admiralty*, Vol. 1, p. 133 – 135.

② See Reginald Godfrey Marsden ed., *Select Pleas in the Court of Admiralty*, Vol. 1, p. 83 – 88.

1538年斯维尔诉诺曼案（Swell c. Norman）中，当事人先在海事法庭诉讼，后在伦敦法院诉讼，海事法庭判定当事人藐视法庭、并且当事人没有改正其行为后，海事法庭没收了当事人的保释金。① 在1560年格尼案中，海事法庭判决格尼没有执行海事法庭签发逮捕另案被告约翰·艾尔沃斯的令状而构成藐视法庭后，罚款5英镑。②

海事法庭实现审执自主化的影响是深远的，除为海事法庭在法院管辖争夺中频频获胜提供基础支持外，还支持着海事将军对英格兰境内可航水域的全面控制，管理包括船货通行、航道管理、经营及捕获许可在内的一切港口行政事务。随着这些管控措施的不断成熟，都铎王朝晚期出现了大量港口行政许可，比如在1595年布拉夫诉巴特勒一案（Burrough c. Butler）中，出现了曾针对一条名为威尔河（Wear）的通行许可；③ 在1591年海事将军诉斯通勒韦一案（Off. Dom. c. Stoweleye）中出现了潮力站执照；④ 在1591年海事将军诉都灵格一案（Officium Domini c. Dulinge）中则出现了码头外墙建造许可。⑤ 这些许可不仅表明海事将军的管辖范围已超出传统上认为的主干河流，延伸至所有可航水域，而且使海事将军实质垄断港口公共服务市场。例如，在1590年范德尔诉科克雷案（Finder c. Cockerey）中，原告受海事将军委托从事装载港口沙石业务，被告未经允许自行装载，又没有给原告金钱赔偿，因此被判违法；⑥ 又如，在1589年海事将军诉尼科尔斯案（Officium Domini c. Nicholls）中，被告没有取得海事将军许可就探测港口的煤炭资源，在收到海事将军警告后不仅出言不逊，还抗拒逮捕、继续测量，最后被判藐视法庭，赔偿其对海事将军造成的所有损失。⑦ 在这些案件判决中，法官反复强调国王对海洋的所有权，国王是海洋的所有者、经营人，为了保障国王的海洋利

---

① See Reginald Godfrey Marsden ed., *Select Pleas in the Court of Admiralty*, Vol. 1, p. 75 – 77.

② See Reginald Godfrey Marsden ed., *Select Pleas in the Court of Admiralty*, Vol. 1, p. 113 – 116.

③ See Reginald Godfrey Marsden ed., *Select Pleas in the Court of Admiralty*, Vol. 2, p. 177 – 178.

④ See Reginald Godfrey Marsden ed., *Select Pleas in the Court of Admiralty*, Vol. 2, p. lxxii.

⑤ See Reginald Godfrey Marsden ed., *Select Pleas in the Court of Admiralty*, Vol. 2, p. 174.

⑥ See Reginald Godfrey Marsden ed., *Select Pleas in the Court of Admiralty*, Vol. 2, p. 173 – 174.

⑦ See Reginald Godfrey Marsden ed., *Select Pleas in the Court of Admiralty*, Vol. 2, p. 168 – 170.

益，海事将军便有权把控水、盐、鱼等海洋资源，管理所有海上或海岸的捕鱼、建造等行为以及垄断港口公共服务生意。

第二节　海事新贵体系下的海事司法统一化

海事法庭的实质化本应为其带来对作为司法机关这一身份的认同，但由于王国法令不时调整其管辖、法律适用等，海事法庭的法官们仍然无法准确把握海事法庭的定位与性质，发出大量咨询令状确认自己的管辖，甚至在1558年库姆斯诉温特普案（Combes c. Wyntropp）中，海事法官由于对自身管辖范围与定位的不清晰而做出不恰当的行为，进而被逮捕。该案中，原告首先在伦敦法院起诉被告，称其在被告处购买的货物价格过高，后来海事法庭认为原告应在海事法庭诉讼，便以藐视法庭为由将其逮捕。伦敦法院对此大为不满，遂与海事法庭发生管辖争执。为协调矛盾，咨议会令海事法庭与伦敦法院都停止针对该案的诉讼活动。原告并不甘心案件就此停滞，于是再次在海事法庭提起诉讼，海事法庭也由此逮捕被告。咨议会知晓后十分不满，王座法院因此发布令状逮捕了海事法庭的法官，咨议会也在同时命令高级海事法庭的首席法官和案涉海事法庭法官到伦敦接受讯问。①

但从该案也不难看出，海事司法已经成为英格兰司法系统中的一股独立力量，改变了中世纪时期海事法庭的分散特点，高级海事法庭便是英格兰统一海事司法的标志。

一、海事新贵体系下的英格兰统一海事法庭

海事法庭是以海事将军特许状为基础的特权法庭似乎一直是国王、海事将军以及海事法官们的共识。1585年，高级海事将军林肯（Lincoln）去世，

① See Reginald Godfrey Marsden ed., *Select Pleas in the Court of Admiralty*, Vol. 2, p. 22 - 23.

自1525年设立高级海事将军及其法庭以来，首次出现高级海事法庭中没有高级海事将军的情况。法庭中的法官们倍觉恐慌，不敢再审理案件，并向伊丽莎白一世写信询问高级海事法庭还能否继续运作。女王回信写道：海事将军本人没有委任海事法庭法官的权力，他是在特许状的授权下成为海事法庭的法官，并可以据此委任法官，国王在特许状中的授权也是海事法庭存在的理由，因此海事法庭中的案件应全部移交国王审理。[①]

然而事实上，女王没有撤销高级海事法庭，它在没有高级海事将军的情况下继续运作。女王在回信后立即任命戴尔（Dale）和朱利叶斯·恺撒（Julius Caesar）两位博士为高级海事法庭法官，处理所有案件，一直到1585年2月15日任命埃芬厄姆的霍华德伯爵为海事将军后，高级海事法庭才重新拥有海事将军。[②] 因此，虽然海事将军司法特权给海事法庭提供了基础的合法性支持，但它本身早已成长为固定的、不可或缺的国家机关，就算没有海事将军，只要有法官，它就可以继续运作。因此，女王的回信只是给自己以正当名义来任命海事法官，高级海事法庭的审判工作不能也无法停止。

其实在地方早已如此，专职法官逐渐取代海事将军成为海事法庭的主要审判力量，海事将军仅在必要时于暗处干预司法。都铎王朝中后期，海事法官成为主要的审判人员，海事将军直接参与审判的案件越来越少，即使是高级海事法庭的首席法官，也是专职的民法博士，而非海事将军。同样地，在地方，副海事将军是主要审判力量，他们大多是海事将军聘请的、专门从事审判工作且精通罗马法的律师。[③] 甚至在1575年，伊丽莎白女王给刘易斯（Lewes）博士单独一份特许状，允许他审理运费和其他海事案件，同时赋予其一审终审的权力，可以不允许当事人上诉。[④] 但海事将军没有完全脱离海事司法；相反，在海事法庭以海事将军的利益为基本导向的同时，当海事将

① See Reginald Godfrey Marsden ed. , *Select Pleas in the Court of Admiralty*, Vol. 2, p. xii.

② See Reginald Godfrey Marsden ed. , *Select Pleas in the Court of Admiralty*, Vol. 2, p. xii.

③ See William Senior, *Doctors' Commons and the Old Court of Admiralty: A Short History of the Civilians in England*, p. 25.

④ See Reginald Godfrey Marsden ed. , *Select Pleas in the Court of Admiralty*, Vol. 1, p. xiii.

军认为案件触及自身、国王或者其他英国人的利益时，他会主动干预司法，如在1538年申努案（Shenu）中，英国人捕获一艘法国船，一般情况下海事法庭会偏向作出对本国人有利的判决，即认定捕获合法，但该船是偶然被吹到英国港口，且英国人使用武力夺取船舶，出于外交的考虑，海事将军给海事法庭法官写信，要求认定该捕获无效。①

总体来说，英格兰对海事司法的顶层设计，在对海事新贵的基础授权下，形成了“高级海事法庭—海事法庭—副海事法庭”的三层结构。海事新贵是指都铎王朝时期在海事方面新增并形成一定规模的贵族，包括新设的高级海事将军以及新增的普通海事将军、律师、商人等。② 玫瑰战争使英格兰贵族人数大幅缩减，比如有学者统计伊丽莎白时期的18位贵族中，有2/3被废黜。③ 但伊丽莎白一世册封了多位在海事方面有建树的优秀人物，比如在1581年与1588年，伊丽莎白一世就分别登上德雷克（Drake）与爱德华·霍华德的船，授予他们骑士称号，而这两人，正是后来率领英国海军打败西班牙无敌舰队的海盗将军德雷克和海事将军爱德华。他们与高级海事将军、其他地方海事将军共同构成海事新贵体系，以他们特许状中赋予的司法权为源头，通过副海事将军、海事将军以及高级海事将军三层身份分别对应设立副海事法庭、海事法庭、高级海事法庭，又通过分别配备专职法官以及一系列实质化手段使其成为国家司法机关，从而脱离对海事将军特许状的依附，形成稳定的三层结构。

海事新贵对英格兰海事司法的统一化，尤其是构建三层稳定结构的基础性作用是至关重要的。从习惯上来看，海事法庭脱胎于海事将军特许状，没有高级海事将军也就没有高级海事法庭，没有特许状中允许海事将军指定审判的代理人的授权就没有副海事法庭，也就不会有统一的海事司法体系以及

① See Reginald Godfrey Marsden ed., *Select Pleas in the Court of Admiralty*, Vol. 1, p. 73.

② 参见［英］安德鲁·兰伯特：《海洋与权力——一部新文明史》，龚昊译，湖南文艺出版社2021年版，第273页。

③ 参见王乃耀：《英国都铎时期经济研究——英国都铎时期乡镇经济的发展与资本主义的兴起》，首都师范大学出版社1997年版，第192页。

三层结构。从亨利八世到伊丽莎白一世，如果历任国王都继续秉持削减贵族队伍的宗旨，不在海事方面增加新贵，那么海事司法体系将失去权力来源。但海事新贵对海事司法的作用也仅限于此，不论国王如何调整海事将军的司法权范围，都无法改变海事法庭的国家司法机关性质。

二、五港同盟海事法庭的特殊设置

都铎王朝之前，五港同盟的海事法庭就一直是英格兰海事司法环境中一个比较特殊的存在，独立于其他海事法庭，享有许多特权，这种情况一直延续到都铎王朝时期。一方面，基于独立政府的地位，五港同盟的特许状中规定了许多海事司法方面的特权，从中世纪一直延续到19世纪，例如，不论土地所有人是谁，都有权在其海滩构筑堤岸；又如，有权把海上那些因风暴被抛弃以及非船难情况下的海上漂流物转为己用。[①] 另一方面，在都铎王朝时期国王对海事将军司法权的调整中，都会专门规定五港同盟的特殊情况，例如1535年亨利八世二十八年法第15章关于海盗和海上强盗的法案，要求所有海盗或海上抢劫案件都应在陆地上使用陪审团裁判，但第5条规定，如果是五港同盟内的案件，则由五港同盟执政官履行特别委任权，组建陪审团。[②] 又如1562年伊丽莎白一世五年法第5章关于海军的法令，第20条规定所有与海洋有关的纠纷都应交给海事将军处理，但第28条强调，五港同盟可以对此有所保留，尤其是雅茅斯享有的自治权不受本章规定的干扰。[③]

为何要给予五港同盟这些特权？在都铎王朝之前，也就是英格兰海事司法尚未统一之前，五港同盟作为英格兰军事战略要地，享有高度自治权，在此之下，司法自然也高度自治。到都铎王朝时期，尽管五港同盟仍然为王室发挥着提供战船、募集船员的作用，但王室自己已有一定规模的船队，国王

① See James Russell, *The Ancient Liberties and Privileges of the Cinque Ports and Ancient Towns: To Which Is Prefixed an Original Sketch of Constitutional Rights, and the Principles of Our Ancient Representation*, p. 50 – 52.

② See Statutes of the Realm, 28 Hen. Ⅷ. c. 15.

③ See Statutes of the Realm, 5 Eliz. c. 5.

大量颁发海上捕拿特许状的行为更是让英格兰民众大量从事私掠船生意，海员不再匮乏，在设立高级海事法庭之后，将五港同盟的海事法庭纳入统一海事司法体系似乎是大势所趋。但是，一方面，地方城镇，尤其是港口城市本就拥有自治权，五港同盟成立时间长、自治程度高，且除海事司法以外，五港同盟执政官还享有其他非常广泛的司法特权，海事司法统一化的潮流不可能撼动。另一方面，从都铎王朝时期海事司法的角度来看，不论是法庭实质化还是统一化，在五港同盟中其实都已经实现，比如五港同盟执政官拥有签发令状的权力；同盟内虽然没有高级海事将军及法庭，但五港同盟执政官一直被视为最高级别的海事将军。五港同盟内已经实现都铎王朝时期海事司法潮流所追求的海事司法统一化，也就没有必要改变它，反而应当继续尊重它的特权，在其习惯的基础上实现关于具体案件的司法要求。

但是，尽管存在诸多特权，却不能认为五港同盟海事司法独立于英格兰统一司法体系，五港同盟的海事法庭与其他海事法庭的权力渊源相同，尽管不受高级海事法庭管辖，但在国王的统一调整下，仍处于英格兰统一海事司法体系之中。首先，所有海事法庭的权力渊源都相同，即国王颁发的特许状。英格兰所有的海事法庭都建立在海事将军的特许状上，五港同盟内的也是，虽然五港同盟执政官名义上不是海事将军，但他拥有海事将军的权威，他的海事法庭同样可以审理海事案件，所以五港同盟海事法庭和其他海事法庭并无本质上的不同，都承担海事司法职能。其次，五港同盟内的海事司法虽然不受高级海事法庭管理，但在海事司法方面仍要受国王调整。五港同盟执政官可以自行签发令状，因此不受高级海事法庭管理，也就不像其他海事法庭审理那样可以上诉；但这并不意味着五港同盟的海事法庭不受任何管理，在都铎王朝时期国王对海事法庭的历次调整中，虽然给予五港同盟诸多特权，但都是执行方式上的变通，五港同盟仍需严格遵守法律的规定。最后，在高级海事法庭与五港同盟海事法庭的关系方面，五港同盟作为特区，享有终审权，但仍居于整个国家的海事司法体制之中，高级海事法庭是这一体制的象征，因此五港同盟海事法庭虽不受其管辖，却仍处于英格兰统一海事司法体系之中。

继续类比特区观察五港同盟及其海事司法，会发现五港同盟海事法庭有一定的自体性。海事法庭的自体性，或者说海商法的自体性，是指海事法庭或海商法拥有如同一国司法体系那样完整的司法内涵，比如我国现在的海事法院可以审理民商事、刑事、行政、知识产权等各类与海事有关的案件，涵盖目前我国几乎所有的案件类型，因此可以被称为拥有一定的自体性。五港同盟海事法庭也有类似的特点，在独立政府的基本定位下，它拥有最广泛的海事管辖权，这里的“海事”，不是和民事、刑事、行政等并列的部门法概念，而是与陆地相对的空间概念，意味着和陆地上的所有国家拥有自己的司法体系一样，五港同盟是建立在海洋空间下的特区，同样拥有自己的司法体系，处理民事、刑事等一系列案件，统称为海事管辖权。如果说陆地上的习惯是英国普通法的渊源，那么五港同盟内与海有关的习惯便是海事法庭的渊源，海事法庭也就是五港同盟内的普通法法院。

这种自体性或许才是五港同盟海事法庭没有被纳入高级海事法庭统管范围的根源，也才能够解释为何在1835年英国司法改革时，五港同盟的军事战略地位明明已经不再重要，甚至其独立政府地位都已被裁撤，却仍保留了独立的司法权。[①] 当然，自体性并非独立性，它仍然是英格兰统一海事司法的一部分。

至此可以看到，海事法庭虽以海事将军的特许状为权力渊源，但其存亡并不依赖海事将军；虽适用欧陆民法、国际海事习惯等商事法律与习惯，但在五港同盟有自体性的规则；最重要的是，除商事案件外，它还广泛处理包括刑事、行政、土地、婚姻、遗产等案件。海事法庭或许是英格兰在近代建立的第一个综合性国家司法机关，广泛的管辖、统一的体系、五港同盟的特殊设置也都是英格兰的有意安排。

---

① See Reginald Godfrey Marsden ed., *Select Pleas in the Court of Admiralty*, Vol. 2, p. xxi.

第三节　海事法庭的审级

继续以国家司法机关的视角反观海事法庭，会发现除管辖、法律适用外，英格兰还在审判机制方面做出一些改革尝试，最为典型的便是上诉与陪审机制。

现在所称上诉，一般指案件当事人不服法院判决，申请判决中指定的，或法律规定的上级法院重新审判的行为。在大陆法系国家，上诉是一种法定权利，根据允许上诉次数的不同可以分为二审制、三审制等。但在英美法系国家，在历史上很长一段时间内都没有上诉，英格兰直到19世纪司法改革之后才建立起现代上诉制度，虽然在此之前，当事人对判决不服时也可以请求国王或衡平法院重新审判，但这并不是上诉，而是寻求新的救济，或称之为"错案纠正制度"。[①] 它和大陆法系中上诉制度的区别在于，普通法院的判决在被作出后立即生效，不会指定上诉机关，国王或衡平法院也不是法定上诉机关。

但海事法庭似乎是普通法系的例外。进入都铎王朝后，亨利八世二十五年法第19章从侧面提及海事法庭的上诉，它写到，教会案件中的上诉应当像海事法庭中的上诉一样在衡平法院由国王指定的代表人（delegate）处理；[②] 伊丽莎白一世八年法第5章也提到，代表们在衡平法院对海事上诉案件作出的判决应当是终局的，[③] 这似乎意味着海事法庭和衡平法院之间有审级关系。涉及上诉的案例也十分普遍，例如，1552年戈登诉来弗雷克案（Gourden c. Lovelake），原告在海事法庭起诉被告，要求其支付运费和空舱费，被告不服判决，提起上诉；又如，在1588年的一起关于鲸鱼的案件中，当事人就诺

① 程汉大、李培锋：《英国司法制度史》，清华大学出版社2007年版，第104页。

② See Statutes of the Realm, 25 Hen. Ⅷ. c. 19.

③ See Statutes of the Realm, 8 Eliz. Ⅰ. c. 5.

福克副海事将军的判决提起上诉；再如，1589 年桑普森诉特纳案（Sumpson c. Turner），原告在副海事将军法庭起诉被告未交付货物，法庭判决被告承担全部责任，被告以海上风暴为由提起上诉，要求减轻自己的责任。[①]

对上诉的撤回、驳回以及在上诉时申请中止执行令状等情况同样是普遍的。例如，1536 年提雷诉斯威夫特案（Tylley c. Swyfte），原告在副海事法庭起诉被告私自改装捕鱼和船舶装置，违反两人签订的运输合同，法院判决原告胜诉，被告不服，提起上诉，同时申请中止执行令状，后来被告自行撤回上诉，中止执行令状也就被撤销。[②] 又如，1571 年博卡达诉布鲁克案（Bodacar c. Block），该案中，原告在海事法庭起诉被告未交付货物，出具一份荷兰语提单作为证据。尽管事实清楚，被告仍不服海事法庭判决原告胜诉，认为暴风雨和海盗是不可抗力，但受理上诉的法官代表认为上诉理由不成立，于是驳回上诉。[③]

虽然海事法庭适用欧陆民法是常识，[④] 但海事法庭的上诉似乎与大陆法系中的上诉并不完全相同。那么海事法庭的上诉和大陆法系的上诉的区别在哪？衡平法院是不是海事司法中的法定上诉机关？海事司法可上诉是否意味着英格兰海事法庭体系拥有审级？

一、初审格局

不论在哪个法系，当事人上诉的核心原因是不满初审判决，海事法庭中存在频繁上诉，似乎意味着海事案件当事人不满初审判决是都铎王朝时期的普遍现象。衡平法院是为了突破僵化的普通法，给当事人普通法不能或不能完全提供的救济，那么普遍的上诉是否意味着海事司法中的初审有着和普通法法院相同或相似的弊病？

---

① See Reginald Godfrey Marsden ed., *Select Pleas in the Court of Admiralty*, Vol. 2, p. lxxii.

② See Reginald Godfrey Marsden ed., *Select Pleas in the Court of Admiralty*, Vol. 1, p. 49 – 50.

③ See Reginald Godfrey Marsden ed., *Select Pleas in the Court of Admiralty*, Vol. 1, p. 146 – 147.

④ 当时英语中的“civil law”指中世纪欧陆罗马法学。See William Senior, *Doctors' Commons and the Old Court of Admiralty: A Short History of the Civilians in England*, p. 25.

海事法庭的初审一般会进行两次判决，出具两份判决书。第一次判决在推理案件事实、确定当事人权利义务之后，最终判定原被告之间的支付行为，其后原被告在判决的时间内执行该支付行为，时间到期后海事法庭会出具第二份判决（deffinitive decree/final decree），若执行到位，海事法庭会出具确认判决，即确认原被告之间的支付行为已经履行，此后双方无涉；若没有执行到位，海事法庭会出具强制执行判决，此时一般会判决义务人的货物或其他财产属于权利人所有。较为典型的案例有二：一是1534年戴尔诉特洛恩案（Dale c. Throne），该案中，原被告都主张对某一批货物的所有权，海事法庭法官、法学博士（doctors of law）约翰·楚威尔（John Tregonwell）调查事实之后，判决货物归被告所有，在第一次判决中要求原告将货物转移给被告，如果该批货物已经不存在，则支付40英镑给被告。原告履行完毕后，海事法庭出具第二份判决，确认原告履行完毕，双方无涉。[①] 二是1577年德雷珀诉泰勒案（Draper c. Taylor），该案中原告、被告都主张对萨鲁曼号（Salomon）的残骸拥有所有权，海事法庭第一次判决原告胜诉，要求被告将其占有的所有船舶残骸都移交给原告，但一年过去了，被告仍未执行完毕，原告故提请第二次裁判，海事法庭由此再次确认原告对被告所占有的剩余残骸的所有权。[②]

除了判决，仲裁也是海事案件中常见的争议解决方式，与现代有所不同，都铎王朝时期海事案件中的仲裁除追求简便快捷地解决纠纷外，有时也是海事法庭无法作出判决时的最终解决方案。追求快速解决纠纷的案例主要集中在船员工资以及小额诉讼中，例如，1540年弗雷巴恩诉佩林案（Frebarne c. Pelyn），该案中原告要求被告支付自己的工资，海事法庭组织双方协商后出具裁定书，写明双方于1540年9月30日达成一致协商，并由被告承担仲裁费。[③] 又如，1574年发生在格雷夫森德（Gravesend）的一起船舶碰撞案，

① See Reginald Godfrey Marsden ed., *Select Pleas in the Court of Admiralty*, Vol. 1, p. 181 – 184.

② See Reginald Godfrey Marsden ed., *Select Pleas in the Court of Admiralty*, Vol. 1, p. 153.

③ See Reginald Godfrey Marsden ed., *Select Pleas in the Court of Admiralty*, Vol. 1, p. 101.

由于船舶较小且已老旧，海事法庭出具裁定书，确认两被告分别支付原告 30 英镑、10 英镑。[①] 而海事法庭无法作出判决的案件主要集中在涉及管辖争议、王室之物等案件上，例如 1558 年库姆斯诉温特普案，该案中，原告先在伦敦法院起诉被告，称其购买的货物价格过高，后又申请令状请海事将军扣押了货物，导致海事法庭认为该案应当由自己审理，由于伦敦法院与海事法庭均不相让，最后咨议会介入，指定奥尔德曼·马丁（Alderman Martyn）、托马斯·亨特（Thomas Hunt）、威廉·奥朗德（William Hollande）、爱德华·凯特琳（Edward Catlyn）以及 1 位商人组成 5 人仲裁庭审理该案。[②] 又如 1575 年伊丽莎白号（Elizabeth）案，该案中，名为伊丽莎白号的一艘船沉没，船东申请共同海损分摊，由于灭失的货物中包括国王的一批货物，时任海事法庭法官李维斯博士无法判决国王的货物是参与共损分摊，还是应当由承运人直接赔偿，因此只能组建仲裁庭，邀请听审法院（Court of Audience）法官托马斯·耶鲁（Thomas Yale）以及两位法学博士罗伯特·福斯（Robert Forthe）和约翰·哈蒙德（John Hamonde）共同裁决。[③]

审判和仲裁的区别是非常明显的，但时而判决、时而仲裁，看似海事法庭在灵活使用两种手段提高司法效率，实际上却增加了不了解法律的当事人对海事法庭解决纠纷手段的疑虑以及诉讼外的经济压力，在注重程序的英国，会引发对初审判决公平性的天然怀疑。从功能的角度来看，为了尽快结案息讼，法官根据案件具体情况选择判决或仲裁本无可厚非，但审判和仲裁之间没有明确界限，法官可以自行决定使用哪种手段，即使进入审判，案件也可能因涉及管辖争议或涉及超越海事法庭处理权限的货物而转为仲裁，纠纷解决程序极为不确定。进一步来说，本来区别明显的审判与仲裁反而导致海事法庭审判制度的模糊，例如在审判人员构成方面，审判中一般为独任法官，仲裁则可能独任，也可能 3 人以上，对海事法庭不了解的当事人便无从知晓

① See Reginald Godfrey Marsden ed., *Select Pleas in the Court of Admiralty*, Vol. 2, p. lxxi.
② See Reginald Godfrey Marsden ed., *Select Pleas in the Court of Admiralty*, Vol. 2, p. 22 – 23.
③ See Reginald Godfrey Marsden ed., *Select Pleas in the Court of Admiralty*, Vol. 2, p. 39 – 40.

海事法庭究竟是独任审判还是多人审判；又如在审判结果方面，判决书先后有2份，裁决书仅有1份，对不了解法律的当事人来说同样无从知晓如何准确实现海事法庭的裁判结果，更不用说当案件因涉及管辖争议或国王利益而被搁置时，案涉船舶、货物等被无限期扣押，由此极易导致当事人违约、缴纳高额的滞期费以及船期损失等诉讼外经济损失，这或许正是1558年库姆斯诉温特普案中当事人在明知咨议会已下令让伦敦法院与海事法庭均暂停审理该案的情况下，仍然向海事将军申请扣押案涉货物的原因。

二、上诉机关的设置与特点

海事司法中的上诉制度不是通过王国法令创设的。在亨利八世二十五年法第19章中，规定上诉案件应进入衡平法院，进而由得到国王授权的代表审理。这一规定在创设教会法院的上诉制度，值得注意的是，其中“像海事法庭一样”（as in case of appeal from the admiralty court）的表述暗示都铎王朝时期的海事司法体系中，已经存在这样一套上诉流程。因此，“Court of Delegates”的意思并非皇家教务代表法庭，[①] 而应翻译为特别代表法庭或代理法院。[②] 该法庭也不是在1533年设立的，只能说该法庭从1533年开始受理来自教会法院的上诉，在此之前至少受理来自海事法院的上诉，具体成立时间并不清楚。此外，根据亨利八世二十五年法第19章的规定，该法庭对来自教会法院的上诉作出的判决具有终局效力，对来自海事法庭的则没有，直到1566年伊丽莎白一世女王才颁布法令规定该法庭对来自海事法庭的上诉作出的判决具有终局性。[③]

因此，海事司法中的上诉是一种习惯。虽然缺少材料支持，但仍可以大胆推测，海事司法中的上诉是从欧陆民法移植而来的，之所以要委任特别代

---

① 因此，《元照英美法词典》的翻译并不合适，参见“Court of Delegates”词条，参见薛波主编：《元照英美法词典》，法律出版社2003年版，第341页。

② 代理法院一词出自程汉大、李培锋：《英国司法制度史》，清华大学出版社2007年版，第79页。

③ See Statutes of the Realm, 25 Hen. Ⅷ. c. 19, 8 Eliz. Ⅰ. c. 5.

表而非由大法官审理上诉，是因为海事司法中的上诉和衡平救济不同，衡平法突破的是僵化的普通法，而特别代表突破的是欧陆民法与海商海事习惯。更为重要的是，海事司法并不遵循授予上诉权才可上诉的原则，[①] 海事司法中的上诉权是一种习惯。

然而，海事法庭的上诉机关不是唯一的。尽管亨利八世二十五年法第 19 章与伊丽莎白一世八年法第 5 章均从侧面提及来自海事法庭的上诉案件应由衡平法院处理，但伊丽莎白一世时期，出现过高等法院（High Court）受理来自副海事法庭的关于赎罪奉献物的上诉案件。[②] 确实，都铎王朝时期没有法令直接规定来自海事法庭的上诉案件只能由衡平法院受理，亨利八世二十五年法第 19 章只能说明衡平法院正在受理海事上诉案件，但既不能推论衡平法院是唯一受理机关，也不能将其视为对衡平法院受理海事上诉案件的授权。

最直接或许也是最大的困惑是，高级海事法庭为何没有成为上诉机构？高级海事将军统管英格兰所有海军，凌驾于所有海事将军之上，那么高级海事法庭成为所有海事法庭的上诉法庭，乃至全国所有海商海事案件的“最高法院”，似乎是理所应当的。但事实并非如此，高级海事法庭不受理上诉案件的原因大概有三。首先，高级海事将军虽然在名义上统管全国海军，但实际上没有能力调动各地舰船与海员，也就没有统管全国海事法庭的能力。都铎王朝时期，王室花了大力气增强海军，将解散修道院获得的收入充作海军军费，建造包括“大哈利号”“君主号”在内的多艘大型战舰，也为小型战舰大幅提升武器装备，[③] 但王室的能力也仅限于此，开展对外作战时，仍需各地海事将军征用大型商船，比如 1544 年，亨利八世要求爱德华·西摩（Edward Seymour）出征苏格兰时，便需要时任海事将军、利斯特男爵约翰·达德利（John Dadley）征用商船、募集海员、共同指挥。[④] 在 1588 年英

---

① See G. R. Y Radcliffe & G. D. G. Cross, *The English Legal System*, Butterworths, 1977, p. 363.

② See Reginald Godfrey Marsden ed., *Select Pleas in the Court of Admiralty*, Vol. 2, p. xxvii.

③ 参见［英］查尔斯·爱德华·莫伯利：《都铎王朝：1485—1547》，游莹译，华文出版社 2020 年版，第 333 页。

④ See Thomas Rymer, *Foedera*… Vol. Ⅱ, p. 64.

格兰打败西班牙无敌舰队的战役中，甚至需要“外聘”海盗出任海事将军。其次，海事司法中没有向高级别海事法庭上诉的习惯。尽管在中世纪的案例中，存在当事人就副海事法庭的判决向海事将军“上诉”的记录，但那是在领主与附庸的关系下向更高领主寻求救济的行为，而不是在法庭之间建立的固定上诉关系。最后，或许也是最重要的，高级海事法庭必须通过大量的一审案件维护自身对海洋财富的占有。虽然海事将军逐渐淡出审判一线，但海事法庭为海事将军合法占有更多海洋财富的定位没有变，对高级海事将军来说更是如此，高级海事将军不仅要以此增加自己的收入，更要在尽量赢得对外战争之外为王室获取更多财富，初审捕获、国际贸易等海商海事案件带来的收益远非每个案件中仅几英镑的上诉费能比的。

在高级海事法庭不适合处理上诉案件的情况下，主要由特别代表法庭，而非其他法院或创设新的法院受理海事司法中的上诉案件也有一定的必然性。首要因素是海事案件的当事人大多是民法法系背景下的外国人，[①] 虽然都铎王朝时期英格兰对本国外贸的掌控有所增强，但仍有部分产业受外国人控制，国际贸易本身也必然有外国人参与。正如有学者指出的，整个海事司法的核心任务就是作出令外国人信服的判决，[②] 有足够公信力纠正地方海事法庭可能的不当判决的，必然是具有国王权威的、可以作出突破性判决的法院，在衡平法院中创设特别代表法庭再合适不过。其他全国性的法院几乎都是普通法法院，不接触民法，不适合审理适用民法的海商海事案件，也没有必要新设一个法院专门受理海事上诉案件，因为都铎王朝时期，当事人提起上诉的主要原因是中止执行，上诉虽然是普遍现象，但案件数量并不多，也就没有必要新设法庭。

在对海事司法上诉机关的设置中，可以看到海事司法收入与海事案件当事人特殊性两大因素的关键影响。一方面，上诉法院不应受司法收入影响，

---

① See John Selden, *The Dissertation of John Selden, Annexed to Fleta*, p. 221.

② See William Blackstone, *Commentaries on the Laws of England, in Four Books*, book Ⅲ, p. 659 – 660.

在意收入的法院也不会愿意成为上诉法院。在海事司法中，一审法院与二审法院之间的收入差距是显而易见的，在各类海事法庭的一审中，申请令状、价值评估以及第二次判决中可能存在的税费都是收入来源。相比之下，海事案件上诉费仅几英镑，① 初审案件本就比二审案件多，上诉法院和初审法院之间的收入差距也就相当大了。此外，由于捕获与漂流物的价值越来越高，各类海事法庭之间也可能产生竞争，大量的咨询令状便是例证，② 海事法庭与副海事法庭就管辖事宜不断咨询高级海事将军，高级海事将军自然可以通过此种令状将涉及高价值财物的海事案件纳入自己管辖之下，增加收入，高级海事法庭自然不愿意，也没有必要成为上诉法院。

另一方面，上诉法院要有能力适应当事人的特殊性，在海事案件中，涉外与非涉外应区分对待，同时又要兼顾不同当事人的法律背景。这就要求在程序方面做“加法”，比如法国国王曾主张，既然英国商人在法国可以向国王或法官上诉，那么法国商人在英国同样应当可以向国王或法官上诉，③ 那么上诉机关必然要有能力满足这一对等条件；在实体方面做“加减法”，根据不断更新的国际条约，调整涉外案件的裁判标准——英格兰所有法院中能够做到这一点的，似乎也仅有衡平法院。

三、上诉救济的属性

虽然可以看到英格兰对选择与设置上诉机关进行了一番考量，但若将该上诉制度与大陆法系一般上诉制度相比较，却仍然会使学者感到困惑——海事司法中的上诉和衡平法救济似乎殊途同归，即都是由衡平法院处理。特别代表法庭并非常设，对上诉的处理方式也不固定，除委托法官作为代表外，委托的人数、专业背景、出具的法律文书等都不统一，甚至在都铎王朝的很

---

① 比如在1602年泰勒诉潘尼科案（Taylor c. Pennincke）中，上诉费用为5英镑。See Reginald Godfrey Marsden ed., *Select Pleas in the Court of Admiralty*, Vol. 2, p. 202.

② See Reginald Godfrey Marsden ed., *Select Pleas in the Court of Admiralty*, Vol. 2, p. xliv.

③ 参见马克垚：《英国封建社会研究》，北京大学出版社1992年版，第45页。

长一段时间内，特别代表法庭对上诉的处理没有终局效力，当事人可以到别的法院就同一事项再次提起诉讼，然后继续上诉或寻求衡平法救济，这与大陆法系中固定的审级、常设的上诉机关相去甚远。

但英格兰的学者似乎对此并不吃惊，例如关于上诉机构，塞尔登认为，海事法庭属于王室法庭的一种，它的所有上诉理应由特别代表法庭处理。[①]又如关于受理上诉的法官，布莱克斯通认为，处理海事法庭的上诉案件并不需要拥有海商法背景的法官，由于海事法庭中的法官已经在欧洲范围内得到国际认可，因此初审判决已经拥有最强的专业性，无须在上诉审查中另行增加海商法方面的专业法官。[②] 而上诉机关究竟是衡平法院还是特别代表法庭，更非英格兰学者们关注的重点。

可能的一种解释是，英格兰并不在意上诉机关究竟为何，国王指定的代表是上诉制度的核心，代表所在之处就是受理上诉的机关。

这与传统的比较法上的认识有所不同。一般而言，比较法学者倾向于认为，大陆法系与英美法系中上诉制度的不同之处主要在于上诉法院仅审查法律适用还是兼顾审查案件事实。比如有学者认为，在英美法系中，上诉法院之所以仅审查法律适用，是因为如果裁断事实问题，就是在事实上废弃陪审团的作用。[③] 然而，在海事法庭中既有独任审判，也有陪审团审判，衡平法院处理上诉案件时，既会审查事实，也会审查法律适用，此种观点并不适用于海事司法。

而都铎王朝时期海事司法中的上诉，可以被称为“国王代表人审查制度”。第一，基于海商海事案件适用民法的习惯，允许案件当事人向衡平法院提起上诉；第二，在海事司法习惯的作用下，[④] 由国王授权，针对每一个

---

① See John Selden, *The Dissertation of John Selden, Annexed to Fleta*, p. 220.

② See William Blackstone, *Commentaries on the Laws of England, in Four Books*, book Ⅲ, p. 659 – 660.

③ 参见［美］约翰·亨利·梅利曼：《大陆法系》（第2版），顾培东、禄正平译，法律出版社2004年版，第127页。

④ See G. R. Y Radcliffe and G. D. G. Cross, *The English Legal System*, p. 363.

上诉都指定特定代表人进行审查；第三，不论被授权的人的知识背景、现有职务为何，获得授权即立即审查上诉案件的事实与法律适用，并做出相应处理；第四，衡平法院受理上诉之后，当事人可以申请中止执行令状，要求暂停执行海事法庭的判决，直到特别代表给出上诉结果。

在这样的制度下，审理上诉案件的资格成为国王可以授予的特权之一，但也仅仅是需要一次又一次授予的特权，而非固定制度。于是可以看到，一方面，初审权力与受理上诉权力被分开，比如 1575 年李维斯博士写信给伊丽莎白女王抱怨自己法院业务量减少、所收税费也减少时，女王单独授权李维斯可以审理运费和其他海事案件，同时强调不得受理上诉，原因便在于仅国王代表人有权审理海事上诉案件。[①] 另一方面，由于受理上诉仅仅是特权，国王代表人做出的上诉处理在很长一段时间内都没有终局效力，即使 1566 年伊丽莎白女王颁布法令确认国王代表人的判决具有终局性，实践中，当事人仍然可以到普通法法院再次起诉，甚至普通法法院还会向国王代表人发出禁令。普通法法院和海事法庭在 1575 年达成的关于管辖和禁令的协议便是例证，第 1 条就强调不得对国王代表人的判决发出禁令，[②] 如果 1566 年的法令得到有效执行，海事法庭又何须通过协议确保上诉判决的权威性与终局效力？

正是这种以人而非机构为核心的上诉制度，构建起都铎王朝时期英格兰海事上诉制度——海事法庭和衡平法院之间的“审级”关系。不论出于尊重海事司法习惯还是实现欧陆国家对英格兰人的对等保护，英格兰有意建立起一定的审级，王国法令中的规定让海事案件的当事人，尤其是外国人相信，当自己不认可英格兰法院的判决时，可以向衡平法院上诉。但进入衡平法院之后，却并非预想的那样由更为专业的法官重新审理，而是由国王授权一个可能毫无海商法背景的人处理案件，导致上诉实质上失去司法的专业性，成为纯粹的行政救济，甚至枢密院愿意接收上诉案件成为一种好意恩惠，[③] 整

① See Reginald Godfrey Marsden ed. , *Select Pleas in the Court of Admiralty*, Vol. 2, p. xiii.

② See Reginald Godfrey Marsden ed. , *Select Pleas in the Court of Admiralty*, Vol. 2, p. xiv.

③ See G. R. Y Radcliffe & G. D. G. Cross, *The English Legal System*, p. 363.

个都铎王朝时期没有一件海事案件被撤销或推翻的现象也就可以被理解了。[①]

第四节　海事陪审机制

1535 年和 1536 年，英格兰分别颁布两道法令，要求用陪审团的形式审理海盗与海上劫掠案件，然而，法令中规定的审判方式与普通法中的陪审团审判制度存在显著不同，例如法令规定应由国王指定的特别委员会（King's Commission）发起针对海盗与海上劫掠的审判，无须申请令状；又如主持审判的法官，也就是该特别委员会，既可能是海事将军，也可能是他的副官，还可能是大法官提名的 3—4 个人。为何要进行这样的设计？其法律效果是否达到了预期？

更令人困惑的是，海事法庭司法实践中，有不少民事案件也适用陪审团，那么海事司法中民事与刑事案件中的陪审团有何不同？海事司法中的陪审团与普通法中的陪审团又有何不同？

一、海事法庭的一般审判方式

通常情况下，英格兰海事法庭都是独任审判，这一点可以从海事法庭判决书的正文中得到证明。比如 1534 年查普曼诉皮尔斯案（Chapman c. Peers）由海事法庭法官约翰·楚威尔独任审判；[②] 1551 年库克斯诉博文屯案（Cocks c. Bovynfton）由高级海事法庭首席法官格里芬·雷森（Griffen Leyson）独任审判；[③] 1590 年达拉芬诉莫里斯案（De La Fin c. Morrys）则由高级海事法庭首席法官朱利叶斯·恺撒独任审判。[④] 在这些案件的判决书正文中，都会有

① See Reginald Godfrey Marsden ed. , *Select Pleas in the Court of Admiralty*, Vol. 1, p. lxix.
② See Reginald Godfrey Marsden ed. , *Select Pleas in the Court of Admiralty*, Vol. 1, p. 185.
③ See Reginald Godfrey Marsden ed. , *Select Pleas in the Court of Admiralty*, Vol. 2, p. 14.
④ See Reginald Godfrey Marsden ed. , *Select Pleas in the Court of Admiralty*, Vol. 2, p. 170 – 172.

“我×××……判决……”的固定格式，在马斯登（Masden）整理的近280个案例中，大多数案件都是以独任审判的方式处理的。[①]

在英格兰海事法庭适用欧陆民法的习惯背景下，独任审判是自然之举，但海事法庭的独任审判与欧陆的纠问制仍有许多不同。首先，法官听从令状的安排。不论是案件开启、中止、移送还是申请执行，都需要当事人向高级海事将军申请相应令状之后，法官才开展相应程序。其次，法官很少主动询问、调查事实。在原被告就案件事实开展几轮辩驳之后，法官会根据案情梳理需要确认的事实，进而要求证人出庭作证，或在证人无法出庭的情况下请证人所在地的法院协助获得证人证言，法官几乎不会主动确认当事人之间没有争议的事实。最后，海事法庭法官的判决不会使用三段论推理。海事法庭法官的判决一般由三部分组成，即法官本人以及当事人基本信息、法官对案件事实的推理、判决原被告之间的支付行为或非支付义务，这一判决思路并不以法律规定为大前提，也就没有使用三段论的判决逻辑。

由此可以看到，虽然海事法庭适用民法是常识，但英格兰会结合本国情况做出许多调整。爱德华六世时期，法国使者弗利安德（Vliiandry）拜访英格兰时向国王提议，希望英、法两国就海事案件所适用的法律达成一致，他得到的回复是：“海事案件是根据查士丁尼法律、国王法令以及相关解释处理的。但和其他国家一样，我们有《奥列隆法典》和海事习惯与之混合，都拥有权威性。”[②] 也就是说，英格兰始终认可欧陆民法在海事案件中的法律效力，海事法庭也以之为基础审理案件，英格兰本土的法令、法典、习惯都是欧陆民法的补充。

除独任制这一程序外，英格兰还对海事法庭的其他审判程序作出许多调整。

---

① See Reginald Godfrey Marsden ed., *Select Pleas in the Court of Admiralty*, Vol. 1, p. 1 – 242; Vol. 2, p. 1 – 206.

② William Senior, *Doctors' Commons and the Old Court of Admiralty: A Short History of the Civilians in England*, p. 15.

首先，非独任审判制。除独任审判以外，海事法庭中还存在多种类型的法官配置，可分为2类，一类是3位法官组成审判庭。比如在戴尔诉特洛恩案中，便是由法学博士约翰·楚威尔、诺福克公爵托马斯和里士满公爵亨利组成审判庭审理。[①] 另一类则是仲裁，且仲裁中的仲裁员配置更为多变，2人、4人、5人主持仲裁的情况都出现过，同时配有公证人。例如，1540年弗雷巴恩诉佩林案中有2位仲裁员，根据记载，分别为托马斯·赫奇（Thomas Heyge）、威廉·诺曼（William Norman），同时有2位公证人，分别为威廉·布鲁克（William Brouke）、约翰·博顿（John Botton）。[②] 又如，1575年伊丽莎白号案件中有4位仲裁员，位居首位的是高级海事法庭首席法官李维斯博士。[③] 再如，1558年库姆斯诉温特普案中则有5位仲裁员，原因在于该案涉及海事法庭与普通法法院的管辖争议，咨议会认为由5位成员组成仲裁庭较为合适。[④]

此外，海事法庭的法官似乎也不能单独以自己的名义或海事法庭的名义发布逮捕、协助逮捕或执行通知，都需要海事将军乃至其他政治人物签署、发布，甚至直到都铎王朝晚期才开始在判决书末尾署名。都铎王朝时期，大部分逮捕、协助逮捕或执行文书都是由海事将军签发、执行，即使是高级海事法庭的首席法官也不一定有权署名，只有当逮捕对象数量过多、所处地域范围过广导致需要司法部门介入，为案外人提供救济时，海事法官才会署名。比如1569年隆·马克号案件，由于被告的船舶和货物都被海盗抢走，失去踪影，需要各地协助逮捕该海盗，因此海事法庭发出协助逮捕文书，请求普利茅斯市市长以及其他行政官员扣押被法国海盗捕获带到英格兰的一艘德国船及其货物，但签署该文书的人中，没有海事法庭的法官，也没有高级海事法庭首席法官，仅有高级海事将军、海事将军以及不少政治人物，包括海事将军罗伯特·莱切斯特（Robert Leycester）、时任高级海事将军霍华德、弗朗西

---

① See Reginald Godfrey Marsden ed., *Select Pleas in the Court of Admiralty*, Vol. 1, p. 181 – 184.
② See Reginald Godfrey Marsden ed., *Select Pleas in the Court of Admiralty*, Vol. 1, p. 101.
③ See Reginald Godfrey Marsden ed., *Select Pleas in the Court of Admiralty*, Vol. 2, p. 39 – 40.
④ See Reginald Godfrey Marsden ed., *Select Pleas in the Court of Admiralty*, Vol. 2, p. 22 – 23.

斯·诺利斯爵士（F. Knollys）以及伯利勋爵威廉·塞西尔（William Cecil）。[①] 而在1548年一份逮捕海盗及扣押其货物的文书中，由于该文书要求全英格兰所有地方都要协助逮捕一切类型的海盗及扣押其物品，并且“如果有任何人宣称对扣押物有权利，那么应当告诉他可以在15天（如果是开庭日就顺延一天）之内到最近的任何公共法院或惯有司法场所申辩”，意味着执行强制措施之外还需要保障案外人的正当权利，因此该文书由时任高级海事将军西摩和时任高级海事法庭首席法官格里芬·雷森共同签署发布。[②]

而关于判决署名事宜，都铎王朝时期很长的一段时间内，海事法庭的判决都没有署名，只能从判决正文看到裁判者信息，在非独任制审理的案件中，也没有全体法官的签名，在判决中也不会体现他们的不同意见。直到1578年，在李维斯博士审理的德雷珀诉布莱克案（Draper c. Balck）中才首次看到海事法官在判决最后署名。[③] 直到1586年雷曼诉博纳案（Reyman c. Bona Hispanica），才首次看到高级海事法庭首席法官在判决最后署名。[④]

海事法庭的一般审判方式呈现出相当混乱的景象，尽管独任审判作为主要审判方式可以体现海事法庭适用欧陆民法的特点，但不论是法官配置，法官签署发布文书的权限、署名乃至审判与仲裁的转换，都是英格兰在欧陆民法基础上随时可以转变的要素，而使用陪审团又是英格兰将欧陆民法在海事法庭本土化的又一举措。

二、适用陪审团审判案件的限定

根据1535年亨利八世二十七年法第4章与1536年亨利八世二十八年法第15章的规定，[⑤] 应仅有海盗与海上劫掠案件适用陪审团审判，但在《海事

---

① 该案案情在本文第二章第一节已有介绍。See Reginald Godfrey Marsden ed., *Select Pleas in the Court of Admiralty*, Vol. 2, p. 37.

② See Reginald Godfrey Marsden ed., *Select Pleas in the Court of Admiralty*, Vol. 2, p. 1 – 3.

③ See Reginald Godfrey Marsden ed., *Select Pleas in the Court of Admiralty*, Vol. 2, p. 155.

④ See Reginald Godfrey Marsden ed., *Select Pleas in the Court of Admiralty*, Vol. 2, p. 161 – 163.

⑤ See Statutes of the Realm, 27 Hen. Ⅷ. c. 4. 28 Hen. Ⅷ. c. 15.

黑皮书》中，有不少这两类以外的案件也适用陪审团审判，因此，有必要就哪些案件适用陪审团审判作一番梳理。

第一，所有发生在海上的卖国、海盗、盗窃、抢劫以及谋杀案应当适用陪审团审判。1536 年亨利八世二十八年法第 15 章第一句就明确写道："鉴于卖国贼（traitours）、海盗（pyrotte）、小偷（theves）、抢劫犯（robbers）、谋杀犯（murtherers）以及他们的同伙……"① 因此，这 5 类案件应当适用陪审团审判。为何是这 5 类案件？这部法令也有解释，核心理由是这些案件往往涉及死刑，但取证却十分困难。一方面，这些犯罪往往情节恶劣，如果查证属实，应当判决死刑；但另一方面，犯罪行为发生在海上，极少有目击者，物证也极易被抹除，而即使有目击证人，由于他们多为海员，行踪飘忽，要让他们到庭作证将会产生很大的开销，从而造成取证困难。由此导致要么海事法庭证据不足，犯罪者逍遥法外，要么海事法庭为了惩罚他们而使用刑讯或用金钱换取他们的口供。无论哪一种情形都是有违正义的，因此决定适用陪审团以及普通法来审判。

第二，发生在泰晤士河上的捕鱼案件。根据马斯登的研究，海事将军获得泰晤士河的管辖权之后，发生在该河的捕鱼纠纷便由海事法庭受理，而在捕鱼案件中，最常见的纠纷是因没有给锚系浮标而导致他船在航行时或靠泊时受损，在处理这类案件时，一般都会召集陪审团。②

第三，各类涉水财物的确权案件，包括遇难船漂流物、水产品乃至溺亡之人的遗产归属。比如 1539 年漂流物案，由于海事部门在泰晤士河发现了不少遇难船漂流物，包括 1 个锚、3 根桅杆等，且找不到失主，海事法庭便召集陪审团，判定哪些物品为漂流物，同时确认其价值，进而等待对这些财物主张所有权的人通过时效取得它们的所有权。③ 例如在 1585 年牡蛎所有权案中，约翰·辛普森（John Sympson）宣称对一批牡蛎拥有所有权，并未经占

---

① See Statutes of the Realm，28 Hen. Ⅷ. c. 15.

② See Reginald Godfrey Marsden ed.，*Select Pleas in the Court of Admiralty*，Vol. 2，p. lxxxi.

③ See Reginald Godfrey Marsden ed.，*Select Pleas in the Court of Admiralty*，Vol. 1，p. 210.

有人约翰·亚当斯（John Addams）的同意，取走他认为属于自己的部分，从而产生争议。为了确认约翰·辛普森是否具有他所宣称的所有权，副海事将军爱德华·霍比（Edward Hoby）召集米尔顿（Sittingborne）百户区15位陪审员组成陪审团，于1585年11月14日到海事法庭进行裁判；而为了进一步确认约翰·辛普森未经占有人同意擅自取走牡蛎的行为是否合法，副海事将军爱德华·霍比的代理人托马斯·恺撒（Thomas Ceasar）又召集19人陪审团，于1586年4月8日到海事法庭进行裁判。[1] 又如1531年亨利·怀特（Henry White）溺亡案与1536年德鲁里（Drewry）溺亡案，两起案件中，由于死者都是加来人，海事法庭便邀请百户区内12位公民组成陪审团，确认死者死亡的具体情况，如于何时何地死亡等，同时确认他们的遗产与家属，进而将其遗产判给相应家属。[2]

由于都铎王朝时期没有法令规定海事法庭应当用陪审团及普通法审理第二类和第三类案件，同时，海事法庭也大多以独任制方式审判第二类与第三类案件，因此，上述第二类与第三类案件中所举的例子很可能是少数情况，与海事法庭必须适用陪审团处理海盗等海上刑事案件不同，海事法庭可以选择适用陪审团处理第二类和第三类案件。

虽然没有直接相关的法令，第二类与第三类案件也没有直接关联，但仍可以从这些案例本身的特点，合理推断海事法庭适用陪审团的目的。首先，这些案例都发生在内河水域。捕鱼案件发生在泰晤士河，而涉水财产或来自泰晤士河，或来自英格兰其他内河，至于溺亡之人财产归属案中涉及的溺亡地点，也是加来的一条小河，所以总体来说，这些案件都发生在内河。其次，这些案件涉及的争议都有大量知情人可作证。捕鱼案件中，泰晤士河船来船往，随时都有船舶停靠、起航，自然有许多人看得到船舶的抛锚、起锚，由此产生的争议也就找得到证人。而在第三类案件中，在内河发现遇难船漂流物意味着遇难地点可能就在附近，被目击的概率很大；捕捞水产品需要许可，

---

① See Reginald Godfrey Marsden ed., *Select Pleas in the Court of Admiralty*, Vol. 2, p. 41.

② See Reginald Godfrey Marsden ed., *Select Pleas in the Court of Admiralty*, Vol. 1, p. 193.

水产品的所有权极易查清；溺亡之人也很可能就居住在百户区范围内。因此，一旦发生案件，很可能有不少证人或知情者。最后，这些案件都具有群体性。第二类案件中，捕鱼是一门固定职业，恰当处理捕鱼案件涉及对整个行业的规范管理；[①] 第三类案件中，涉案财产很可能是当地居民的，能否恰当处理该类案件既关涉居民财产的正当处置，也影响着海事将军在当地的威望。不论是关涉行业管理还是区内居民生活，第二类与第三类案件都有一定的群体性。

因此，海事法庭适用陪审团审理第二类与第三类案件极可能是出于管理内河行业、确认案件事实与降低群体影响的目的，这些目的，尤其是后二者，与对第一类案件强制适用陪审团的目的是一致的，只是对于第二类与第三类案件而言，用陪审团既可以轻松与容易地查明事实，取证成本极低，又可以维护社会的良好秩序，可谓殊途同归。

三、陪审团成员与案件类型的配置与特点

第一类案件中的陪审团在亨利八世的两部法令中有明确安排，第二类与第三类案件中陪审团的召集、安排等内容则在案例中有所体现。在处理海盗、抢劫、谋杀等第一类案件时，首先要由国王授权高级海事将军、海事将军、副海事将军或海事将军代表人中的一位或多位为委员，和大法官提名的3—4个人组成特别委员会，然后在委员会或至少3个委员的召集下，由12个善良、合法（good and lawful）的人组成陪审团，像郡法庭那样审判。[②] 而在处理捕鱼、漂流物等案件时，虽然陪审团的召集人、具体安排不尽相同，但都是通过令状召集，并且在海事法庭审判。比如1543年的一份陪审团召集令（precept to summom jury），由于海事法庭需要一批南本弗利特（South Benfleet）的陪审员，海事法庭专员里卡杜斯·李德·康姆萨卢斯（Ricardus Reede Comissarius）给当地执行官和治安官发送该召集令，要求他们以抵押

① See Reginald Godfrey Marsden ed. , *Select Pleas in the Court of Admiralty*, Vol. 2, p. lxxxi.

② See Statutes of the Realm, 27 Hen. Ⅷ. c. 4. 28 Hen. Ⅷ. c. 15.

陪审员物品或牲畜的方式警告陪审员要诚实，并应在所有人面前宣读关于陪审的其他通知，如 11 月 19 日星期一到米尔顿的海事法庭参加审判等。[①]

显然，第一类同第二类与第三类案件中陪审团的召集方式并不相同。首先，召集人不同。第一类案件中陪审团的召集人只能是国王指定的委员会或其中至少 3 人，而第二类与第三类案件中的陪审团由海事法庭召集。其次，召集方式不同。由于第一类案件中召集陪审团的委员会中的每一位成员都经过国王特别委任，也就没有必要再申请令状，委员会可以直接召集；而在第二类与第三类案件中，则需要海事法庭发出召集令，请当地官员协助召集。最后，陪审团的人数不同。根据法令规定，第一类案件中的陪审团只能为 12 人，并且只负责审判案件事实；而第二类与第三类案件中陪审团的人数并不确定，有的是 12 人，有的是 15 人，还有的是 19 人。

但第一类同第二类与第三类案件中的陪审团也有不少相同点。首先，审判地点都在海事法庭，判案法官都是海事法官。不论是谁召集的陪审团，开庭地点和审判法官都是海事法庭及其法官，法令中的规定也有侧面证明，使用了许多“像……”（as...）的表述，如像在陆地一样审判，像普通法那样裁判等，意味着案件始终没有进入地方普通法法院，而是在海事法庭审理。[②] 其次，都无须令状。虽然第二类与第三类案件中，海事法庭都会发出陪审团召集令，但那不是如同令状那样拥有固定格式的官方法律文件，甚至不是由海事将军或海事法官发出，只是海事法庭中的一位专员发出。最后，海事法庭中的陪审团都只负责审判案件事实。不论在哪一类案件中，都有且只有一个陪审团。亨利八世时期的两部法令均规定，陪审团产生的文书具有法律效力，法庭应据此作出相应的判决并执行；[③] 在第二类与第三类的案件中同样如此，甚至在 1532 年描述陪审团的一份材料中，海事法庭还聘请 2 位船长作为专家

---

① See Reginald Godfrey Marsden ed., *Select Pleas in the Court of Admiralty*, Vol. 1, p. 122.

② See Statutes of the Realm, 28 Hen. Ⅷ. c. 15.

③ See Statutes of the Realm, 27 Hen. Ⅷ. c. 4. 28 Hen. Ⅷ. c. 15.

证人辅助陪审团判断。①

从这些相同点可以看到陪审团在海事司法中发挥的作用以及海事司法对适用陪审团所作的变通。从功能上看，和在普通法法院一样，陪审团在海事法庭也主要发挥确认案件事实的作用。虽然海事法庭中的陪审团无须令状召集，也没有大、小陪审团之分，但它在第一类案件中确认海盗等罪犯的犯罪事实，在第二类案件中确认侵权者，在第三类案件中确认财产归属，本质上都为判决提供了事实基础。另外，或许也是更重要的作用，在于有效维护了岸边居民的生活安全。陪审团既可以有效避免臭名昭著的海盗或其他犯罪者逃脱惩罚，也可以明确侵权人，尽量让无主物、争议物归于原主，起到同时保障岸边居民人身与财产安全的作用。

为了达到上述目的，英格兰需要在海事司法中适用陪审团，但海事法庭不可能像普通法法院那样直接全盘接受，必须变通。首先变通的无疑是令状。在普通法体系下，当事人需向国王申请令状才能适用陪审团，但海事法庭的令状都由高级海事将军颁发，为了协调这一矛盾，海事司法中召集陪审团既不需要令状，也不由高级海事将军单独下令，而是折中，由国王委任海事将军或其代表人与大法官提名的人组成委员会。其次便是管辖，英格兰认为不仅无须让海事法庭放弃海盗、劫掠等海上刑事管辖，而且可以允许其管辖内河案件，这可能是受都铎王朝时期高级海事将军极高的政治地位影响，但无论如何，所有这些案件的审判地点都在海事法庭。最后是法律适用。在这一点上，除第一类案件必须适用普通法，第二类和第三类案件仍然使用欧陆民法，因此，刑事案件，或者说港口居民的人身安全是英格兰司法的底线，海事司法也必须遵从这一底线。

四、海事陪审的属性

海事法庭中使用陪审团的情况引起了许多学者的注意，对此也有不同解

① See Reginald Godfrey Marsden ed., *Select Pleas in the Court of Admiralty*, Vol. 1, p. 35.

读。比如爱德华·科克认为，由于普通法法院同样可以使用陪审团审理海事案件，因此海事法庭已被纳入普通法法院体系。他举出一例普通法法院使用陪审团审理船舶所有权纠纷的案件，该案中，原告诉称一艘搁浅的船属于自己，由于该船部分在水里、部分在陆地上，似乎当地郡法院和海事法庭都有管辖权，但该案最后由当地郡法院使用陪审团处理，科克据此认为，普通法法院可以通过陪审团审理任何海事案件，但海事法庭无法处理涉及内陆的案件，因此海事法庭只是普通法法院处理涉海案件的分支。[①] 霍兹沃斯也有类似的观点，他认为海事法庭在审理刑事案件时必须适用普通法，意味着海事法庭就此受到普通法调整，也就成了普通法的一部分。[②] 罗斯科则更为直截了当地认为，亨利八世时期的两部法令把海盗案件的管辖权交给了普通法法院。[③] 马斯登的观点略有不同，他认为1535年与1536年的两部法令其实是设立了一个新的法院审理海盗等刑事案件。[④] 我国学者何勤华、魏琼则认为，1536年制定的法规实质是要求海事法庭行使刑事管辖权时必须受到普通法人士的监管。[⑤]

产生不同观点的主要原因是学者们对海事法庭使用陪审团以及适用普通法这一行为的性质有不同认识。一方面，学者们把陪审团和普通法绑定，认为使用陪审团必然适用普通法，忽略海事法庭在实践中使用陪审团但适用欧陆民法的情况。另一方面，学者们并未区分法律适用和管辖，同样习惯性地认为只要某类案件适用普通法，那么该类案件就属于普通法管辖，忽略了该类案件可能从始至终都在海事法庭审判的事实。

综合考虑陪审团的召集人、召集程序、审判地点以及法律适用，应当认

---

① See 8 E. 2. tit. coron. 399. See Edward Coke, *The Fourth Part of the Institutes of the Laws of England Concerning the Jurisdiction of Courts*, printed by John Steater and 4 others, 1671, p. 140.

② See William Searle Holdsworth, *A History of English Law*, Vol. 1, p. 552.

③ See Edward Stanley Roscoe, *The Growth of English Law: Being Studies in the Evolution of Law and Procedure in England*, Stevens and Sons, 1911, p. 105.

④ See R. G. Marsden, *Documents Relating to Law and Custom of the Sea*, Vol. 1, State Mutual Book & Periodical Service, Limited, 1987, p. 149.

⑤ 参见何勤华、魏琼主编：《西方商法史》，北京大学出版社2007年版，第367页。

为海事法庭使用陪审团是独立于普通法法院使用陪审团的，具有海商法特色的“海事陪审”制度。

与普通法中的陪审团比较来看，所谓海事陪审，是指无须申请令状而是由特别委员会或海事法庭直接发出命令召集的、出席海事法庭审理案件的陪审团；该陪审团仅负责审判案件事实，不负责起诉；在海盗等刑事案件中只能为 12 人，在其他案件中人数不定；海事法官根据该陪审团认定的案件事实判决，但仅在海盗等刑事案件中必须适用普通法。

从海事陪审出发，可以看到陪审团并非与普通法绑定，不能认为使用陪审团就是适用普通法，也不能认为只有普通法法院可以使用陪审团。对国王或大法官来说，只需规定海盗等发生于海上的刑事案件都必须向国王申请令状召集陪审团审理，就可以将海事司法中的刑事案件都纳入普通法体系。但他们并没有这么做。因为海事法庭虽然适用令状制度，但它之所以能和普通法平行，是因为它的令状由高级海事将军签署、颁发，这是普通法无法动摇的。因此，只要该独立地位存在，海事法庭便可以全盘使用普通法法院中的一切程序、措施，包括最具代表性的陪审团，哪怕把海事法庭中的法官换成普通法法官，也无法改变海事法庭的独立地位。所以，成立特殊委员会以及强调适用普通法的根本目的并不是将海事司法中的刑事案件转移给普通法，更不是把海事法庭纳入普通法体系，而是让普通法法官协助海事法庭正确使用陪审团，得出公平、正义的判决结果。

在海事陪审的视角下，法律适用与管辖之间也没有必然联系。当代社会，在成熟国际私法的指引下，可以较为容易地理解一国法院适用别国法律的做法，但在都铎王朝时期的英格兰却并不容易。虽然在普通法内部，可以根据是否与王室相关、法院管辖范围等标准划分为王室法庭、郡法院、百户法院等，但只要诉争内容具有特殊性，要适用特殊规则，便会产生专门法院，如涉及宗教的案件都由教会法院审理，适用教会法，涉及军人的案件都由军事法庭审理，适用军事法，涉及海洋的案件都由海事法庭审理，适用海商法、欧陆民法。因此，法律适用往往和法院类型绑定，人们也就自然认为，一种法院只适用一种法律、审理某一类争议，三者一一对应，不可动摇。由此导致有的学者认为海事法庭适用普通法意味着海事法庭已经变成普通法法院，有的学者认为新的委员会意味着产生了新的法院。但如果从海事陪审的角度来理解，虽然1535年与1536年的两部法令改变了海事司法中海盗等刑事案件的法律适用，但案件仍然在海事法庭审判，更不用说都铎王朝时期，由于管辖争夺，第二类与第三类案件有时在普通法法院用普通法处理，有时在海事法庭用欧陆民法处理，法律适用与管辖显然没有必然联系。

海事陪审虽然特色鲜明，但似乎没有发挥预想中的作用。马斯登发现，尽管亨利八世时期的两部法令赋予陪审团判决海盗、谋杀者等死刑以及执行的权力，但1536年之后没有关于海盗被绞死的记录，[①] 反而出现了不少海事法庭在民事与海事案件中使用陪审团的记录。罗斯科进一步指出，海盗案件是海事法庭的核心，但即使是在1536年之前，海事法庭对它的审理也是失败的，一方面罪犯极易逃脱制裁，另一方面海事法庭实质基于政策而非司法审判海盗，导致执行常常流于形式。[②]

因此，从法律效果上来看，海事陪审不是一次海事法庭移植普通法程序的成功尝试，其原因并不在于移植时所做的变通，而是受时代影响过大。海事陪审对陪审团的召集人、召集方式、人数以及审判的内容均作出一些调整，这些调整本身适应了都铎王朝时期海事司法与普通法并行发展的状态，也为海事法庭更好处理公民财产提供了有力支持。陪审团的适用范围从刑事案件扩展到民商事案件，就足以说明它确实为海事法庭的审判业务起到了积极作用。但令立法者想不到的是，海盗在16世纪发挥着越来越重要的作用，尽管人们无不痛恨其烧杀抢掠的罪恶行径，但在海上争霸时代，海盗也确实在国家战争中发挥了关键作用，对英国尤甚，正是在海盗的“帮助”下，英国才得以打败西班牙无敌舰队，开启海上称雄、全球制霸之路。在这样的都铎王

---

① See R. G. Marsden, *Documents Relating to Law and Custom of the Sea*, Vol. 1, p. 149.

② See Edward Stanley Roscoe, *The Growth of English Law: Being Studies in the Evolution of Law and Procedure in England*, p. 106 – 107.

朝时代，以惩罚海盗为主要目的的海事陪审制度必然无法成功。

海事陪审和海事上诉制度一样，都是海事法庭移植其他法律体系中特定程序的尝试，虽然在每一个案件中都或多或少发挥了作用，但总体上看都没有发挥这些程序在原本法律体系中的关键作用。然而，不能就此认为这些尝试毫无意义，乃至因为没有继承下来而忽略它们。不论是海事上诉还是海事陪审，都可以看到都铎王朝政府在调整海事法庭更为适应时代与国情时的诸多考量，实质化、统一化之后的海事司法与普通法体系并行不悖也是都铎王朝政府在顶层设计时坚持的基本原则。在这样的原则下，海事法庭尝试多样化的审判机制，也正是在这样的原则下，海事法庭拥有与普通法法院争夺管辖的底气。

第三章　都铎王朝时期海事法庭的管辖权

都铎王朝时期海事法庭的管辖权是学者们长期争论的问题，关于英国海商实体法的研究也是从争论海事法庭的管辖权开始的。17 世纪初，爱德华·科克率先发难，他认为，海事法庭固然适用欧陆民法审理过不少案件，但一方面，理查二世十五年法第 5 章剥夺海事法庭审理所有国内案件的权力，亨利八世二十七年法第 4 章与亨利八世二十八年法第 15 章要求海事法庭适用普通法；另一方面，海事法庭也用普通法审理过所有案件类型。因此，海事法庭从未超出普通法的管辖范围，海事法庭始终是普通法的一部分。[①] 很快，普尼否认了这一观点，他指出科克故意忽略亨利八世三十二年法第 14 章对海事法庭审理货损案件的授权，也无法从公开资料中找到科克引用的大部分案例；而在普尼自己的研究中，不仅议会和普通法法院均没有早于海事法庭处理涉水案件的先例，而且《海事黑皮书》中具体的海事审判规则恰好可以证明海事法庭对海商海事案件拥有广泛管辖权。[②]

关于海事法庭的研究就此从两条线展开，一条线论证海事法庭的管辖权范围，其中又有两种方式，一种是以普尼的研究成果为基础，继续寻找相关王国法令与海事法庭曾经审理过，尤其是早于普通法法院审理过的案件，梳理海事法庭的管辖权范围，比如霍兹沃斯将海事法庭的管辖分为一般管辖权

① See Edward Coke, *The Fourth Part of the Institutes of the Laws of England Concerning the Jurisdiction of Courts*, p. 134 – 146.

② See W. Prynne, *Brief Animadversions on*, *Amendments of*, *& Additional Explanatory Records to*, *the Fourth Part of the Institutes of the Lawes of England*, *concerning the Jurisdiction of Courts Compiled by the Late Famous Lawyer*, *Sir Edward Cooke*, *Knight*… p. 75 – 133, 339 – 413.

（the ordinary or instance jurisdiction）与捕获管辖权（prize jurisdiction），一般管辖权又包括刑事、民事、海事三类。[①] 另一种则是构建理论证明海事法庭管辖权的合理性。比如约翰·戈多尔芬认为，海事法庭拥有的管辖权是法律到管辖的过程，建立海事法庭表面上是为了审理普通法庭无法处理的诉求，但实际上是将已经存在于地方的海事习惯重新提取、固定下来，进而形成海事法庭的管辖权。[②] 拉德克里夫（Radcliffe）和克罗斯（Cross）则提出了"空白填补"理论，他们认为海事法庭并非随着法律的发展应运而生，它更像是为了填补某种法庭类型的空白而生，在处理其他法院无法管辖的、主要是海上刑事案件的基础上，寻求民商事方面管辖权。16 世纪，其他法院基于新的集权要求而扩张，海事法庭则是通过侵占本不属于它的管辖而扩张。[③]

另一条线则从《海事黑皮书》出发，寻找与整理海事法庭曾经审理过的案件，分析其法律适用，探讨英国海商法的具体规则。这将是下一章所要论述的内容。

虽然学术史较为清晰，但学者们关于管辖权的研究却都不以解决管辖权本身的问题为目标，而是以证明海事法庭的独立地位、反驳科克的观点为主要目的。这使学者们的研究常常止步于梳理案例、列举法令，既很少分析案例中涉及管辖权的信息，也没有统筹分析海事将军特许状、王国法令与案例中散乱的管辖规定。学者们虽可以成功证明海事法庭在都铎王朝时期拥有相当广泛的管辖权，却没有论述海事法庭为何获得、如何获得以及怎样使用这足以动摇普通法地位的管辖权。

学者们似乎普遍忽略了这样两个事实，一是都铎王朝时期的海事法庭没有先例制度，即使找到海事法庭先于普通法法院审理过的某类案件，也不能用先例的思维认为海事法庭自此一直拥有管辖权，对大陆法系的法院来说，其管辖范围本就不来自"先例"，而是各类官方文件，尤其是国家法令，科克根

---

① See William Searle Holdsworth, *A History of English Law*, Vol. 1, p. xxvii – xxviii.

② See John Godolphin, *A View of the Admiral Jurisdiction*, 1661.

③ See G. R. Y Radcliffe & G. D. G. Cross, *The English Legal System*, p. 363.

据审理案件的先后顺序证明管辖归属的方法也本就不适用于欧陆民法背景下的海事法庭。二是分析海事法庭中的案例和构建管辖权理论不是对立的，法律适用虽然可能是案例中最有价值的部分，但不是唯一有价值的部分，通过分析案件发生时间、发生地点、法庭调查方式、当事人身份、标的物等信息，可以合理推测海事法庭所管辖的地理范围、行业范围、职业范围等，更可以从这些随时间变化的信息中，看到海事法庭如何扩张管辖范围、扩大影响，进而分析海事法庭遭受普通法忌惮，甚至可能取代普通法的具体方面与根本原因。

第一节　开放特权与管辖边界模糊化

当代，在划分法院管辖时，可以根据管辖的行政区划，由小到大分为区法院、市中院、省高院等；也可以根据管辖领域，分为海事法院、金融法院、知识产权法院等专门法院以及其他非专门法院。而案件类型则包括民事、刑事、行政等。一般而言，法院管辖和案件类型没有绝对关联，比如区法院一般可以审理民事、刑事等所有类型的案件，专门法院也可以审理专门领域内所有类型的案件；反过来同样如此，比如民事案件可能存在于所有类型的法院，刑事案件也一样。有的国家虽然可能设立专门的刑事法院、行政法院，但刑事案件、行政案件仍可能存在于别的法院，比如在英国，虽然有刑事法院，但刑事案件同样存在于治安法院。

然而，在都铎王朝时期的英格兰，法院管辖却与案件类型有着密切联系。有学者总结，如果仅仅以是否根据国王特权设立为标准，可以将当时英格兰的法院划分为普通法法院和特权法院，普通法法院不以国王特权为权力基础，特权法院则基于国王特权而建立，16 世纪时包括衡平法院、星宫法院、小额诉请法院、海事法庭、军事法庭及教会法院等。[①] 从目的上来看，设立特权

---

① 参见李红海：《本是同根生，相煎何太急？——17 世纪初普通法法院与特权法院的对抗》，载《北大法律评论》2018 年第 2 期。

法院一般是为了在特权法院中适用特别法律处理带有特殊因素的案件，比如在衡平法院适用衡平法处理当事人未能在普通法法院得到救济的案件、在教会法院适用教会法处理与教职有关的案件等。由于都铎王朝时期的英格兰法律尚未体系化，没有民法、刑法等法律部门，只能通过案件中的特殊要素而非法律关系来确定案件应适用的法律，进而确定受理案件的法院。识别案件中的特殊要素成为法院能否管辖该案的关键。

一、基础管辖范围的确定

海事法庭所管辖案件的特殊要素是海商海事（maritime/admiralty），但在探讨这一要素之前，需要梳理海事法庭的基础管辖范围，即必然由海事法庭管辖的案件。

第一，海事将军与海事法官特许状中写明的事项必然属于海事法庭管辖。例如，在托马斯·西摩的特许状中，国王直接赋予其审判权的案件包括船东、商人等之间的纠纷以及任何水上的船难、溺亡、海上浮尸案件；此外，由于特许状还写明西摩可以拥有叛国贼、海盗、重罪犯、逃亡者的货物以及赎罪奉献物，因此西摩也可以审理与这些物品有关的案件。[①] 又如，1564 年伊丽莎白女王给予时任高级海事法庭首席法官刘易斯的委任中，授予他审理西班牙国民起诉英格兰国民案件的特权，并且强调除其他几位同样被授予审理此类案件的法官外，没有人可以干涉，因此刘易斯博士所在的海事法庭有权审理此类专门案件。[②]

需要注意的是，海事将军们的司法特权范围大多相同，而海事法官、副海事将军以及海事将军代表人的司法管辖范围则有较大差异。海事将军们的司法特权范围大多相同的原因是该官职的职能基本固定。1485 年 9 月，亨利七世授予约翰·维尔（John de Vere）海事将军职位时，仅仅写道“授予他

① See *Calendar of the Patent Rolls*, Edward Ⅵ, Vol. 1, 1547 – 1548, p. 181.

② See *Calendar of the Patent Rolls Preserved in the Public Record Office*, Elizabeth Ⅰ, Vol. Ⅲ, 1563 – 1566, London: H. M. Stationery Office, 1960, p. 126.

海事将军职务”，没有列举特权的具体内容。[①] 此后1536年8月，亨利八世授予威廉·菲茨威廉高级海事将军、[②] 1549年爱德华六世任命约翰·达德利为高级海事将军时均仅写道允许他“享有他的前任、高级海事将军约翰·罗素的所有权力”，[③] 高级海事将军的职能被彻底固定下来。[④] 此后不断传承，爱德华六世于1547年任命托马斯·西摩，玛丽女王于1554年任命威廉·霍华德以及1558年任命爱德华·克林顿为高级海事将军时均是如此。[⑤] 因此，并非所有海事将军的特许状都会详细阐述他所能管辖的案件，而是直接任命某人为高级海事将军后接任该职务，享有他前任所拥有的一切权力，高级海事将军们的司法职能范围因而大多相同或类似，集中在船东、商人纠纷以及水上漂流物案件。而海事法官、副海事将军以及海事将军代表人可管辖的案件可能差异极大，海事法官有时得到国王的单独授权可以审理某类特殊案件，刘易斯博士便是一例；副海事将军、海事将军代表人乃至某些海事将军则很可能不具有司法职能，只是为了一次战争而接受临时委任，被授予的权力也仅有招募士兵与战船等，比如1511年亨利八世任命约翰·霍普顿（John Hopton）为海事将军，其职能仅为成立一支海军对抗海盗。[⑥] 因此，就海事法庭整体而言，无法完全固定特许状授权海事法庭管辖的案件类型，只能说只要有特许状授权，其案件类型就必然属于海事法庭管辖。

第二，王国法令授权海事将军或海事法官审理的案件也必然在海事法庭

---

① See *Calendar of the Patent Rolls Preserved in the Public Record Office*, Vol. 1 1485 – 1494, London: H. M. Stationery Office, 1914, p. 22.

② See *Letters and Papers, Foreign and Domestic of the Reign of Henry* Ⅷ, Vol. 10, London: H. M. Stationery Office, 1901, p. 535.

③ *Letters and Papers, Foreign and Domestic of the Reign of Henry* Ⅷ, Vol. 18, part 1, p. 53, 67.

④ 在西摩的特许状中该职位全称为“Office of Great Admiral of England, Ireland, Wales, Calais and Boulogne, and Marches of Calais and Boulonnois, and Normandy, Gascony and Guienne”。See *Calendar of the Patent Rolls*, Edward Ⅵ, Vol. 1, 1547 – 1548, p. 181.

⑤ 任命威廉·霍华德的特许状参见 *Calendar of the Patent Rolls Preserved in the Public Record Office*, Vol. 1 1553 – 1554, London: H. M. Stationery Office, 1937, p. 9。任命爱德华·克林顿的特许状参见 *Calendar of the Patent Rolls Preserved in the Public Record Office*, Vol. 4, 1557 – 1558, p. 12 – 13。

⑥ 3 Hen. Ⅷ, pt. Ⅰ, m. 7. 转引自 Reginald Godfrey Marsden ed., *Select Pleas in the Court of Admiralty*, Vol. 1, p. xiv。

管辖范围之内。都铎王朝的国王们通过法令对海事法庭的管辖总计进行了8次调整。其中，在1540年允许高级海事将军受理运费和货损案件;[①] 在1558年允许高级海事将军参与审理王室之鱼案件;[②] 在1562年允许高级海事将军处理与维护和海军有关的案件;[③] 在1601年允许海事法官审理海军士兵寻求保险救济的案件。[④] 海事法庭的管辖在这4次调整中得到扩张，但也有相应限制，比如高级海事将军只是参与而不是单独审理王室之鱼案件，再如审理维护海军的案件时不得干涉五港同盟、港口自治以及海关。[⑤] 可见，虽然王国法令扩张了海事法庭的管辖，但同时也划定红线，明确港口、海事与海关之间的管辖界限。

此外，还有2次调整是1535年与1536年针对海事法庭审理海盗、叛国等案件适用法律的调整，要求海事法庭在海事将军、海事将军代表人以及大法官指定的3—4个人组成的特殊委员会的指导下，用普通法召集陪审团审理相关案件。[⑥] 这2次调整的内容几乎一样，差别在于1536年法令调整法律适用的对象比1535年的多了叛国者以及所有罪犯的同伙。需要强调的是，将这2次调整视为对海事法庭管辖的调整是不恰当的，法令要求在海盗等案件中适用普通法是法律适用方面的调整，必须有普通法法官参与审判的要求也没有排除海事将军，更没有要求在普通法法院或港口法院审判。

第三，公海发生的以及其他机构均认可由海事法庭处理的案件必然属于它管辖。首先，公海发生的案件属于海事法庭管辖。虽然海事将军令状以及王国法令中似乎都没有提到过海事将军或海事法庭可以管理公海的案件，而仅仅提到可以管理海洋，但这却是学者们的共识，比如爱德华·科克认为海

---

① See Statutes of the Realm, 32 Hen. Ⅷ. c. 14.

② See Statutes of the Realm, 1 Eliz. c. 17.

③ See Statutes of the Realm, 5 Eliz. c. 5.

④ See Statutes of the Realm, 39 Eliz. c. 12.

⑤ See Statutes of the Realm, 5 Eliz. c. 5.

⑥ See Statutes of the Realm, 27 Hen. Ⅷ. c. 4, 28 Hen. Ⅷ. c. 4. 15.

事法庭只能管辖公海上的案件。[①] 有的学者则从王权的角度出发，认为海事将军与海事法庭是国王有能力处理公海发生案件的代表；[②] 还有的学者则认为海事法庭的管辖具有补充性，由于一开始没有哪个法院有能力处理公海上的案件，因而就由海事法庭补充这一空白。[③] 无论如何理解，学者们都承认公海是海事将军的管辖地，公海上的案件也自然由海事法庭管辖。其次，英格兰大河的主干流（main stream of great rivers）内发生的特定刑事案件由海事法庭管辖。纵观都铎王朝结束时所有调整海事法庭管辖的法令，理查二世十五年法第 3 章对它的限制最为严格，但即便如此，海事法庭仍然可以审理英格兰主要河流的主河道内发生的刑事案件，包括在河内或在船上的死亡与故意伤害两类；同时，都铎王朝时期其他机构对海事法庭发出的涉及管辖的禁令中，均引用该条法令，可见，其他法院或行政机构即使反对海事法庭管辖，也至少承认海事法庭的这一基础管辖范围。

之所以把公海以及英格兰大河的主干流放在一起，或许是因为它们都是陆地上的人或机构无法触及、管理的地方。受限于船舶规模与航行技术，在整个英格兰可能只有海事将军可以随时到达公海或主要河流的主河道管理商业、执法乃至作战。海关虽然有船，但它在陆地管控货物进出口；港口城市虽然也有船，也可以航行较远，但大多是渔民、渔船，武器装备不足，也没有战斗能力。而这两个地方以外的近海、河道支流等，海关或港口城市也可以到达执法，也就容易与海事法庭发生管辖争议。

总体来说，海事法庭有基础的、不可动摇的管辖范围，包括海事将军或海事法官特许状中直接授权审理的案件、王国法令规定海事法庭可以审理的案件、公海上发生的案件以及英格兰主要河流的主河道内发生的特定刑事案件。可以看到，不论是哪种渊源，都没有用民事、刑事等概念加以概括，除

---

① See Edward Coke, *The Fourth Part of the Institutes of the Laws of England Concerning the Jurisdiction of Courts*, p. 134 – 136.

② See Edward Stanley Roscoe, *Roscoe on the Admiralty Jurisdiction & Practice of the High Court of Justice*, p. 100.

③ See G. R. Radcliffe, Geoffrey Y. Cross & G. D. G. Hall, *The English Legal System*, p. 241 – 256.

公海与主要河流的主河道具有一定程度的地域管辖概念外，其他均以人、物或行为为识别管辖的要素，只要包含这些要素，相关案件便必然归海事法庭审理，这些案件也成为海事法庭的基础管辖范围。然而在特许状中，还有不少不明确的要素，这些要素成为海事将军与海事法庭开放性特权的基础，也为管辖争夺埋下伏笔。

二、海事将军司法特权与海事法庭管辖权识别要素的开放性

除基础管辖范围外，都铎王朝时期海事将军特许状中还存在许多不确定的、可以扩张解释的表述。比如约翰·维尔的特许状中，国王授予他“审理一切海事案件的权力”；[①] 在西摩的特许状中，他被授予“管辖所有在海上、湖水、河流以及从第一座桥或港口海岸到海洋这段距离在潮汐之间发生的事”；[②] 爱德华·克林顿的特许状中则进一步扩充，允许他“审理和决定在海上的所有属于副将军职务处理的诉讼和商业事务”。[③] 从时间发展的角度简单来看，这些不指向明确案件类型的授权表述有一个转变过程：亨利七世授予的特许状和都铎王朝之前的还有些相似，会使用“海商海事”这样的宽泛概念；到爱德华六世时期，抛弃海事的一般概念，以河流、海洋为框架尝试描述模糊的地域范围；再到都铎王朝晚期，则将海事将军特权与海事将军的职能联系起来。总体来说，有从一般概念转变为划定地域再转变为描述职能的逐渐清晰的变化。

这一变化过于模糊，在一般的观念中，海事将军与海事法庭管辖的当然是海事领域，尤其在固定高级海事将军的职能后，只需解释何为海事，哪些

① 原文为“with power to hear and do justice in all maritime causes”。See *Calendar of the Patent Rolls Preserved in the Public Record Office*, Vol. 1, 1485 - 1494, p. 22.

② 原文为“generally to take cognizance of all causes arising upon the sea or upon fresh waters and streams and within the flow and ebb of the sea from the foresaid first bridges and ports seawards”。See *Calendar of the Patent Rolls*, Edward Ⅵ, Vol. 1, 1547 - 1548, p. 181.

③ 原文为“to hear and determine all causes and businesses which belong to the office of lieutenant general upon the sea”。See *Calendar of the Patent Rolls Preserved in the Public Record Office*, Vol. 4, 1557 - 1558, p. 12 - 13.

产业、行为属于海事领域，就可以避免管辖争议。但由于彼时海洋是新兴领域，可能整个欧洲都没有人知道哪些产业与行为属于海事领域，对管辖的不确定表述是必然的。在这样的情况下，较为常见的做法其实是把这一新兴领域向既有领域靠拢，或进行类比，比如现在虽然难以定义人工智能法律领域，但至少包括算法、软件、程序等在内的领域都与人工智能有关，由此可以大致知道人工智能这一领域可能包含哪些法律关系。然而，彼时英格兰没有尝试列举可以确定属于海事领域的产业或行为，特许状中划定的地理范围也不精确，更没有梳理海事将军体系内各类职务的职责范围，尤其是特许状中多次提到的“属于海事将军、副海事将军职位处理的事宜”。可见，国王与海事将军没有遵循一般思路，而是坚持海事将军司法特权与海事法庭管辖范围的开放性。

所谓开放性，是指海事将军司法特权与海事法庭管辖可以通过特许状中不确定的表述进行扩张解释，这种扩张没有边界，甚至变成任意解释。

一般而言，海事（maritime）的概念与海洋和船舶有关，尤其与海上贸易和海军相关。[①] 需要注意的是，16 世纪，欧洲各国刚刚开始认识海洋，新航路开辟时间不长，船舶也还是木制的帆船，那时对海洋、船舶、海上贸易的理解仍是冒险，而非旅行，英格兰从事国际贸易的商人组成的团体也被称为商人冒险公司（company of merchant adventures）而非国际贸易公司或远洋旅行公司。因此，都铎王朝时期的海商海事概念应是以海洋与海船为载体，以冒险为外延的运输、贸易乃至海盗与海上战争等极具危险性的行为。在这样的理解下，可以清晰地看到国王与海事将军们如何对海事将军司法特权与海事法庭的管辖做扩张解释，甚至会发现一些基础管辖案件也是扩张性解释的后果。

第一，将海洋这一冒险地域扩大至与海相通的水域。海洋与河流的差别是显而易见的，海洋在国境之外，广袤无边，而河流则在国境之内，常常可以看到首尾或河岸两边。海事本应在海洋范围之内，海事将军有权审理的也

① 参见 https：//www.lexico.com/definition/maritime 以及 https：//www.oxfordlearnersdictionaries.com/definition/english/maritime？q = maritime，最后访问时间：2021 年 8 月 19 日。

应是发生在大海上（upon the sea）的案件，但托马斯·西摩的特许状将河流乃至湖泊都纳入自己的管辖范围，使他俨然成为水上君主，管辖范围扩张至几乎所有水域，大大扩充了海事领域所统辖的地域范围。需要注意的是，在现代，虽然河流沿岸的省份也可能会设立海事局，但基本都以疏通航道、处理污染等为任务，在都铎王朝时期还没有这样的职能需求；同时，在英格兰河流中航行也算不上冒险，即使境内最大的泰晤士河，水位也十分稳定，流速缓慢，虽然依靠当时的船舶与航行技术不能保证完全没有意外，但这种情况也与随时可能丧命的冒险相去甚远。因此，将内河水域、湖泊都纳入海事将军的管辖范围其实已经背离海事领域原意，并不恰当，这或许是导致管辖争议的原因之一。

第二，将海事领域中船舶的载具属性扩大至所有状态。一般理解下，海商海事中的船舶是作为航行载具存在的，不论是海上贸易还是海战，需要管理或指挥的是它的航向、速度等。都铎王朝早期海事将军特许状中的规定符合这一认识，在1485年亨利七世授予约翰·维尔的特许状中，国王强调他不可以干涉任何发生在国内的合同、诉讼或争议，因为若该合同、争议等发生在陆地、水上（water）或与海难有关，都应用英格兰普通法处理。[①] 一直到1547年，托马斯·西摩的特许状不仅将海难纳入管辖范围，而且以管理航道内浮标、系泊以及征召战船为由将船舶的所有属性，甚至船东本人都纳入管辖范围，可以惩罚任何违抗命令的人，这意味着只要海事将军认为与海事职务有关，就可以对船舶的建造、买卖、转让、拆解乃至抵押等执行管辖权。后来的海事将军继续沿用，不过不用再专门表述，而是称之为与海事将军职务有关的事项。从现在的眼光来看，将处于建造、买卖、转让等商品流通环节的船舶纳入海事部门管理是可以的，理由在于，船舶的造价高、单证多、专业性强，法律关系复杂，让海事部门参与监管，尤其是对所有权、抵押权的监管，可以有效保护债权人的利益，因此这样的扩大具有一定合理性。

① See *Calendar of the Patent Rolls Preserved in the Public Record Office*, Vol. 1, 1485 – 1494, p. 22.

第三，将海事领域中海员的技能属性扩张至所有相关法律关系。与海事领域中的船舶类似，海员在海事领域一般也仅涉及其在海上贸易或海战中的航行技术、驾驶技术等。但是，16 世纪正是欧洲各国海上争霸的时代，或许是考虑到商船随时可能被征用为战船，海员随时可能成为海军，因此，本可以自由劳动、归属于领港公会的船员与船舶一样，不论属性或者说法律关系为何，在 1547 年一齐被纳入海事将军管辖范围，原来只管理海军的海事将军开始处理船员薪资乃至船员借款等案件，大大扩充了海事领域所涉及的船员职业类型。很难评价这一扩张是否合理，因为直到现在，如何保障船员劳动待遇仍是一个普遍问题。16 世纪船员的问题在于，那时一艘船上的船员往往是以船长为首的团队，由船长发工资，若他卷款潜逃，船员就拿不到薪资，因此，船员薪资案件的核心在于执行，而非判决，海事法庭并不一定可以比普通法法院更好地执行此类案件，比如船长逃至国外，所有法院都束手无策。

总体来说，海事将军特许状从管辖的地域范围、船舶状态以及船员职业三个方面扩充了都铎王朝时期英格兰的海事领域，将包括但不限于内河水域发生的纠纷、船舶买卖纠纷、船舶抵押契约之诉以及船员薪资纠纷等都纳入海事法庭管辖范围，并可以吸纳新的与之相关的案件。虽然从现代的眼光来看，这些扩充有好有坏，但它们确实让海事将军的司法特权与海事法庭管辖范围始终保持开放性，为法院之间的管辖争夺打下基础。

三、海事法庭实务中司法管辖权边界的模糊性

进入都铎王朝后，海事将军开放性的司法特权可以轻易容纳海事法庭实际审理的所有案件，结束了之前二者不重合的局面，海事法庭以基础管辖为中心，按海事将军开放性司法特权的设定不断扩张。但根据常理，海事法庭不可能审理英格兰所有案件，也就不可能一直扩张管辖，它必然会触及某种边界。

一般而言，法院之间的管辖边界是清楚的。例如，1164 年《克拉伦敦宪

章》规定，有关受俸教职推荐权的案件与直接涉及教士的民事诉讼只能由世俗法院审理，涉及教士的重罪刑事案件应先在世俗法院起诉。[①] 又如，虽然没有法令规定，但在习惯中，衡平法院受理的是普通法法院不能提供救济或不能提供充足救济的案件。[②] 但是，海事法庭的管辖边界十分模糊，既没有法令规定，也没有形成习惯，虽然1575年海事法庭与普通法法院曾达成一份有关管辖边界的协议，但似乎双方都没有遵守，直到1632年枢密院确认之后才产生实际效力，[③] 因此，都铎王朝时期海事法庭的管辖边界始终处于模糊状态，表现在以下几个方面。

第一，难以界定民事中的海事案件，导致海事法庭与普通法法院管辖边界不明。现在一般通过识别合同履行地或侵权发生地是否在海洋或与海通航水域来区分海事案件与民事案件。但是，在都铎王朝时期，随着海事将军的管辖范围扩张至几乎所有水域，海事法庭与普通法法院都认为自己有权审理包括涉及船舶、海洋、捕鱼等合同、侵权纠纷在内的案件，民事案件与海事案件的边界也就不甚清楚。例如，1536年塔特希尔诉库克斯案（Tuthyll c. Cocks），该案中，原告认为被告非法占有自己的帆桁，[④] 故提起诉讼。这起案件是典型的所有权诉讼，本应属于民事案件；但由于标的物是船舶备件，海事法庭认为自己可以管辖。又如，吉诉海罗德案（Gee c. Hylord），该案中，被告为船长，招募原告开展一段航程，但原告在途经西班牙时醉酒、留宿岸上、流连酒馆，为了不耽误船期，被告按时将船开走，留下原告在西班牙。原告回到英格兰后，认为被告虐待他，还带走了他在船上的财物，故提起诉讼。[⑤] 这起案件的诉由是虐待与返还财物，同样应属民事案件；但由于原告身份是船员，且案件发生在航行途中，海事法庭便认为自己可以管辖。再如，1572年斯皮诺拉诉比利案（Spinola c. De Bewley），该案中，被告向案外人购买4桶

---

① 参见程汉大、李培锋：《英国司法制度史》，清华大学出版社2007年版，第74页。
② See H. G. Hanbury, *English Courts of Law*, Oxford University Press, 1979, p. 96.
③ See Reginald Godfrey Marsden ed., *Select Pleas in the Court of Admiralty*, Vol. 2, p. xiv.
④ See Reginald Godfrey Marsden ed., *Select Pleas in the Court of Admiralty*, Vol. 1, p. 54 – 55.
⑤ See Reginald Godfrey Marsden ed., *Select Pleas in the Court of Admiralty*, Vol. 1, p. 56 – 57.

胭脂虫红，但原告认为，这 4 桶胭脂虫红是案外人从他手里抢过去的，被告应返还，因此提起诉讼。[①] 此案仍然是一起物品所有权归属纠纷，本应属于民事案件，但与前两起案件不同的是，该案中涉及的案外人抢劫的事实发生在海上，构成海上劫掠，由海事法庭管辖更为合适。可以看到，民事案件与海事案件之间没有明确的界限，即使从案由来看属于民事，也可能因标的物或部分案件事实涉及海事而可以由海事法庭审理，甚至可能更适合由它审理。

第二，难以界定刑事中的海事案件，导致海事法庭与治安法院等处理刑事案件的管辖边界不明。刑事案件或许本可以与海事案件分开，正如 1535 年与 1536 年的两部法令关于调整海盗、盗窃、谋杀等案件法律适用的两部法令指出的，海事法庭常常使犯罪者逍遥法外，[②] 因此英格兰可能确实考虑过将刑事案件从海事法庭中剥离，让普通法法院审理，但最终没有剥离。在海事法庭适用普通法召集陪审团审理叛国、杀人、故意伤害等犯罪行为的规定，也让海事法庭与普通法法院都认为刑事案件在自己的管辖范围内，管辖边界也就十分模糊。这么做的原因可能有二。一是刑事犯罪与合法的海事行为很难认定与区分。16 世纪，欧洲开始广泛探索海洋，捕获盛行。捕获是合法的，各国均认可，但在捕获过程中，若捕获人使用暴力，则该过程就变成海盗行为或海上劫掠；若在捕获成功之后，出现被捕获船舶所属国的其他商船构成反捕获，则该过程转变为救助；而若构成反捕获之时有一方使用暴力，则又构成海盗行为或海上劫掠。可以看到，海盗、捕获、救助案件的转变十分微妙，几乎只能通过证人来证明是否存在暴力，而各方又几乎只会说出对自己有利的证词，乃至撒谎，也就很难认定、区分刑事犯罪与合法的海事行为。二是国王可能认为不能剥夺海事将军对罪犯财产的利益，否则可能会招致海事将军们的普遍不满，造成不可估量的恶果。在当时的海事习惯中，海盗货物不得被交易，只能被没收，若将海盗案件转移至其他法院，无疑会给海事将军的收入带来不小损失。此外，海事将军对所有的捕获物享有份额，

---

① See Reginald Godfrey Marsden ed., *Select Pleas in the Court of Admiralty*, Vol. 2, p. 147.

② See Statutes of the Realm, 27 Hen. Ⅷ. c. 4, 28 Hen. Ⅷ. c. 4. 15.

为了获得这一份额，有的海事将军会背离公平正义，将不合法的捕获判决合法。1587 年甚至发生过一种更为极端的情况，当时莱斯特伯爵的代理人、北威尔士的副海事将军莱伟森（Leveson）利用职权谋私，自行捕获后，自行宣判合法。① 在这样的情况下，如果贸然将可能构成犯罪的这些捕获案件转移给其他法院审理，乃至作出有罪判决，那么这些海事将军很可能不再效忠国王，转而经营私掠船乃至做海盗了。

第三，难以界定教会案件中的海事案件，导致海事法庭与教会法院管辖边界不明。海事法庭中出现显然由教会法院管辖的案件显得有些匪夷所思。主要有两类，一类是赎罪奉献物案，另一类是与婚姻、遗产有关的案件。关于赎罪奉献物的案件，例如，1561 年，霍尔德内斯（Holderness）执政官在海事法庭起诉，要求执行皮特号船（Peter）用于抵偿赎罪奉献物。② 又如，1570 年，一个男人跳河自杀，海事法庭判决死者遗产中的一部分应作为赎罪奉献物，收归海事法庭所有。③ 再如，1600 年费舍尔诉雷德黑德案。④ 关于婚姻与遗产的案件，例如，1550 年奥特兰托诉被救助货物案（De Ottranto c. Goods in the hands of Salvago），该案中，原告父亲是墨西拿（Messina）的一名商人，在去伦敦的一次航程中，他本意是在完成合同后将所得钱款用来支付原告和妻子结婚时答应给儿媳的一笔钱，但原告父亲意外丧生，原告接管了该批货物，并擅自在布里斯托出售，所得钱款作为己用。后来原合同债权人找上门来，要求原告偿还损失，但原告无力偿还。在此背景下，那些债权人扣押了原告父亲在墨西拿的另一批货物，要求将该批货物用作弥补自己的损失，但原告认为根据民法，婚姻合同有优先权，因此起诉至海事法庭，要求将该批货物判给自己的妻子和孩子。⑤ 又如，1574 年斯佩尔安修司诉佩

---

① See Reginald Godfrey Marsden ed. , *Select Pleas in the Court of Admiralty*, Vol. 2, p. xxxiii.

② See Reginald Godfrey Marsden ed. , *Select Pleas in the Court of Admiralty*, Vol. 2, p. lxviii.

③ See Reginald Godfrey Marsden ed. , *Select Pleas in the Court of Admiralty*, Vol. 2, p. lxx.

④ 该案在本书第二章第一节已有介绍。See Reginald Godfrey Marsden ed. , *Select Pleas in the Court of Admiralty*, Vol. 2, p. 200 – 201.

⑤ See Reginald Godfrey Marsden ed. , *Select Pleas in the Court of Admiralty*, Vol. 2, p. 13 – 14.

尔案（Spelphancius c. Pells），原告申请海事法庭强制执行在安特卫普签订的一份婚姻合同。[①] 再如，1554 年巴克诉佛斯达克案（Le Buck c. Van Voisdnck），该案中，原告要求女遗嘱执行人偿还案外死者所欠的运费。[②] 这些案件中几乎都有海事因素，有的案件标的物为船舶、货物，有的死亡事件发生在水里，但仍很难解释为何海事法庭会受理这些案件。有可能如有的学者所说，教会法院与海事法庭的法官是相通的；[③] 也可能是因为教会，尤其是主教们对漂流物有所主张，为了获得一些利益而允许海事法庭审理一些包含海事因素的案件；还有一种可能是海事法庭非常强势，强势到连教会法院都无法干预，只要海事法庭认为自己可以管辖的案件，就可以审理。但不管怎样，这都使海事案件与教会案件的边界模糊，似乎只要涉及船、货、水等任一海事要素，海事法庭便可拥有管辖权。

此外，海事法庭审理过的案件还包括在岸上抢劫鱼、毁坏战船及其装备、汇票纠纷、非法进出口等似乎本应由普通法法院、军事法庭、财政法院甚至由国王亲自处理的案件，[④] 范围之广令人咂舌，这一状态也几乎触及其他所有法院的基础管辖，达到了前所未有的巅峰。那么，海事法庭是如何拥有这样的管辖范围的？又应该如何形容这样的管辖状态？显然，已经难以用地域、人、物等要素归纳其管辖内容，而应称其为以水为关联与扩展要素的“一般海事管辖权”。

第二节　向“一般海事管辖”的逐步扩张

现在，每当提到特权法庭，总是会想它可以审理哪些案件；而每当提到

① See Reginald Godfrey Marsden ed. , *Select Pleas in the Court of Admiralty*, Vol. 2, p. lxxi.

② See Reginald Godfrey Marsden ed. , *Select Pleas in the Court of Admiralty*, Vol. 2, p. 93.

③ 参见何勤华、魏琼主编：《西方商法史》，北京大学出版社 2007 年版，第 368 页。

④ 分别参见 Reginald Godfrey Marsden ed. , *Select Pleas in the Court of Admiralty*, Vol. 1, p. 99 – 101; Vol. 2, p. 126 – 127, 152 – 153。

普通法法院，总是会想它不可以审理哪些案件，后者所享有的可以被称为一般管辖权。也就是说，人们认为它本可以审理所有案件，其他法院的管辖权都是从它那里分出去的。

“一般海事管辖权”与之类似，在大陆与水域的二分空间结构下，普通法法院与海事法庭各自可以审理相应空间中的所有案件，不同的是，随着时间发展，普通法法院的管辖因各种特殊因素不断被分至其他法院，海事法庭的管辖则是因海事将军管控水域能力的增强而不断扩张，形成宽泛的状态。那么，能否将都铎王朝时期海事法庭的管辖称为“一般海事管辖权”？它又是如何扩张成为此种状态的？

一、理论准备——扩张管辖权的“都铎动因”

海事法庭的管辖并非突然扩张，而是有一个循序渐进的过程。其实，自海事法庭出现到都铎王朝开始前近一个半世纪，它的管辖范围一直较为稳定，为何进入 16 世纪后突然扩张？

（一）历史偶然性——特殊政治人物

首先，需承认有一定的历史偶然性，这里的偶然性不是指地理大发现或海上争霸的时代背景，而是指托马斯·西摩被任命为高级海事将军，进而在其政治野心催动下诱发海事法庭的管辖权达到前所未有的巅峰。在托马斯·西摩之前，都铎王朝的海事将军与海事法官的政治地位就已经很高，例如，1514 年，因时任萨里伯爵霍华德和他的次子托马斯·霍华德在 1513 年打败苏格兰的伟大功绩，亨利八世分别授予萨里伯爵霍华德福克公爵头衔，授予托马斯·霍华德海事将军、萨里郡伯爵头衔，同时他们获得在参议院的席位；[①] 亨利八世临终前，也将时任高级海事将军李斯特子爵指定为遗嘱执行人（executors）之一；[②] 托马斯·西摩的哥哥爱德华·西摩，即爱德华六世

① See John Campbell, *The Lives of the British Admirals*, part Ⅰ, p. 165.

② See Thomas Rymer & Paul Rapin de Thoyras, *Acta Regia*… Vol. Ⅲ, p. 350.

时期的护国公，也曾在1542年被任命为海事将军。[①] 又如，1483年任命的海事法庭法官威廉·拉西（William Lacy）在理查三世时期兼任议会的书记官（clerk of council）；另一位在爱德华四世时期就被任命为提案人（promoter）的瑞登（Rydon）则在1492年被任命为议会书记官兼任海事法庭法官；1526年至1542年担任海事法庭法官的约翰·楚威尔同时兼任衡平法院事务官（master in chancery）与大法官事务秘书（master of requests）。[②] 海事将军一直是国王在海军方面的依赖，海事法官则常年参与议会与大法官事务，发挥着重要作用。

但是，他们都没有拓宽海事法庭的管辖，海事将军与海事法官的特许状都不允许他们审理在内陆签订的合同、侵权等纠纷，直到托马斯·西摩的出现打破了这一传统局面。在他的特许状中，不仅将包括合同、侵权在内的有关船长与商人的所有纠纷都纳入管辖，管辖地域范围也从公海扩展至内陆河流，[③] 泰晤士河的渔业、煤炭开采等也归海事将军职务管理。[④] 更为重要的是，1549年托马斯·西摩被处死后，继任的高级海事将军仍然拥有这些特权，海事法庭也继续处理这些案件。虽然托马斯·西摩确实将海事法庭的管辖带入巅峰，但他能以高级海事将军的身份扩张司法管辖范围主要得益于作为国王舅舅的身份以及极大的政治野心，整个都铎王朝时期也只有他一位高级海事将军有此身份、有此政治野心，因此，他的出现以及带给海事法庭管辖的影响都具有一定的偶然性。

（二）必然性之一——开拓收入

除特殊政治人物的诱发外，海事法庭在都铎王朝时期扩张管辖也具有一定的必然性，首要的便是通过海事法庭开拓将军们的收入。传统上，司法以

---

① See *Letters and Papers, Foreign and Domestic of the Reign of Henry* Ⅷ, Vol. 17, London: H. M. Stationery Office, 1900, p. 680.

② See John Baker, *The Oxford History of the Laws of England*, Vol. Ⅵ, 1483 – 1558, 2003, p. 219.

③ See *Calendar of the Patent Rolls*, Edward Ⅵ, Vol. 1, 1547 – 1548, p. 181.

④ See Reginald Godfrey Marsden ed., *Select Pleas in the Court of Admiralty*, Vol. 2, p. lxxxi.

保障当事人权益、维护国家社会稳定为要务，虽然司法意味着收入，但一般都不能达到影响一国政策的程度。然而，都铎王朝时期的海事法庭突破了这一传统，它所开源的收入是相当可观的。在海事习惯中，海事将军对捕获物一般拥有 1/3 的份额，对救助货物享有一半的份额，而对船难以及海盗的船舶、货物则可以全部收入囊中，因此，海事法庭拓展管辖地域范围的目标其实是内河、湖泊中所有的船难货物与船舶。正如有的学者所说，都铎王朝时期海事法庭最主要的目的之一是把控海洋财富，主要类型就是船难中的船舶和货物。[①] 由于刑事与海事本就难以区分，一艘船或一批货物是否属于船难完全取决于海事法庭判决，而若判决属于船难，海事将军可以直接占有。这一点甚至引来港口城镇的羡慕，希望和海事将军共享，比如 1526 年五港同盟执政官爱德华·吉尔福德（Edward Guldeford）就和黑斯廷斯、佩文西（Pevensey）、西福德达成协议，海事将军与港口城镇按 1∶2 的比例分享船难货物与船舶；1561 年五港同盟执政官科巴姆（Cobham）同样如此，而他可以享受的协议份额是 3/4。[②]

通过比较王室开支数额与海事案件中货物、船舶以及其他扩张管辖带来的收入数额可以更为直观地看到这一点。都铎王朝时期，出于战争、王室生活等需要，国王们普遍向国外贷款，但英格兰王室常常因各种原因无法偿还。当时发放贷款的“金主”十分强势，1563 年，他们甚至以“告官、押货、抓人”为要挟，要求王室支付 1.1 万英镑的借款。[③] 虽然现在看来 1.1 万英镑并不是很多，但那时确实是连王室都可能支付不了的巨款。而在战争费用方面，1523 年，曾有人提交一份对法国国王军队开支的估算给国王，根据他的估计，每月开支约为 104100 克朗，相当于 8707.965 英镑。[④] 此外，16 世纪

---

① See Reginald Godfrey Marsden ed., *Select Pleas in the Court of Admiralty*, Vol. 2, p. xxiii.

② See Reginald Godfrey Marsden ed., *Select Pleas in the Court of Admiralty*, Vol. 2, p. xxiii.

③ 参见赖建诚：《王室与巨贾——格雷欣爵士与都铎王朝的外债筹措》，浙江大学出版社 2015 年版，第 36－37 页。

④ See Thomas Rymer and Paul Rapin de Thoyras, *Acta Regia*… Vol. Ⅲ, p. 225.

末英国海军一年购买俄国的绳索费用则约为10000英镑。[①]

那么海事法庭可以通过扩大管辖获得多少收入？当时，一趟海运承载价值超过千镑的货物已经屡见不鲜，比如在1573年梅诉霍金斯案（Maye c. Hawkins）中，原告要求被告归还自己之前被海盗劫掠的货物（后来流入被告手中），价值达1150英镑。[②] 在1581年托马斯诉凯奇案（Thomas c. Cage）中，原告起诉被告偿还救助金，案涉被救助货物的价值超过了3000英镑。[③] 在1586年帕特案（Ex Parte Lee and Others）中，原告向海事法庭申诉，称自己被西班牙国王无理由扣押货物，请求海事法庭取回，货物的价值达12700英镑；同时他还称，很多英格兰人都遇到同样情况，请求海事法庭一并追回，在这些人中，有一个名叫亨利·萨克福德（Henry Sackford）的人的损失达13862英镑9先令2便士，最为贵重的一批货物的价值更是近24000英镑。[④] 也就是说，如果不考虑物价波动粗略计算，1—10起船难案件中货物或船舶的价值就抵得上英格兰一个月左右对法作战的开销，或者王室1—2次的对外借款。

此外，惩罚买卖海盗货物的岸上的人也有一笔不菲的收入，比如在1580年吉利图诉詹金斯案（In Re Jenkyns，Guillet c. Jenkyns）中，原告起诉被告在英格兰境内购买海盗货物，最后每个购买者被罚款200英镑，总计金额达2500英镑。[⑤] 但同时值得注意的是，涉案金额最高的是溺亡案与海外借款。在1599年海事将军诉布鲁克案（Off. Dom. c. Brooks）中，海事法庭判决没收被告非法藏匿的埃塞克斯海滩上溺亡之人的漂流物和贵重物品，它们的价值高达2000英镑。[⑥] 而在1581—1582年亨盖特诉吉曼斯案（Hungate c. Jemans）中，原告起诉被告偿还在布鲁日的借款，金额更是高达6000英

① 参见王乃耀：《英国都铎时期经济研究——英国都铎时期乡镇经济的发展与资本主义的兴起》，首都师范大学出版社1997年版，第173页。

② See Reginald Godfrey Marsden ed., *Select Pleas in the Court of Admiralty*, Vol. 2, p. 149 – 150.

③ See Reginald Godfrey Marsden ed., *Select Pleas in the Court of Admiralty*, Vol. 2, p. 157 – 158.

④ See Reginald Godfrey Marsden ed., *Select Pleas in the Court of Admiralty*, Vol. 2, p. 165 – 167.

⑤ See Reginald Godfrey Marsden ed., *Select Pleas in the Court of Admiralty*, Vol. 2, p. 153 – 155.

⑥ See Reginald Godfrey Marsden ed., *Select Pleas in the Court of Admiralty*, Vol. 2, p. lxxv.

镑，海事法庭甚至需要请示议会才敢继续审讯。[①] 这些案件都是发生在内河或岸上的，扩张管辖无疑给海事将军带来了无法估计的巨额收入。

（三）必然性之二——执行贸易政策

另一大必然性来自外部贸易环境，海事将军及其法庭是都铎王朝时期英格兰整体贸易政策的最合适执行者。16 世纪英格兰经济最大的特点是伦敦的垄断性扩张，形成伦敦—安特卫普模式，[②] 这就导致，一方面，商人们，尤其是外国商人们从原本散乱的港口市场向伦敦集中，泰晤士河成为经济命脉，需要比以往更为严格、统一的管理。另一方面，出于保护本国商人或其他内政外交的考量，都铎王朝时期对海上运输的管控增多。有来自国际条约的要求，比如亨利七世时期分别与法国、尼德兰签订《布洛涅协定》（Treaty of Boulogne）、《大通商条约》，都规定缔约国有义务消除海盗。《大通商条约》甚至规定通商双方皆不允许外国船在己方港口遭到袭击，也不允许他国在本国港口售卖战利品，如果船舶失事，那么船舶所在国必须在缴纳打捞费用之日起一年零一日内将货物收回。[③] 还有来自英格兰自己的要求，比如在 1554 年规定禁止通过海洋运输给养和木材；[④] 在 1562 年规定 4 年内本国国民只可以出口本国国民捕捞的、由本国国民船只运输的海鱼，禁止使用外国船只运输法国酒等。[⑤] 因此，总体来说，把管辖范围扩张到内河主河道，并且以属人的方式在特许状中扩张管辖是为了在统一航道管理的同时满足内政外交的要求，能做到这一点的，似乎有且仅有海事将军及其法庭。

通过案例也可以证明这一点，海事法庭并不总是优待外国商人。例如，

---

① See Reginald Godfrey Marsden ed. , *Select Pleas in the Court of Admiralty*, Vol. 2, p. lxxi.

② 参见康瑞林：《1350 年至 1700 年英国港口贸易的崛起》，中国社会科学出版社 2019 年版，第 93 页。

③ 《布洛涅协定》的相关评述参见康瑞林：《1350 年至 1700 年英国港口贸易的崛起》，中国社会科学出版社 2019 年版，第 93 页。《大通商条约》的相关评述参见［英］查尔斯·爱德华·莫伯利：《都铎王朝：1485—1547》，游莹译，华文出版社 2020 年版，第 136 页。

④ See Statutes of the Realm, 1 & 2. Phil. & Mar. c. 5.

⑤ See Statutes of the Realm, 5 Eliz. c. 5.

1564 年海事将军诉雅各布森案（Officium Domini c. Jacobson）中，被告未经允许出口大麦和奶油，违反了玛丽与菲利普时期 1—2 年法第 5 章，海事法庭判决在没收货物的同时进行顶格处罚，罚款 2 倍货物金额，其中 1.5 倍的金额给海事法庭，剩下 0.5 倍的金额奖励给发现该违法行为的人。① 又如，1537 年萨顿诉珀蒂特案（Sutton c. Petyte），该案中，原告、被告签署了一份玉米买卖和运输合同，后来被告违约，给原告造成了一定的损失，海事法庭作出第一次判决，原告胜诉。但被告是外国人，在英格兰没有物品可供执行。在这样的情况下，原告申请逮捕被告，被告被逮捕后，用法语写了一份诉请请求释放他，海事法庭认真审阅了该份外语诉请，但还是在第二次判决中要求他偿付 40 英镑和其他开支。②

虽说为了服务都铎王朝时期贸易政策与拓展海洋财富收入，扩展海事法庭的管辖具有必然性，托马斯·西摩的特许状也为其提供了权力渊源或者说一定程度上的“先例”，但现实中，其他法院，尤其是普通法法院似乎并不理睬，即使是国王的单独委托，他们也不放在眼里。比如伊丽莎白女王曾在 1575 年给刘易斯博士一份单独的、可以审理运费和其他海事案件的特许状，有学者认为这其实是对普通法法院禁令的抵制行动，③ 刘易斯博士确实审理了几个案件，并在判决书末尾署名，但这对普通法法院没有造成任何影响，它们仍然以禁令抢夺管辖。那么在实践中，海事法庭如何把理论上已经扩张的管辖落到实处？

二、实务扩张——蚕食管辖权的方式与空间

一个有趣的现象是，在部分学者的描绘中，海事法庭与高级海事法庭的管辖从未在实践中扩张。在相关论述中，一份特许状创设一个新法庭，每个

---

① See Reginald Godfrey Marsden ed., *Select Pleas in the Court of Admiralty*, Vol. 2, p. 127 – 128.

② See Reginald Godfrey Marsden ed., *Select Pleas in the Court of Admiralty*, Vol. 1, p. 48 – 49, 188.

③ See Reginald Godfrey Marsden ed., *Select Pleas in the Court of Admiralty*, Vol. 2, p. xiii.

海事法庭和高级海事法庭都是独立的，互不干涉；而高级海事法庭，更是一个在 1524 年左右随着它的档案记录的出现才同时出现的新法庭，[①] 而非与高级海事将军一职相伴而生。在这样的观点中，虽然各海事法庭都处理海事案件，但没有更多联系；如果非要以海事案件为连结点把它们看成同一类型的法庭，那么它们管辖的唯一共同点只有对公海案件的管辖权。所以，虽然偶有单个法庭审理发生在内陆的案件，但那不是海事法庭的共同特征，是对普通法法院管辖的僭越，海事法庭的管辖范围以及海商法的适用范围也就从未扩张过。

大多数其他西方学者与我国学者都没有采用这一观点，它的不足之处也是显而易见的。一方面，海事将军这一职位具有常设性、传承性，海事法庭也就一直存在，不能分开看待；另一方面，不同的特许状固然规定了不同海事法庭的不同管辖范围，但实践不可能和理论完全匹配，在法院管辖争夺愈演愈烈的 16 世纪尤其如此。此种观点有将普通法法院视为天然可以管辖一切案件的法院，乃至将普通法视为自然法的嫌疑，关于这一点，虽然不在本书讨论范围之内，但仍足以提醒学者在研究海事法庭如何扩张管辖时必须拟定的前提：第一，各法院之间没有先天优劣之分，也不能因为某些案件在 16 世纪之后，甚至现在不属于海事法庭管辖，就认为海事法庭自始至终不应管辖那些案件；第二，不论海事将军特许状给海事法庭扩张管辖提供了多少理论上、政治上的支持，只有在实践中实际受理之前不曾管辖的案件，才算是成功的扩张。

所以，本部分内容不是探讨海事法庭使用哪些方式争夺管辖，而是如何使当事人相信海事法庭可以审理自己之前不曾审理过的，或者似乎应由其他法院审理的案件。主要有三种方式。

第一，通过判决扩张与明确管辖范围。在 1542 年华纳诉维勒案（Warner

---

① 持此观点的学者代表是约翰·贝克，参见 John Baker，*The Oxford History of the Laws of England*，Vol. Ⅵ，1483 – 1558，2003，p. 209 – 210 以及 John Baker，*An Introduction to English Legal History*，Oxford University Press，2005，p. 131 – 132。

c. Wheler）中，原告在海事法庭起诉被告，并请求海事将军扣押了被告在泰晤士河的涉案船舶以及货物。面对普通法法院发来的禁令，海事法庭在判决中明确：根据先前国王授予高级海事将军的所有特许状，海事将军有权扣押在与海相通的任何公海、河流上的任何船舶的货物或其他东西，海事法庭也就对这些货物或东西的所有人享有管辖权。[①] 该案是海事法庭首次在判决中明确陈述海事法庭的管辖。而在1548年克林顿诉斯派瑟案（Cleyton c. Spycer）中，海事法庭则是以判决的形式回应了普通法法院的禁令。该案中，被告因在属于克里弗斯（Cleces）的安妮（Anne）女士的私人河流里钓鱼而被告上法庭，普通法法院向海事法庭发出禁令，认为它无权管辖，但审理该案的法官在判决中写道，虽然根据理查二世十三年法、十五年法，海事将军失去诸多管辖权，但根据现在的海事将军特许状，该案发生地在其管辖范围内，因此海事法庭有管辖权。[②]

需要注意的是，1542年发生华纳诉维勒案时，海事将军的特许状中还没有规定广泛的司法管辖权，而仅有广泛的逮捕权，因此，海事法庭在此时作出这样的判决是耐人寻味的。一种可能性是，亨利八世在1542年借款11.2万英镑，[③] 为了偿还这笔债务，以及未来可能继续新借的债务，需要打开新的财税来源，因此与时任高级海事将军达成某种协议，从海事法庭开源，从判决的具体内容看，1542年华纳诉维勒案也确实很像一份宣言。但无论如何，高级海事法庭作出了这份具有一定“先例”或“指导”意义的判决，它告诉国内外所有当事人，海事将军既可以在海洋、内河等地扣押船舶、货物，也可以审判与之相关的纠纷，确立了自己拥有广泛管辖权的地位。而1548年克林顿诉斯派瑟案中的判决则更进一步，不仅直接引用爱德华六世授予托马斯·西摩的广泛管辖权，而且明确告诉当事人自己不受普通法法院禁令的影响，可

① See Reginald Godfrey Marsden ed. , *Select Pleas in the Court of Admiralty*, Vol. 1, p. 117, 220.

② See Reginald Godfrey Marsden ed. , *Select Pleas in the Court of Admiralty*, Vol. 2, p. 3 – 5.

③ 参见赖建诚：《王室与巨贾——格雷欣爵士与都铎王朝的外债筹措》，浙江大学出版社2015年版，第106页。

以说完全坐实海事法庭在内河、湖泊关于合同、侵权等一系列案件的管辖权。

第二，增加或扩张解释海事要素。所谓海事要素，一般是指海洋、船舶、货物、船员等，对这些要素的扩大解释构成海事将军特许状的开放性，海事法庭也在判决中扩大解释，达到扩张管辖的目的。例如，1537 年戴尔比诉戈丁案（Dalbye c. Golding），该案中，原告起诉被告侵占自己捕捞的一批鱼，捕鱼虽然在海事法庭管辖范围之内，但该案并非在捕鱼过程中引发的纠纷，且只要不是王室之鱼，鱼的所有权争议也不在海事法庭管辖范围之内。但是海事法庭认为，由于原告捕捞的小虾被装在名为维尔成（Wyllchen）的装置里，该装置受海商法调整，因此海事法庭拥有管辖权。[①] 又如，1538—1539 年赫斯特诉巴恩斯案（Hurst c. Barnes），该案中，原告、被告共同开展一段航程，在某次停靠港口期间，被告向原告借款买酒，承诺到港后归还，但到港后被告没有归还，故原告提起诉讼。该案借款行为发生在岸上，款项也与船舶、货物无关，但海事法庭认为，借款行为发生地是航行的一环，既然航程属于海事法庭管辖，那么其中的一环也属于海事法庭管辖。[②] 在 1546 年沃尔曼诉哈蒙德案（Wolman c. Hamond）中，海事法庭更是使用类比法。该案中，被告侵入原告在泰晤士河旁的一座船坞。船坞是修理船舶的地方，既不在航程中，也和船舶、货物的运输、流通无关。但海事法庭认为，船坞是一座建造在码头上的房子，虽然船坞不属于海事将军管辖，但码头上的房子在他的管辖范围内，因此，通过将船坞类比为建造在码头上的房子，海事法庭获得该案的管辖权。[③]

第三，利用海事将军以及海事法庭的影响力继续蚕食其他法院的管辖。利用影响力扩大管辖是指随着海事法庭审判技术的成熟、海事将军执行能力的增强，许多不属于海事法庭管辖的当事人、案由甚至其他法院的法官、领

---

① See Reginald Godfrey Marsden ed. , *Select Pleas in the Court of Admiralty*, Vol. 1, p. 60 – 61, 195.

② See Reginald Godfrey Marsden ed. , *Select Pleas in the Court of Admiralty*, Vol. 1, p. 61, 195.

③ See Reginald Godfrey Marsden ed. , *Select Pleas in the Court of Admiralty*, Vol. 1, p. 139, 235.

主、主教等主动到海事法庭寻求救济，从而进一步扩大海事法庭的管辖范围。这其中，有一些案件在普通法的管辖空白之中，这些案件的当事人本可以向普通法法院或自己主导的司法机构寻求救济，但他们没有，足以见海事法庭的影响力确实已经很大。

这种影响力是把海事法庭的管辖推向没有边际、形成最终宽泛管辖的直接动力，也极可能是在海事法庭中出现包括赎罪奉献物、婚姻、金融等各种与海商海事没有直接关联的案件的根本原因。一方面，随着海事将军管控沿海、沿河等地域能力的不断增强，尤其在中世纪晚期，出现大量主教、领主乃至市长等地方官员向海事法庭主张自己拥有漂流物所有权或通过时效取得漂流物的案件，例如，1571 年温切斯特、沃尔瑟姆（Waltham）、戈斯波特（Gosport）三地的主教共同向海事法庭请求通过时效取得漂流物所有权。[①] 又如，1575—1576 年阿伯加文尼（Abergavenny）的领主共同向海事法庭请求通过时效取得漂流物所有权。[②] 再如，1600—1601 年坎伯兰郡（Cumberland）公爵向海事法庭起诉潘洛斯（Penrose）劫掠在康维尔的克里夫悬崖（Hell Cliff）下漂流的来自西班牙的捕获物，诉求无主漂流物所有权的同时，也要求货主支付救助金。[③] 另一方面，随着海事法庭国际性的增强，海商法对商业纠纷，尤其是新型商业纠纷的处理呈现出比普通法更为合理、公平的情况。比如 1568 年索斯沃思诉琼斯案（Southworth c. Jones），该案中，被告对外宣称原告欠钱不还，但实际上，原告没有向他借过钱。因此原告认为，被告错误的言行导致原告信用受损，要求被告赔偿损失。这起案件与海商海事完全无关，但原告诉至海事法庭，希望通过两次审判的时间间隔给被告消除影响的时间，也因此海事法庭作出第一次判决，要求被告在特定日期之前把所有与被告有关的债权债务关系都向海事法庭陈述，并由海事法庭处理，如果没

① See Reginald Godfrey Marsden ed. , *Select Pleas in the Court of Admiralty*, Vol. 2, p. lxx.

② See Reginald Godfrey Marsden ed. , *Select Pleas in the Court of Admiralty*, Vol. 2, p. lxxi.

③ See Reginald Godfrey Marsden ed. , *Select Pleas in the Court of Admiralty*, Vol. 2, p. lxxiv – lxxv.

有做到，就会在第二次判决中让原告承担损失赔偿责任。[1]

总体来看，海事将军特许状与海事法庭的实践形成互相作用、良性循环，使海事法庭的管辖最终成长为没有边际的、以水为空间渊源的一般管辖权。

三、“一般海事管辖权”的厘定

仅根据海事法庭审理过一些与海商海事没有直接关联的案件还不足以认为海事法庭拥有普通法法院那样的一般管辖权，因为那很可能具有偶然性，不足以对普通法法院造成威胁。真正使普通法感到畏惧的，应是海事法庭逐渐让国内外所有当事人认为，海事法庭可以给合同、侵权等一切争议更好的救济，并且该趋势在都铎王朝时期愈演愈烈，使海事法庭有取代普通法法院之势。从案例来看，至少在 3 个方面可以感受到这一点。

（一）概要性索赔

所谓概要性索赔（summary petition），是指当事人在无法确定侵权者、损失数额，甚至不知道案情、只知道自己有损失的情况下，向海事法庭呈送申诉状、说明损失，请求法庭调查事实、给予救济的行为。比如 1538 年，连续发生两起当事人寻求概要性索赔的案件。在 1538 年马森案中，马森是一名海员，威廉·桑德森（William Sanderson）是曾经雇佣他的船长。在他们以前去往冰岛的一趟航程中，威廉曾伤害马森，马森起诉威廉并拿到胜诉判决。但是现在，该判决尚未执行，威廉又因犯罪被捕入狱。于是马森向海事法庭请愿，希望在威廉的另案刑事诉讼中，将自己 30 先令的债权考虑进去，并在其财产中预留出一部分用于执行自己的判决。[2] 而在福尔克·瓦莱丽号（Fulco Valerye）案中，由于引航员失误造成该船失事，原告作为没有参与航

---

[1] See Reginald Godfrey Marsden ed., *Select Pleas in the Court of Admiralty*, Vol. 2, p. 137 – 138.

[2] 该案在本书第二章第一节有所提及，但仅提及涉案当事人的诉求特点，此处详细介绍其案情及其与海事法庭管辖权之间的关系。See Reginald Godfrey Marsden ed., *Select Pleas in the Court of Admiralty*, Vol. 1, p. 64.

程的船东，既无法调查事故，也不知道应该向谁索赔，因此向海事法庭请愿，希望法庭调查事实、赔偿自己的损失。[①] 概要性索赔的出现不仅打破了大陆法系民事诉讼中明确被告的要求，也使身处普通法系的英格兰人发现，海事法庭居然可以突破令状传统，受理可能连普通法法院、衡平法院等都无法受理的被告不明、诉由不清乃至案件事实不明了的案件，海事法庭无疑成为商业复兴中救济各类新型纠纷的最好去处，且不论境内境外。

在概要性索赔案件中，又以商人间的诽谤案件最能体现海事法庭取代其他法院管辖的趋势。在1541年史密斯诉布莱耶案（Smithe c. Braye）中，有人非法出口，原告进行了捕获，金额高达100英镑，并逮捕了船员、水手。但被告说这是因为原告向国王及其官员行贿获得信息，原告由此认为被告诽谤自己。[②] 可以看到，这起诽谤案件中有鲜明的海事因素，包括捕获、船员等。但到1554年加德纳诉布拉德利案（Gardiner c. Bradley），该案中，原告起诉被告诽谤自己，海事法庭查明事实后判决原告胜诉，罚款被告3英镑。[③] 该案发生在英格兰境内，且没有任何海事因素。再到1579年雷恩斯诉奥斯本案（Raynes c. Osborne），该案中，被告在好几个国家散布对原告不利的言论，导致原告信用下降。在查明证据后，海事法庭判决原告胜诉，被告构成诽谤罪，应支付罚款以及原告损失共50英镑。[④] 该案发生在境外，同样没有海事因素。从这三起案件的发展过程，可以看到海事法庭审理的诽谤案件逐步脱离海事因素，向国内、海外不断扩张，最终将诽谤案件都纳入自己的管辖之中。

（二）海商法的经济指导与社会引导作用越发明显

随着海商法的经济指导与社会引导作用越发明显，它已拥有和普通法一

---

① See Reginald Godfrey Marsden ed., *Select Pleas in the Court of Admiralty*, Vol. 1, p. 64 – 65, 197.

② See Reginald Godfrey Marsden ed., *Select Pleas in the Court of Admiralty*, Vol. 1, p. 100 – 101, 211 – 212.

③ See Reginald Godfrey Marsden ed., *Select Pleas in the Court of Admiralty*, Vol. 2, p. 88.

④ See Reginald Godfrey Marsden ed., *Select Pleas in the Court of Admiralty*, Vol. 2, p. 156.

样的优势。盖尔达特（Geldart）认为，普通法的核心优点包括可以从先例中得知判决结果，并根据社会发展通过判例创造新的法律原则，[①] 这两点都在强调普通法对经济、社会事件可能产生后果的事前指导作用，16 世纪的海事法庭也有这样的优点。

一方面，海事法庭与普通法不同，由于没有判例制度，海事法庭不通过判例给当事人纠纷解决的可预期结果，而是通过判决书直接指导海商海事行业，为其提供重要参考。例如，海事法庭多次就船价、船舶备件的价格作出指导性判决，1547 年英格力士诉雷吉兰德案（Englisshe c. Regland）中，原告、被告就船舶买卖中的船价无法达成一致，海事法庭最终判定合理的船价；[②] 1568 年德雷珀诉沃尔夫号及其船舶经纪人哈里森案（Draper c. Wolf, Harryson Intervening）中，原告、被告就一根驳船绳索的价格产生争议，海事法庭同样给出了合适的价格。[③] 又如，海事法庭还就海运税收作出具有指导意义的判决，1541 年格雷克诉里斯案（Gerycke c. Lysse）中，海事法庭就运费中的应纳税份额作出判决。[④] 甚至在 1568 年格尔尼卡诉迪赫布鲁特案（De Guennicke c. Deechebroote）中，原告卖给被告一幢海外的房子，请求海事法庭判决合适的价格，海事法庭最终也给出了相应的价格。[⑤]

另一方面，海事法庭又与普通法一样，随着社会发展不断完善、创造新的法律原则。这又表现在 2 个层次，一是英格兰海商法不断完善、丰富海商海事法律体系，在民事、刑事、行政等类型的案件中均发展出独立的规则。关于民事纠纷，在 1538 年诺丁汉诉洛姆博德案（Notingham c. Romebold）中，海事法庭将船舶产权分为所有权和准所有权（Quasi - Ownership），原因在于，原告、被告均主张案涉船舶的所有权，但根据调查，只能证明原告没

---

① See W. Geldart, *Elements of English Law*, Oxford University Press, 1975, p. 14 - 15. 转引自何勤华主编：《英国法律发达史》，法律出版社 1999 年版，第 66 页。

② See Reginald Godfrey Marsden ed., *Select Pleas in the Court of Admiralty*, Vol. 2, p. 5 - 6.

③ See Reginald Godfrey Marsden ed., *Select Pleas in the Court of Admiralty*, Vol. 2, p. 139.

④ See Reginald Godfrey Marsden ed., *Select Pleas in the Court of Admiralty*, Vol. 1, p. 101.

⑤ See Reginald Godfrey Marsden ed., *Select Pleas in the Court of Admiralty*, Vol. 2, p. 137.

有所有权以及被告是该船经营人，不确定被告是否有所有权，因此判决被告拥有所有权或准所有权以保证判决没有漏洞。[①] 关于刑事纠纷，在 1599 年，海事法庭在安德里亚斯案（S. D. N. R. c. Andreas）中判决被告捕获女王船只的行为有罪，规定了新的犯罪行为。[②] 关于行政纠纷，在 1596 年海事将军诉兰德尔案（Off. Dom c. Randall）中，被告是副海事将军，在判决中，海事法庭明确反对副海事将军允许船舶在休渔期出海，因为这样极易使海盗逃脱。[③] 二是合理吸收其他行政或经济条线的司法案件经验，统一裁判规则。典型的比如吸收海关的案件，在 1554 年库特尼诉派克案（Courtney c. Pike）中，原告、被告在运输合同中约定由被告负责所有报关、进出境事宜，但被告没有申报，导致被告违约的民事责任与走私的行政责任发生竞合。[④] 此类案件在当时十分常见，海事法庭在没收未经申报货物的同时判决被告承担违约责任，完美地解决此类纠纷。总体来说，新的法律概念、罪行、行政管理规则以及法律技术层出不穷，使海商法迸发出堪比普通法的无穷活力。

（三）海商法逐渐剥离欧陆民法

随着海商法逐渐剥离欧陆民法，它不再与普通法对立。在 1558 年爱德华·克林顿的特许状中，国王授予他自行制定有关船队和军队法令的权力，[⑤] 似乎可以视其为英格兰海商法摆脱欧陆民法的标志；而自 1524 年以来积累并记录成册的判例，也似乎成为英格兰海商法开始本土化的“判例渊源”。而最为直接的证据来自 1597 年皮蒙特诉巴克纳姆案（Pyrmount c. Bucknam），该案的案情十分简单，原告就被告欠款以及保险事宜诉诸海事法庭。但爱德华·科克对此十分不满，在他发出的禁令中强调：“所有关于债（debt）和合

---

① See Reginald Godfrey Marsden ed. , *Select Pleas in the Court of Admiralty*, Vol. 1, p. 65 – 66, 198.

② See Reginald Godfrey Marsden ed. , *Select Pleas in the Court of Admiralty*, Vol. 2, p. lxxv.

③ See Reginald Godfrey Marsden ed. , *Select Pleas in the Court of Admiralty*, Vol. 2, p. lxxiv.

④ See Reginald Godfrey Marsden ed. , *Select Pleas in the Court of Admiralty*, Vol. 2, p. 89 – 90.

⑤ See *Calendar of the Patent Rolls Preserved in the Public Record Office*, Vol. 4, 1557 – 1558, p. 12 – 13.

同（contract）的诉讼都应在普通法法院诉讼，适用英格兰国内法，而非海事法庭的法律（laws of admiralty）。"[①] 如果英格兰的海商法始终以欧陆民法为基本法源，那么不论海商法如何发达、法律技术如何成熟，和普通法显著对立的海商法都不可能取代普通法。但是，如果英格兰海商法和欧陆民法逐渐剥离，褪去大陆法系的显著特征，糅合普通法的优点成为"新"的法律，便必然会对普通法造成巨大威胁，也难怪科克不将其称为海商法（Maritime Law）或欧陆民法，而是直接称为海事法庭的法律。[②]

至此可以稍作总结，从概要性索赔案件、海商法对经济社会的指导作用以及海商法逐渐剥离欧陆民法3个方面，均可以看到海事法庭逐渐替代普通法法院的趋势，但渐渐地，也可以感受到这种趋势的尽头。在概要性索赔案件中，即使是发生在英格兰境内的加德纳诉布拉德利案，其当事人也是商人；在海商法不断扩大的指导作用中，即使是与海事领域完全无关的、以房屋买卖为诉由的格尔尼卡诉迪赫布鲁特案，其标的物也有涉外因素；而在海商法摆脱欧陆民法进行本土化发展的过程中，也始终以海事将军为立法者。

因此，都铎王朝时期海事一般管辖权的外延为商人、涉外或海事将军，而所谓一般海事管辖权，通俗来说，是指案件与此三要素中的任一要素相关，便可以发挥天马行空的想象，作扩张解释乃至类推，将案件纳入海事法庭的管辖之中；但若与此三要素均不相关，海事法庭则没有管辖权。

第三节　管辖权冲突中的海事法庭

如果说海事法庭以船舶、货物、船员等为识别要素扩张海事领域管辖还

① See Reginald Godfrey Marsden ed., *Select Pleas in the Court of Admiralty*, Vol. 2, p. 186 – 187.

② See Edward Coke, *The Fourth Part of the Institutes of the Laws of England Concerning the Jurisdiction of Courts*, p. 134.

可以被其他法院容忍，毕竟包括主教、地方领主等在内的贵族们也确实需要仰仗海事将军获取与管控海洋财富的强大能力，那么海事法庭以商人、涉外与海事将军为识别要素扩张“一般海事管辖权”便显然超出了其他法院，乃至地方政治机关的容忍限度，并非所有法院或地方贵族都仰仗海事将军，即便是有所仰仗的人与机关，也无法接受海事法庭完全取代自己的司法功能。

于是，随着管辖的扩张，海事法庭受到来自各方势力的攻讦。其结果是广为人知的，最终，爱德华·科克带领普通法法院获得英格兰司法的主导地位，虽然海事法庭没有立即退出历史舞台，但它的管辖范围却被严格限制在公海，“一般海事管辖权”也不复存在。但是，这近1个世纪的博弈，尤其是以海事法庭为视角的博弈过程却仍然鲜为人知。海事法庭为何能在16世纪的博弈过程中占据上风、频频获胜？又为何在都铎王朝后陡然倒下？博弈过程中的暂时胜利是否已有失败的预兆，只是当时没有被注意到？

一、与普通法法院的管辖权冲突

都铎王朝时期海事法庭主要与地方政治势力和普通法法院进行博弈，当然同时还需接受王权的调整。从时间上看，普通法法院最早对海事法庭展开攻击。

禁令是中世纪英格兰法院之间争夺管辖的主要方式，海事法庭与普通法法院之间也是如此。在马斯登的研究中，高级海事法庭记录的第一个案例——1527年柯其步诉巴福特案（Kyrkyb c. Barfoote）中便出现了禁令。该案中，案外人胡德（Hoode）受原告雇佣运送一批酒，但没有送达，原告因此申请扣押胡德的船舶。后来被告出面担保，但最终胡德和被告都未能履行债务。由于此时胡德已经没有财产可供执行，原告便就担保事宜起诉被告，并要求扣押放置于艾利斯（Erith）船上的、属于被告的货物。当地法院发现此事后，认为该案不应由海事法庭管辖，便向海事法庭发出禁令。禁令的内容十分简单，即基于理查二世十五年法，该案不在海事法庭管辖范围内，禁止海事法庭以任何形式继续强迫被告到海事法庭应诉。[①]

其实在整个都铎王朝时期，普通法法院对海事法庭发出的禁令的逻辑都很简单，那就是以王国法令为大前提，宣布海事法庭没有管辖权；再以相关案情为小前提，确认案件没有发生在海事法庭管辖范围内；最后得出结论，要求海事法庭停止审理案件、返还逮捕物、移送案件、中止执行判决等。例如，1545—1546年贝尔诉克兰案（Bell c. Crane），该案中，原告在海事法庭诉称他曾捕获了被告的船舶和货物，被告答应给予他一定的捕获物，但后来没有兑现，因而诉至海事法庭。德文郡法院调查后发出禁令：根据理查二世十三年法或十五年法，海事法庭不应参与发生在国内的案件；本案中，原告所称的捕获事实、被告允诺都是编造的、无法证明的，虽然原告、被告之间确实曾就某些事宜达成一致，但那发生在德文郡的达特茅斯，不在海上或水上，因此海事法庭应立即停止审理该案件。[②] 又如，1564年杰克斯诉法比安案（Jakes c. Fabyan），该案中，被告给原告出具了一份票据，承诺给原告到期兑现，但最后只用酒兑付了一部分，原告因此就未兑现的部分在海事法庭提起诉讼。当地普通法法院得知此事后发出禁令，采用同样的思路：根据亨利五世二年法，海事法庭对此案没有管辖权；原告明知该法令，却在海事法庭起诉，已构成藐视法庭；海事法庭应立刻结束案件，归还被告被扣押的货物。[③]

相比之下，海事法庭发出的禁令更为复杂，也更为详细。比如1539年莱格诉莫尔案，该案中，伦敦法院受理了一桩海运合同案件，海事法庭发现后立即发出禁令，主要内容包括7项：（1）梳理当事人和船舶的权属关系，确认案件基本事实；（2）强调案涉船长、租船人、水手、海员、航程都归海事将军管辖；（3）强调案涉航程主要在公海；（4）强调商人、所有人、经营者

---

① See Reginald Godfrey Marsden ed., *Select Pleas in the Court of Admiralty*, Vol. 1, p. 27 – 29, 172 – 173.

② See Reginald Godfrey Marsden ed., *Select Pleas in the Court of Admiralty*, Vol. 1, p. 129 – 130, 230 – 231.

③ See Reginald Godfrey Marsden ed., *Select Pleas in the Court of Admiralty*, Vol. 2, p. 125.

以及其他所有与航程或探险有关的人、合同、信件等都归海事法庭管辖；（5）伦敦法院的法官约翰·莫尔和托马斯·莫尔受到当事人的欺骗，当时原告根本不在伦敦，无法与被告在陆地签订协议，而伦敦法院受到管辖的诱惑信以为真；（6）反对伦敦法院的管辖；（7）以上事实都已被证实，再次反对管辖。[①] 总体来看，海事法庭是在自己所调查事实的基础上，列举其中所有属于海事法庭或海事将军管辖的要素，进而主张自己的管辖权，和海事法官撰写判决书的思路如出一辙。

从禁令的法律基础以及推理逻辑上来看，普通法法院的禁令虽然简单，却牢牢把握住了海事法庭的命门，理应更胜一筹。首先，普通法法院以王国法令为突破口，基础扎实。以欧陆民法为基础的海事法庭把国家法令作为自己的根本指导，普通法法院抓住这一点，根据王国法令主张海事法庭没有管辖权，海事法庭是无法反驳的；虽然海事法庭的实践和法令指导可能会有差距，但它仍然是核心渊源，在理论上，其优先性甚至高于海事将军特许状。其次，三段论式的完整推理逻辑。直到今日，三段论仍是法院判决的核心逻辑，在普通法法院的禁令中，大前提是规定海事法庭没有管辖权的王国法令，小前提是案件事实，最后得出海事法庭不应受理案件、应中止执行等结论必然是成立的。虽说法令有可能被更改，当事人也有可能作虚假陈述，但发生这两种情况的可能性并不是很大；即使发生，也可以事后追责或调整，禁令依然有效。最后，普通法法院还充分利用了自己的权威。普通法法官的地位与威望一般都很高，比如一段时间内伦敦法院的法官便是大名鼎鼎的托马斯·莫尔；同时，普通法法院禁令的措辞十分强硬，几乎都是命令式的话语。在这种极具威慑力的环境下，普通法法院在主张自己的管辖权之余，还会犀利指责海事法庭的不当行为，有时甚至称其构成藐视法庭罪。比如 1580 年吉利图诉詹金斯案，该案中，被告在英格兰境内购买海盗货物，海事法庭判决 5 位被告各承担 500 英镑的罚款。普通法法院知道此事后发出禁令，认为案

---

① See Reginald Godfrey Marsden ed., *Select Pleas in the Court of Admiralty*, Vol. 1, p. 83 – 87, 206 – 210.

涉合同发生在威尔士境内，海事法庭没有管辖权，海事法庭的判决构成藐视法庭。[1]

但海事法庭并没有因此处于弱势，反而抓住普通法法院的弱点使自己居于上风。首先，普通法法院对海事将军贵族身份常有所忌惮。普通法法院禁令中，在大前提之前，一般是格式固定的对海事将军的尊称。虽然是例行公事地列举头衔，但仍看得出是充满敬意，甚至是有些忌惮的。比如1527年柯其步诉巴福特案中涉及的禁令是发给时任副海事将军莱尔子爵的，虽然他只是副海事将军，但他是时任高级海事将军、亨利八世的私生子亨利·菲茨罗伊的副官，因此该禁令不仅将国王、海事将军以及副海事将军的头衔都一一列举，而且将他们可能指定的代表人、法官等也列入表达敬意的范围内。其次，海事法庭不理会没有效力的大前提。虽然普通法法院关于管辖的禁令几乎都以理查二世十三年法或十五年法为大前提，但亨利四世二年法已经重新确认海事法庭以海事将军特许状为基础的管辖权，[2] 后来未再有更改，所以，普通法法院禁令中的大前提其实早已失效，三段论的推理也就没有任何意义。海事法庭因而从未在禁令中正面回应普通法法院在法令层面的攻击，仅仅在一次判决中，即1542年华纳诉维勒案的判决告诉当事人，海事法庭有合法且充足的管辖权。[3] 可以合理推测的是，海事法庭已经预见到，即使发生管辖纠纷，国王、议会等肯定知道普通法法院禁令的推理无效，因此无须理会；同时，普通法法院的这一攻击方式在海事法庭看来过于随意，乃至有些无礼，因此海事法庭也可能不屑回应。最后，海事法庭意识到普通法法院只是表面威严，其实已经词穷，也无力撼动自己的管辖扩张。整个都铎王朝时期，普通法法院几乎都是以理查二世时期的两部法令为依据，无论是1535年与1536年关于调整审理海盗等刑事案件法律适用的两部法令还是1562年关于

① See Reginald Godfrey Marsden ed. , *Select Pleas in the Court of Admiralty*, Vol. 2, p. 153 – 155, 206 – 210.

② See Statutes of the Realm, 2 Hen. Ⅳ. C. 11.

③ See Reginald Godfrey Marsden ed. , *Select Pleas in the Court of Admiralty*, Vol. 1, p. 117, 220.

海事法庭不得干涉港口自治的法令，都没有成为普通法法院禁令新的大前提，或至少成为在禁令中可以警告海事法庭的内容。在普通法法院法官眼里，海事法庭甚至没有任何管辖权，连捕获也不归海事法庭处理。[①] 或许正是存在这种傲慢，普通法法院从未关注过海事法庭与海事司法的发展趋势，也始终没有更新与改进自己的攻击方式。而海事法庭或许确实曾对普通法法院的禁令感到有压力，因此16世纪前中期发出的禁令中往往会详细解释自己为何有管辖权，但后来逐渐习惯，甚至不再理会，只管进行自己的司法流程，只要尽早逮捕当事人、扣押货物，人们便只能在海事法庭诉讼。

当普通法法院察觉到海事法庭的强势并想抑制它时，已经为时已晚，在禁令中使用极端强硬的措辞也于事无补。比如1557年泰勒诉罗伯特案（In Re Tyrrell c. Roberts），该案中，原告委托被告在西班牙代表自己卖出一批衣服，但被告没有将收入交给原告，也没有任何解释，故原告在海事法庭提起诉讼。当地普通法法院得知此事后发出禁令，其中提到，原告、被告之间合同的签订地在陆上，本争议本和海事法庭无关，但海事法庭使用某种手段，强迫原告诉求和海事将军捆绑，导致他只能到海事法庭诉讼，被告也被使用非法手段强制到海事法庭应诉；后来海事法庭故意判决原告胜诉，使原告得到便宜，也就不在普通法庭寻求救济。[②] 可以看到普通法法院在捕风捉影，乃至假设海事法庭使用非法手段强迫当事人诉讼来指责海事法庭。1567年李诉哈特利案（Lee c. Hatley）则更为直白，该案中，原告在海事法庭起诉被告偿还债务，当地普通法法院得知此事后发出禁令，称原告没有尊重理查二世十三年法、十五年法，在海事法庭起诉的行为冒犯了被告；而海事法庭强迫双方出庭，已经违法；通过普通法法院处理纠纷才是正确的做法。[③] 无论如何为当事人说话、如何强调海事法庭违法，都难以改变海事法庭审理该案的既成事实。

---

① See Reginald Godfrey Marsden ed., *Select Pleas in the Court of Admiralty*, Vol. 2, p. lxxix.

② See Reginald Godfrey Marsden ed., *Select Pleas in the Court of Admiralty*, Vol. 2, p. 101 – 102.

③ See Reginald Godfrey Marsden ed., *Select Pleas in the Court of Admiralty*, Vol. 2, p. 134 – 135.

以海事将军贵族地位为基础，在普通法法院引用错误禁令的失误下，海事法庭通过自己高效、有力的司法流程赢得与普通法法院管辖之争的胜利，包括逮捕当事人、没收诉讼保证金等在内的诸多强势行为屡见不鲜。比如1538年威利斯诉费尔顿案（Wellys c. Felton），该案中，原告错误地将案件诉诸雅茅斯地方的市长和警长法院，海事法庭将原告逮捕，并向该地方法院发出中止执行令状。虽然该地方法院也向海事法庭发出禁令，但没有效果。① 1538年斯维尔诉诺曼案与之相似，该案中，原告、被告就一份签订于毕尔巴鄂（Bilbao）的合同产生纠纷，一开始该案在当地市长法庭审理，但海事法庭发现此事后，以藐视海事将军为由逮捕原告，原告只能缴纳保证金出狱；但后来原告依然在市长法庭诉讼，海事法庭由此没收保释金，并且向当地治安官发出禁令禁止该法庭继续审理。② 1535年斯特鲁斯诉斯雷特案（Struce c. Sleighter）则更进一步，该案中，被告抢劫了停在岸边的原告。原告向海事法庭起诉后，地方法院认为事情发生在岸上，便以理查二世十五年法为依据发出中止令状，要求海事法庭停止审理案件。但没有用，海事法庭在半年后作出了判决，并撤销该中止令状。③ 1555年普安尔诉必罗塔案（Poyntell c. De Billota）则更为强硬，该案中，被告卖给原告一艘船和一船腐坏的水果，但后来原告发现该船并非被告所有，因此将其告上海事法庭。海事法庭判决原告把船舶返还给原主人，被告则承担原告的损失，但被告不服，以亨利四世二年法为由到当地普通法法院起诉原告错误诉讼，要求双倍赔偿。最后当地法院作出判决，却没有任何效果，甚至都没有送达该案的原告、被告。④

但海事法庭在管辖之争中也并非全胜，虽然失败很少，但只要失败便是

① See Reginald Godfrey Marsden ed., *Select Pleas in the Court of Admiralty*, Vol. 1, p. 78 – 80, 203 – 205.

② See Reginald Godfrey Marsden ed., *Select Pleas in the Court of Admiralty*, Vol. 1, p. 75, 200.

③ See Reginald Godfrey Marsden ed., *Select Pleas in the Court of Admiralty*, Vol. 1, p. 45 – 47, 186 – 187.

④ See Reginald Godfrey Marsden ed., *Select Pleas in the Court of Admiralty*, Vol. 2, p. 94.

大败。比如1559年科尔克拉夫诉霍德案（Colclough c. Hound），该案中，加来普通法法院向枢密院起诉海事法庭，认为它侵占了自己管辖权，伊丽莎白一世亲自审理并撰写判决书，认为海事将军及其副官违反了理查二世十三年法、十五年法以及亨利四世二年法，判决罚款海事法庭价值诉讼标的2倍的价格，支付给原告；并发出中止执行令状，要求海事法庭立即停止一切针对该案的诉讼活动，遵守上述法令。但同时，原告在海事法庭起诉的行为同样违法，故罚款10英镑。① 最为惨烈的是1558年库姆斯诉温特普案，该案中，海事法庭与普通法法院同样就管辖事宜诉至咨议会，咨议会发出中止执行令状，准备调查案件。但海事法官不顾该令状径行判决，咨议会发现后大为不满，将涉及该案的海事法官、海事将军以及时任高级海事将军都传唤至咨议会接受质询。② 这两个案例都是闹到国王面前的管辖争议，并最终由国王或咨议会裁断。

从海事法庭争夺管辖失败的案例可以看到，王权是唯一可以调整海事法庭管辖的力量，国王颁发的特许状可以让海事法庭的管辖走向巅峰，也可以让它跌入谷底。

二、与地方政治势力之间的管辖权冲突

和普通法法院与海事法庭之间冲突的性质类似，地方政治势力与海事法庭之间的冲突也是地方城镇，尤其是港口城镇对抗海事法庭管辖扩张的一种表现，主要包括地方议会、议员、地方官等不满海事法庭管辖发生于城镇内的案件、城镇中市民。当然，这些政治势力有可能通过政治手段直接发难海事将军乃至高级海事将军，比如在议会提议取消或缩小海事法庭的管辖范围，但那不在本书讨论范围内，本部分所要讨论的，是他们如何使用司法手段与海事法庭对抗，以及海事法庭如何回击。

相比普通法法院，地方政治势力较少使用禁令对抗海事法庭，而是直接

---

① See Reginald Godfrey Marsden ed., *Select Pleas in the Court of Admiralty*, Vol. 2, p. 108 – 109.

② See Reginald Godfrey Marsden ed., *Select Pleas in the Court of Admiralty*, Vol. 2, p. 22 – 23.

就管辖事宜向咨议会或枢密院申请排除管辖的授权，拿到授权书后再发布令状。比如1539年约翰·霍德肖恩（John Hodgshone）案，该案中，霍德肖恩是约克的一名商人，在北方联盟（Northern Districts）经商，霍德肖恩因某些原因被强迫到海事法庭诉讼，但可能因该案确实与海事法庭无关，也可能因霍德肖恩对北方联盟来说过于重要，一个名叫F. 阿什顿（F. Assheton）的人致信咨议会，要求海事法庭不要处理所有有关霍德肖恩的案件。不到一个月，咨议会以授权阿什顿的形式答应了他的要求。接着阿什顿发布公告，称其有权向当地主教、教父（reverend father）罗伯特和北方联盟内的其他代表们发送中止诉讼/执行令状（supersedeas），可以要求他们中止所有关于霍德肖恩的诉讼或执行。[①] 当然，和普通法法院与海事法庭之间的对抗一样，也有双方诉至枢密院的情况。比如1559年格尼案，该案中，库克（Cooke）博士向枢密院控诉达特茅斯的议员格尼、韦柯姆（Wakam）、卡特（Cutt）未经海事法庭同意捕捞某些漂流物，市长和议员则认为自己因国王的授权自治而有权获得它们的所有权。枢密院认为，一方面，根据理查二世十五年法第3章，海事法庭无权干涉达特茅斯的自治；另一方面，现在达特茅斯拥有一位水上执行官（Water Bailiff/Bailiwick），拥有执行海事案件的能力；此外，达特茅斯在亨利八世时期是康维尔公爵的领地，根据康维尔公爵的特许状，他与达特茅斯一起共享海难以及所有与达特茅斯港相连水域的利益。因此，枢密院重申玛丽女王曾经申明过的规则，即海事法庭的法官不能涉足达特茅斯的案件，应让达特茅斯自行处理。[②]

其实，《大宪章》第13条就已规定英格兰的城市、港口拥有自治权；[③] 都铎王朝时期，伊丽莎白一世五年法也强调海事将军不得干涉五港同盟、港

---

① See Reginald Godfrey Marsden ed. , *Select Pleas in the Court of Admiralty*, Vol. 1, p. 77, 202 - 203.

② See Reginald Godfrey Marsden ed. , *Select Pleas in the Court of Admiralty*, Vol. 2, p. 110 - 113.

③ See William Sharp McKechnie, *Magna Carta: A Commentary on the Great Charter of King John, with an Historical Introduction*, Glasgow: Maclehose, 1914, p. 300.

口自治以及海关,[①] 因此，虽然都铎王朝时期国王支持海事将军与海事法庭扩张管辖，但由于港口自治来自更为古老的习惯，都铎王朝时期也有法令支持港口自治，咨议会、枢密院乃至国王在地方政治势力与海事法庭的对抗中支持地方城镇是可以理解的。这与普通法法院禁令中引用已经失效的王国法令形成鲜明对比。于是，可以看到许多港口城镇都拒绝海事法庭的管辖，并且不是在发生案件后对个案的争夺，而是像 1539 年约翰·霍德肖恩案那样直接向咨议会或枢密院申请授权书，例如 1566 年伊明赫姆港（Empringham）在格里姆斯比（Grimsby）拒绝海事将军管辖;[②] 又如 1566 年海事将军诉巴克尔案（Off. Dom. c. Barker）中，斯卡伯勒（Scarborough）的执行官拒绝执行海事将军关于扣押幸运玛丽号（Mary Fortune）的命令。[③] 甚至在 1567 年，需要海事法庭出具保证书，保证但泽港（Dantzic）可以收到释放一艘英国船的相应价款，才肯解除对该船的扣押状态。[④]

然而，海事法庭也并非毫无还击之力，海事法官们一边寻找港口城镇自治习惯的漏洞，一边拓展包括引用先例在内的新司法手段继续尝试扩张自己的管辖权。在 1544 年普利诉布朗案（Pury c. Browne）中，可以看到海事法庭发现了港口城镇自治习惯的漏洞。该案中，罗切斯特（Rochester）干扰海事将军在当地的一些海事服务，但这次海事法庭宣称，虽然罗切斯特确实有自治权，不在任何王室司法管辖范围之内，但该城镇的特许状中也提到，自治城市不得抵抗海事将军及其代理人，或其他与之相关的事情。[⑤] 这次罗切斯特并未向咨议会或枢密院进一步申诉。而在 1560 年，海事法庭与达特茅斯再起纠纷，海事法庭首次、可能也是唯一一次在判决中引用先例。该案法官

---

① See Statutes of the Realm, 5 Eliz. c. 5.

② See Reginald Godfrey Marsden ed., *Select Pleas in the Court of Admiralty*, Vol. 2, p. lxix.

③ See Reginald Godfrey Marsden ed., *Select Pleas in the Court of Admiralty*, Vol. 2, p. lxix.

④ See Reginald Godfrey Marsden ed., *Select Pleas in the Court of Admiralty*, Vol. 2, p. lxix.

⑤ See Reginald Godfrey Marsden ed., *Select Pleas in the Court of Admiralty*, Vol. 1, p. 125 – 126, 227 – 228.

刘易斯博士在判决中写到，1557 年曾有一艘装载量为 50—60 吨的船凭借卡特签署的通行证驶离达特茅斯，该市市长和其他人发出行政禁令，要求其回港，没有成功。后来该船在沿法国海岸航行的时候被捕获，在它被赎回并最终回英格兰后，关于该船的所有的诉讼事项都是由达特茅斯水上执行官处理的。因此，作为现任水上执行官，格尼也应执行海事法庭签发的逮捕约翰·艾尔沃斯的令状。由于格尼没有执行，刘易斯博士判决他藐视法庭，同时判决支持格尼和罗普（Rowpe）在达特茅斯诉讼的瓦卡拇（Wakam）的行为也违法，各罚款 40 先令、40 先令、5 英镑。[①] 虽然达特茅斯再次向枢密院申诉，海事法庭最终被指令不得再向达特茅斯签发该令状，但海事法庭这起案件至少可以表明，海事法庭始终在寻找各类方式拓展与巩固自己的管辖权，虽然会失败，但屡败屡战。

总体来说，海事法庭无法撼动港口城镇自治，也就无法将自己的管辖完全覆盖港口城镇。虽然与地方政治势力的对抗称不上成功，但也不算失败，因为还是有一些地方机关及其官员会配合执行海事法庭的判决、令状，除上文提及的 1544 年普利诉布朗案，还有 1566 年史密斯诉惠特案（Smythe c. Whit），该案中，彭布罗克（Pembroke）抓获了一名海盗，准备自行审判，但海事法庭认为应由自己审理，便向该市发出中止执行令状。该市市长接受并执行这一令状，并回信报告了执行情况。[②]

三、王权对冲突的介入及另行调整

王权，包括国王、枢密院、咨议会以及王室法庭在内，是海事法庭与其他法院、地方政治势力发生管辖争议的最终解决机构，有时也会自行调整海事法庭的管辖范围。例如，1570 年戴斯蒙斯特诉布尔加斯案（Desmounsteres c. Burgys），该案中，原告、被告就某物所有权发生纠纷，海事法庭判决原告

① See Reginald Godfrey Marsden ed. , *Select Pleas in the Court of Admiralty*, Vol. 2, p. 113 – 116.

② See Reginald Godfrey Marsden ed. , *Select Pleas in the Court of Admiralty*, Vol. 2, p. 135 – 136.

胜诉。由于被告是外国人，该案法官是受国王特别委任审理涉外国人案件的刘易斯博士，因此被告不服判决便向国王申诉，最后由伊丽莎白一世亲自给刘易斯博士发出禁令，认为该案不应由海事法庭管辖，原告构成藐视法庭，应将本案移交普通法法院。[①] 又如，1597 年法比亚诉索顿斯托尔案（De La Fabia c. Saltonstall），该案中，被告为关税征税人，原告起诉被告收取关税的行为给自己造成了损失。财税法庭发现此事后，给海事将军发出一份中止诉讼令状，命令他暂停此诉讼，理由是该案使被告无法正常收税，进而影响王室收入；尽管该诉讼尚未完毕，但王室债务优先于普通诉讼债务，应立即释放被告。[②]

虽然王权本身对海事法庭的管辖多有调整，在海事法庭与其他势力发生管辖冲突时裁决其他势力胜利的案例也不少，但这并不意味着王权在限制海事法庭的管辖扩张，而是一种变相的支持与提醒。一方面，在支持其他势力的判决中，引用的几乎都是理查二世时期已经失效的两部法律，这并不是王权疏忽大意不知道已经失效，而是在没有法律支持的情况下为了支持这些个案的不得已之举。另一方面，与王权支持其他势力的个案裁断相比，王权支持海事法庭管辖的方式更为全面与直接。比如 1570 年，伊丽莎白一世给伦敦市市长和警长的一封信中提到，她闻知他们在审理海事案件，但显然他们对于海洋没有足够的专业知识，还是应当将案件交给海事法庭；[③] 1584 年，伊丽莎白一世则写信给英格兰首席法官（chief justice），要求他尊重海事将军与海事法庭关于所有涉水案件的管辖权。[④] 相比裁断个案，直接给当地市长或普通法法院系统的首席法官写信，表明自己支持海事法庭的管辖，其实才是更为根本、更为直接，也是可以影响更多未来案件、而非

① See Reginald Godfrey Marsden ed. , *Select Pleas in the Court of Admiralty*, Vol. 2, p. 140 – 142.

② See Reginald Godfrey Marsden ed. , *Select Pleas in the Court of Admiralty*, Vol. 2, p. 181 – 183.

③ See S. P. Dom. Eliz. Vol. iii, so 39. 转引自 Reginald Godfrey Marsden ed. , *Select Pleas in the Court of Admiralty*, Vol. 2, p. xx。

④ See *Copy of a Letter from Queen Ehzaheth to the Chief Justtce of Englancl with Reference to the Jurisdiction and Business of the Admiralty Court*, English Reports Vol. 167 – Ecclesiastical (1752 to 1857), Admiralty (1776 to 1840), and Probate and Divorce (1858 to 1865), p. 550.

仅仅个案的做法。而之所以在某些个案中裁断其他势力胜利，或是由于王权觉得个案确实应由其他势力管辖，没有理由支持海事法庭；或是由于海事法庭过于强势，影响其他势力的正常司法业务；或是由于海事法庭已经触及王室利益，必须提醒不可触犯这一底线。这些看似单方的、强制的裁断不仅没有阻碍海事法庭扩张管辖，反而规整了它的管辖边界，促进了良性发展。

或许有人会问，信件不是法令，也不是令状，没有法律效力，仅靠国王的威望，地方势力真的会执行吗？如果执行了，又为何会有那些申请咨议会或枢密院裁断的管辖权案件？这样的担心不无道理，也确实发生了。虽然国王发出那些信件，但普通法法院并不理睬，仍然以禁令的方式对抗海事法庭管辖。[①] 海事法官也曾效仿国王，分别于 1582 年、1584 年、1589 年、1591 年多次写信给南、北、西各城市或港口，要求地方保证海事法庭审判所有的海盗案件，[②] 也没有效果。甚至在 1585 年，普通法法院将刘易斯法官告上星室法庭，指控他藐视法庭，因为他逮捕了本在伦敦法院受审的一起案件的被告。刘易斯博士十分委屈，出具 2 点答辩意见：一是普通法法院的诉由是禁令，而它之前发给海事法庭要求停止诉讼的令状是错的；二是根据亨利八世三十二年法第 14 章以及国王于 1579 年 2 月 11 日给他颁发的特许状，他有权审理涉及运费的案件，该案确实涉及运费，因此他有权审理。[③] 虽然刘易斯博士最后被无罪释放，但仍可以看到地方并没有贯彻执行国王信件的要求与精神。

王权不是没有使用过强硬手段落实海事法庭管辖。比如 1548 年，王座法院就曾向达特茅斯法院发出复审令（certiorari），要求已在当地法院处理完毕的案件移交海事法庭，同时惩罚该法院与案件原告恶意规避管辖的行为，[④]

---

① See Reginald Godfrey Marsden ed. , *Select Pleas in the Court of Admiralty*, Vol. 2, p. xiii.

② See Reginald Godfrey Marsden ed. , *Select Pleas in the Court of Admiralty*, Vol. 2, p. xiii.

③ See Reginald Godfrey Marsden ed. , *Select Pleas in the Court of Admiralty*, Vol. 2, p. xv.

④ See Reginald Godfrey Marsden ed. , *Select Pleas in the Court of Admiralty*, Vol. 2, p. lxv.

但王权本就极少使用这一令状，当地法院也并不以之为“先例”，甚至该令状可能连威慑力都没有。

这一现象表明，虽然王权是管辖争议的最终解决途径，但只能解决个案，无法消除争夺管辖的现象。刘易斯博士的遭遇十分典型，1575 年，刘易斯博士给伊丽莎白一世写信，表示地方行政官员不断干预案件管辖，他所收到的费用已经有所下降。[①] 于是，国王在 1579 年给予他特许状，可以审理运费以及其他各类海事案件。[②] 在这样的情况下，地方不仅没有尊重国王特许状，甚至变本加厉将刘易斯博士诉至星室法庭，可见地方势力并不在意任何管辖方面的特许状、法令以及信件，只要它们认为自己的管辖权受到侵害，就会用各种方式阻碍海事法庭的管辖，保障自己的利益。

因此，王权并非不想彻底处理管辖争议，而是无法管控地方势力，海事法庭自然也无法将管辖完全覆盖地方。从这个角度来看，支持海事法庭扩展管辖确实始终是王权在海事司法领域的宗旨，但考虑到缓和王室与地方的矛盾，在以信件的方式支持法庭的实际运作的同时以个案支持的方式安抚普通法法院或地方政治势力，这样的做法既是缓和各方利益冲突的考量，在一定程度上也是无奈之举。

其实，王权层面支持海事司法，除满足与顺应包括政治、经济等方面的“都铎动因”外，还有推广海事司法规则的目的，海事司法规则本身确实可以更好地维护涉水案件中当事人的权益。最典型的便是 1531 年巴克尔诉梅纳德案（Barker c. Maynard）。该案中，案外人吉尔伯特（Gilbert）租给被告一艘船出海捕鱼，并借给他 20 英镑现金与价值 20 诺布尔（Noble）的盐，用来腌制捕到的鱼，原告是该船船长。被告回程后，案外人吉尔伯特立即申请达特茅斯法院扣押船上货物，要求抵偿被告的借款，并获得胜诉。但由于原告及其船员工资尚未支付，原告向海事法庭起诉，要求被告支付工资，同时认为吉尔伯特与时任达特茅斯市市长安东尼（Anthony）藐视法庭，擅自处置

---

① See Reginald Godfrey Marsden ed. , *Select Pleas in the Court of Admiralty*, Vol. 2, p. xiii.

② See Reginald Godfrey Marsden ed. , *Select Pleas in the Court of Admiralty*, Vol. 2, p. xiii.

该批货物，侵犯了海事法庭的管辖权。当地城市法院和海事法庭就此开始争夺管辖权。两家法院互发禁令，吉尔伯特甚至还向大法官申请中止诉讼令状。争夺未果，海事法庭按照自己的诉讼程序作出支持原告的第一次判决，吉尔伯特得知后立即向衡平法院提起申诉，国王亲自受理该案。国王准确地梳理出该案争议焦点，即海员的工资以及出租人的借款之间，哪个应有优先受偿权，支持前者应适用海商法审理此案，该案应由海事法庭管辖；支持后者则应适用普通法审理此案，该案便应由普通法法院管辖。最后，国王认为，应根据民法支持船员工资的优先受偿，海事法庭的判决有效，该案应由海事法庭处理。[①] 在今天的海商海事法律中，船员薪资仍在船舶各类优先权中居于首位，这一判决极具远见，无疑是利于海运以及国际贸易发展的。

---

① See Reginald Godfrey Marsden ed. , *Select Pleas in the Court of Admiralty*, Vol. 2, p. xlii – xliii.

第四章 都铎王朝时期海事法庭的法律适用

欧洲各地在16世纪通过商事法院、海事法院实现商法、海商法的本土化是学界共识，英格兰也是如此。以霍兹沃斯为代表，他认为中世纪晚期欧陆各地商事法院、海事法院都在既有罗马法和海商法传统基础上，像英国普通法法院创造普通法那样，结合各国、各地区不同情况创造新的商事、海事规则，英格兰也是如此，且主要由海事法庭承担这一工作。[①] 那么，都铎王朝时期英格兰海事法庭对哪些规则、习惯做了本土化适用？怎样适用？又确立了哪些本土化的规则、原则？

学者们对本土化后的英格兰海商法有不同的认识。部分学者与霍兹沃斯一样，认为海商法的形成和普通法的相同，比如爱德华·科克认为海事法庭也是一种普通法法院，海事判例中的规则也就是英格兰海商法。[②] 其他学者的观点则多有不同，比如斯塔布斯认为，海事法庭是海军的附属产物，基本作用是管控海盗，其规则便以处理海盗案件为中心；[③] 普尼认为《海事黑皮书》中记载的《奥列隆法典》、《康索拉多海商法》、《奥斯特林海商法》以及《海洋习惯汇编》（The Customs of the Sea）等都既是海事将军与海事法官们的行政与司法手册，也是英格兰海商法；[④] 布莱克斯通认为，海事法庭是英国的

---

① William Searle Holdsworth, *A History of English Law*, Vol. 5, p. 77.

② Edward Coke, *The Fourth Part of the Institutes of the Laws of England Concerning the Jurisdiction of Courts*, p. 134 – 146.

③ W. Stubbs, *The Constitutional History of England*, *in Its Origin and Development*, p. 286 – 290.

④ W. Prynne, *Brief Animadversions on*, *Amendments of*, *& Additional Explanatory Records to*, *the Fourth Part of the Institutes of the Lawes of England*, *Concerning the Jurisdiction of Courts Compiled by the Late Famous Lawyer*, *Sir Edward Cooke*, *Knight...* p. 75 – 133, 339 – 413.

捕获法庭，其核心规则是捕获法;[1] 蒂莫西（Timothy）认为，当时海事法庭适用的是海洋法，是英格兰将海洋纳入法律规制后出现的一种法律;[2] 塞尔登认为，海事法庭主要适用罗马法;[3] 威廉·西尼尔（William Senior）也认为，海事法庭适用欧陆民法是常识，至少都适用《奥列隆法典》以及地方海事习惯。[4]

学者们似乎混淆了海事判例、海商法典、海事习惯与英格兰本土海商法之间的复杂关系。不少学者将海事判决视为英格兰本土海商法，诚然，在普通法系的语境下，法官造法是顺理成章的，但一方面，时间在后的海事案例几乎没有引用过时间在前的同一类型判例，海事判例没有普通法判例那样的法律效果；另一方面，尽管海事法庭优先适用《奥列隆法典》和欧陆民法，海事法庭的判决却不完全服从当时的海商法典或海事法规。也就是说，海事判决确实表达了部分英格兰本土化的海商法规则，海商法典、成文立法、海事习惯中的其他规则也仍然有效。其实，不论适用对象是判例、习惯、制定法还是国际条约，都可以从中挖掘海事法庭以传统海商海事习惯为基础结合英格兰本地情况做出的一系列创新与协调，这些创新与协调或许就是海事法庭发展英格兰本土海商法的主要方式与内容。本章将从对海事法庭法律适用的一般认识出发，分析海事法庭的司法原则、司法规则；又根据海事法庭所适用的具体法律、习惯，分别从“外国法”、国内法以及国际条约三方面分析司法规则。

第一节　都铎王朝时期的海事司法原则

司法原则是法院或法官在适用法律时的根本指导，在探究海事法庭适用

---

① William Blackstone, *Commentaries on the Laws of England*, *Commentaries on the Laws of England*, *In Four Books*, book Ⅲ, p. 659.

② Timothy J. Runyan, *The Rolls of Oleron and the Admiralty Court in Fourteenth Century England*, American Journal of Legal History, Vol. 19, No. 2, 1975, p. 95 – 111.

③ John Selden, *The Dissertation of John Selden*, *Annexed to Fleta*, p. 172.

④ William Senior, *Doctors' Commons and the Old Court of Admiralty*: *A Short History of the Civilians in England.*

了哪些具体海商规则之前，需要先明确它的司法原则，亦即适用方法。

16 世纪欧陆商事法院、海事法院已形成保障公平与追求效率两大司法原则。16 世纪，虽然欧陆民法中有诉讼规则，但似乎并不强制适用于商事案件。为了保障商人利益、提高商业效率，欧陆商事法院、海事法院便从商人需求出发，确立诉讼程序应当简单高效、法律应当公平两大基本原则。[①] 在两大原则的影响下，各法院不断精简诉讼程序，有的不要诉状、不总结争议焦点，甚至精简掉上诉程序，只要保证当事人能陈述自己的诉求和答辩意见，其程序就算合法有效。[②]

但海事法庭没有也无法继受欧陆的两大原则，只能自行发展。英格兰海事法庭不是由商人组成的自治法院，又由于适用令状制度，无法突破其固定、僵化的程序规则，没有也无法继受欧陆极其高效的程序，欧陆司法原则也就没有在英格兰落地。但是，保障商人利益、提高商业效率的需求还在，海事法庭便对令状制度做出许多变通，从而确立一系列海事司法原则。

需要说明的是，当时商事、海事法院的司法原则是同时涉及实体与程序规则的笼统法律原则，只因其由商事、海事法院自行发展适用而称其为司法原则。从现代的眼光来看，16 世纪欧陆商事法院、海事法院保障公平与追求效率两大原则既包含实体法原则，也包含程序法原则，而现代所称司法原则一般仅指程序法原则。但是，不能将现代观念套用于当时的情况，因为当时诸多海商法典、海事习惯都是实体与程序规则的混合，也就没有两大原则。

此外，学者们似乎常常忽视海事法庭的司法原则，原因可能在于 16 世纪英格兰其他法院的司法原则都还不甚清晰，学者们便习惯性地认为海事法庭的司法原则也是如此。都铎王朝时期英格兰大多法院的司法原则都还不甚清晰，比如此时的普通法尚未确立遵循先例原则，无论是上级法院的判例还是同级法院的判例，都只是法官的参考，不具有拘束力。[③] 虽然国王或海事法

---

① William Searle Holdsworth, *A History of English Law*, Vol. 5, p. 83.

② William Searle Holdsworth, *A History of English Law*, Vol. 5, p. 52.

③ 程汉大、李培锋：《英国司法制度史》，清华大学出版社 2007 年版，第 74 页。

官从未正式说明过海事司法原则，但它其实已经相当明确，可以在海商法典与司法实践中找到它们的踪迹。

一、海事司法原则的形成与表现

从令状与《奥列隆法典》中，可以清晰地看到都铎王朝时期海事法庭拥有三大司法原则。

（一）高级海事将军签发海事法庭令状原则

令状制度是当时英格兰所有法院都须遵循的基本司法原则，海事法庭未能例外。但一方面，签发海事法庭中起诉、逮捕、执行等令状的都是高级海事将军，而非国王或大法官，海事司法具有独立性；另一方面，高级海事将军签发不少海事特色令状，比如要求所有港口协助抓捕海盗的逮捕令状、发生船货全损时可以帮助船长直接申请保险的交易验证令等，这些特色令状突破普通法，调整了诉讼程序，使海事司法形成区别于其他法院的海事诉讼程序。① 因此，高级海事将军签发海事法庭令状这一行为应是在当时英格兰令状制度下存在于海事司法的一项独立原则，海事法庭中的令状均需由高级海事将军签发、海事特色令状则可以调整诉讼程序。

当然，五港同盟海事法庭的令状由其海事将军统一签发，虽然头衔有所不同，但五港同盟海事将军在同盟内的地位、作用和英格兰高级海事将军的几乎一样，甚至更高，因此头衔的不同不影响这一原则的成立。

虽然没有官方材料说明确立这一司法原则的目的，但仍可以根据海事特色令状的效果展开合理推测。比如交易验证令，它突破先判决、后执行的程序，在判决之前就赋予当事人相应权利，优先实现商业效率而非公平正义，满足了商人尽快获得救济的需求；协助逮捕令状则突破受案法院只能逮捕、执行本辖区海盗的管辖限制，为追回商人被海盗劫掠的货物、保障商业利益提供有力支持。在当时，其他法院突破普通法僵化令状制度的行为并非个案，

---

① See Reginald Godfrey Marsden ed. , *Select Pleas in the Court of Admiralty*, Vol. 2, p. lxxxi.

衡平法院便是一例；[①] 同时，这些令状都提高了司法效率、维护了商人利益，这一原则的目的或许也就在于促进商业效率、满足商人需求。当然，由于这些令状都仅由高级海事将军而非国王签发，因此除非被其他法院认可，其效力很可能仅限于在海事法庭诉讼的当事人。

当然，突破普通法并不一定都起到积极效果，海事特色令状有不少显而易见的负面影响，所幸它们都没有影响上述目标的实现。比如交易验证令中，先执行后审判的做法无疑牺牲了法院调查、审判的正义价值；再如协助逮捕令状则会给其他地区的海事法庭、海事将军增加司法负担。但从效果来看，使用这些令状的案例中没有出现当事人基于令状提起上诉的情况，[②] 因此，可以认为这一原则在整个都铎王朝时期都得到了坚持。

与衡平法院相比，高级海事将军签发海事法庭令状原则对普通法的突破更为彻底。尽管衡平法院同样突破了僵化的普通法，但一方面，大法官始终以公平、正义为根本价值目标，而非商业、商人利益；[③] 另一方面，大法官更注重调整具体规则、基于当事人实体法救济，并不关注程序的便捷化。因此，虽然海事法庭没有彻底摆脱令状制度，但这一原则在价值追求与程序两个层面都有所突破，也就比衡平法院对普通法的突破更为彻底。

从这一点来看，虽然高级海事将军不是大法官那样专职司法的职位，到都铎王朝后期也较少参与审判，但赋予他签发海事特色令状的权力并坚持这一原则恰恰使海事司法可以不受公平正义价值观念以及普通法令状的束缚，在司法活动中将商业、商人摆在首位，同时创造符合商人需求的新令状。诚如约翰·坎贝尔广泛使用“有能力”一词称赞都铎王朝时期高级海事将军，[④] 他评价爱德华·霍华德为“海事才能卓著、有能力的治国之才”，评价托马

① 高鸿钧：《英国法的域外移植——兼论普通法系形成和发展的特点》，载《比较法研究》1990 年第 3 期。

② See Reginald Godfrey Marsden ed., *Select Pleas in the Court of Admiralty*, Vol. 2, p. lxxxi.

③ 叶秋华：《论英国法制传统的形成与英国法体系的确立》，载《法律文化研究》2020 年第 1 期。

④ 即“able”。

斯·霍华德为“勇敢、经验丰富、有能力的将军”。①

从现代眼光来看，这一原则与现代商法的价值追求一致。一般认为，现代商法包括交易安全与商业效率两大基本原则，在商事规则、商事仲裁程序等法律法规中有着广泛体现。高级海事将军签发海事法庭令状原则将发展商业、维护商人利益作为首要目标，公平正义以及司法负担等次之，虽然没有直接提及交易安全、商业效率，但现代商法中的两大价值也是以发展商业、维护商人利益为根本目标，因此，高级海事将军签发海事法庭令状原则与现代商法的价值追求具有一致性。

（二）道德良心（good conscience）原则

这一原则来自《奥列隆法典》，有多个条款提到它。比如其第 25 条，“如果地方领主和引航员恶意勾结，将船舶引向礁石造成船难，虽然根据习惯，地方领主有权获得漂流物或救助费，但这与道德良心相悖，因此如果发生这种情况，应将上述领主、引航员逐出教会，并唾弃、诅咒他们，判决引航员死刑并当众绞死”；再如第 29 条，“如果有遭遇船难的船舶、海员临时停靠岸边，虽然根据习惯，当地领主不得逮捕船员、抢占货物，但根据道德良心，施以援手的领主或其他人应得到一定的酬劳”；还有第 30 条，“如果船舶在进港时不幸遭遇船难，该船的残骸与货物必须保存 1 年以上，如果有货主认领，则交还主人，如果没有，则通过拍卖程序出售，获得的钱款应根据道德良心施舍给穷人，若还有剩余，也应用在慈善事业”。② 在案例中也有体现，比如 1578 年罗伊阿尔商人号案（Roiall Marchant），该案中，船东雇用一批船员开展一段航程，但船东没有给船长薪资，所以船员直接起诉船东。该案原本在普通法法院处理，但后来枢密院发给刘易斯博士和其他人接收案件的令状，因为原告十分贫穷，要求刘易斯博士等基于善意（charity）免费

① 原文为“He had great skill in maritime affairs… was an able statesman”与“He was… an able general”，参见 John Campbell，*The Lives of the British Admirals*，p. 161，173。

② The Rules of Oleron（*circa* 1266），参见 http：//www. admiraltylawguide. com/documents/oleron. html，最后访问时间：2021 年 9 月 12 日。

审理此案，此外还要求要公平公正，避免被告上诉。[①] 其中枢密院便是以道德良心原则要求海事法庭不收取诉讼费。可以看到，道德良心原则在《奥列隆法典》和案例中均有表述，主要涵盖善意引航、善意救援、救济穷人等内容。

从形式上来说，这一原则与高级海事将军签发海事法庭令状原则显著不同，前者被记录在海商法典中，且得到法官、官员等的明确表述；但后者则是习惯，主要通过海事特色令状得到体现。此外，这一原则似乎是西欧的独创，在当时欧洲其他地区的海商法典，比如《罗德海法》《奥斯特林海商法》《巴塞罗那海事规则》中，均没有类似表述。[②]

确立这一原则的原因已经被遗忘，或如有的学者所说，只是单纯想把不近人情的规定变得温和。[③] 但还有一种解释是促进商业发展、保障商人利益。从《奥列隆法典》第25条、第29条、第30条可以看到，道德良心原则意在避免引航员与领主恶意串通损害他人生命财产的旧习，[④] 鼓励岸边居民打捞、拯救货物，并给予货主充足时间认领自己的货物，在包括船东、船员以及商人等海上贸易参与人中，只有商人最直接、最全面地享受道德良心原则产生的积极效果，这一原则的目的或许也就在于保护商人、维护商业。

若上述分析可以成立，那么这一原则的目标便与英格兰重商主义政策相匹配。托马斯·孟（Thomas Mun）曾强调，如果用英格兰自己的船出口货物，可以大大提高价值，[⑤] 航运安全成为重商主义政策的核心需求。英国与

---

① See Reginald Godfrey Marsden ed. , *Select Pleas in the Court of Admiralty*, Vol. 2, p. 40.

② 《罗德海法》参见 The Rhodian Law, http://www.stexboat.com/books/maritime_law/Rhodian_Law_Sea.htm，最后访问时间：2021年10月15日。《奥斯特林海商法》参见 Travers Twiss, *Black Book of the Admiralty*, Vol. 4, p. 373 – 375。《巴塞罗那海事规则》参见 A. de Capmany ed. , *Memorias Sobre la Marina*, *Comercio*, y Artes de la Antigua Ciudad de Barcelona, Vol. Ⅱ, 1779, p. 23 – 39。

③ ［英］威廉·布莱克斯通：《英国法释义》（第1卷），游云庭、缪苗译，上海人民出版社2006年版，第320页。

④ ［美］詹姆斯·W. 汤普逊：《中世纪晚期欧洲经济社会史》，徐家玲等译，商务印书馆2017年版，第200页。

⑤ ［英］托马斯·孟：《英国得自对外贸易的财富》，袁南宇译，商务印书馆1997年版，第7页。

欧陆隔海相望，本土市场相比欧陆小得多，更不像阿马尔菲、威尼斯那样身处贸易要道，这些导致到英格兰开展国际贸易的商人本就不多，如果不增加保护商人生命与财产的措施，任由引航员、领主等为非作歹，将严重威胁英格兰船只安全出口。确立道德良心原则不仅可以在个案中有效保护商人利益，更可以营造出善待商人、积极拯救商品的氛围，为本土市场构建健康、良善的营商环境，也就与重商主义政策中鼓励产业出口、建立海外市场等内容相匹配。

这一原则与英格兰船难立法相呼应，道德、良心的人性观念似乎在都铎王朝时期的海商海事领域格外受到重视。虽然目前没有材料证明二者之间的关系，但英格兰国内关于船难认定标准的法律与这一原则有异曲同工之妙。爱德华一世三年法规定：只要有活物得以生还，不论是一个人、一只猫还是一只狗，都不应视其为船难。[①] 这样一来，只要有活物生还，即使商人的货物没有做任何标记，也不会被认定为船难货物，从而不会被其他人主张拾得，不会导致无法救济商人；即使他人捡到后提起时效取得漂流物程序，商人只要在 1 年之内认领，也可收回属于自己的货物。这一规定将原先只要没有活人即视为船难的传统海事习惯，调整为只要有活物就不能视为船难的法律规则，背后同样具有道德、良心的人性化考虑。

但道德良心原则和船难的“猫/狗认定标准”在都铎王朝时期得到贯彻的方式是不同的。船难认定标准，主要通过商人约定予以定向落实。比如在 1532 年的一份租船合同中，双方约定由船东提供一只狗或一只猫等船舶必需品，其目的便在于寻求船难“猫/狗认定标准”的保护。[②] 但道德良心原则作为一种司法原则，由法官在审判中自行适用，无须商人专门约定。比如在 1541 年朗姆尼诉伍德案（Rumney v. Wood）中，船舶因引航员重大过失而搁浅，引航员随后被逮捕入狱，判处 1 年徒刑，虽可以保释，但只有海事将军同意才可以重操旧业。这一案件无法在《奥列隆法典》中找到可以直接适用

---

① See Statutes of the Realm, 3 Edw. Ⅰ. c. 4.

② See Reginald Godfrey Marsden ed., *Select Pleas in the Court of Admiralty*, Vol. 1, p. 37 – 38.

的规则，但法官在判决中写到其依据是海洋法律（Laws of the Sea），极可能就是适用了道德良心原则。[①]

由此也可以看到，与衡平法中的公平、正义原则相比，虽然道德良心同样带有极强的个人价值判断、自由裁量空间极大，但因为它被明确写入法典，当适用这一原则时，即使没有可以直接引用的法条，海事法官仍然会说明自己的判决依据来自海洋法律，而非单纯的公平正义观念。

而从现代的眼光来看，这一原则与当代商法原则并不契合。当需要调整容易导致恶意串通毁损商人财产的规则时，现代商法往往通过平等、诚信等原则，而非道德良心。固然，现在商业道德常常被认为是商法的基础价值之一，似乎和道德良心原则一样。但其实，现在所称商业道德和都铎王朝时期海事法庭的道德良心原则不同，前者规制买卖交易行为，保证平等交易、价格公道、诚信经营等；而后者规制容易引起不人道后果的规则，强调保护弱者，维护商人、商品在海上运输过程中的安全，而非交易行为合乎理性。因此，都铎王朝时期英格兰海事司法中的道德良心原则与当代民事法律中的公序良俗原则更为接近，都强调社会一般道德，法官也以此原则把控人性的底线。

（三）合理（good reason）原则

这一原则同样出自《奥列隆法典》，比如第 3 条规定，如果船舶不幸搁浅，船员们尽力拯救了部分货物，那么应当允许他们携带合理部分的货物自行回国；又如第 37 条，如果有人在沙滩上捡到死鱼，应充分考虑拾得地的习惯决定其归属，按一般习惯，领主可以获得一定份额，但考虑到拾得者只是必须遵守这一习惯，因此领主获得的份额应当合理。[②] 在司法实践中也有体现，比如在海事法庭第一次审判之后，一般由债务方在合理时间内执行判决，如果没有执行或执行不到位，则由债权人申请第二次审判。此外还有扣押环节，如果有案外人对扣押的货物主张权利，那么也可以在合理时间内向就近

---

① See Reginald Godfrey Marsden ed., *Select Pleas in the Court of Admiralty*, Vol. 1, p. 102 – 105, 213 – 216.

② The Rules of Oleron (*circa* 1266).

的法院提起对物诉讼。[①] 总体来说，合理原则主要功能在于平衡当事人权利义务分配和调控审判合理性。

合理原则分布在搁浅、海滩拾得物以及两次判决间隔时间等方面，较为散乱，表面上看仅有最后一项可能与商业发展相关。关于搁浅与海滩拾得物的规定似乎和商业没有直接联系，它们意在平衡当事人之间的权利义务，避免因相关物品的分配发生纠纷。但两次判决之间合理间隔时间的规定可能与商业有着密切联系。都铎王朝时期王室与商人的资金都十分紧张，大额借款普遍需要较长的时间周转，[②] 因此，考虑到许多商事案件的被告人并非没有财产，而是资金周转不良，直接让其赔偿虽合法却不利于商业发展，便通过两次判决之间的合理时间给商人充足时间筹集资金、找到保证人等，解决纠纷的同时降低商人信用下降乃至破产的危险。

但还有一种解释是，随着案件增多、令状增多，合理原则已成为海事法官的常识判断，渗透进海事司法的每一个环节，也就没有必要刻意强调它与促进商业、保护商人利益之间的关系。在欧陆，商事法院、海事法院普遍追求极度高效的司法程序，常常会忽略商人对公平正义的需求；[③] 而在英格兰，囿于不可动摇的令状制度，虽然司法程序极其重要，稍有差池便可令判决失效，但这些具体规则过于僵硬，失去生成司法原则的空间。[④] 在这样的情况下，海事司法要同时弥补欧陆商法与令状制度的不足，可以调整适用任何程序、规则的合理原则无疑是最好的工具。于是，随着案件增多，合理原则逐渐成为海事法官发布令状、签发命令、作出判决、开始执行的常识判断，散落在海事司法的各个环节。比如发生搁浅时船员如何自救、在领地的拾得物

---

① 分别可参见第二章第一节第二部分与第三节第一部分提及的协助逮捕令状与1534年戴尔诉特洛恩案。See Reginald Godfrey Marsden ed., *Select Pleas in the Court of Admiralty*, Vol. 1, p. 181 – 184; Vol. 2, p. 1 – 5.

② 赖建诚：《王室与巨贾——格雷欣爵士与都铎王朝的外债筹措》，浙江大学出版社2015年版，第99页。

③ William Searle Holdsworth, *A History of English Law*, Vol. 5, p. 52.

④ 叶秋华：《论英国法制传统的形成与英国法体系的确立》，载《法律文化研究》2020年第1期。

如何分配以及两次判决之间的时间等问题，既不能像欧陆那样完全由商人决定，也不能完全依赖司法程序，便需要合理原则从中协调。其实，搁浅、拾得物也都与商品、商业间接相关，只是不单纯地保护商品不受损失，而是允许将部分商品用以维持船员生存以及允许领主获得合理份额，最终的效果仍然是促进船员尽职航行以及促进领主、居民尽力抢救货物，起到促进商业、保障商人利益的作用。

（四）小结

总体来说，都铎王朝时期英格兰海事司法的三大原则和当代普通法系、大陆法系的司法原则均有一些差别，也均有重要联系，或许正是这种模糊不清的关系使学者们常常忽略海事司法原则的存在。虽然高级海事将军签发海事法庭令状原则没有突破令状制度，道德良心原则与当代公序良俗原则相近，合理原则与自由裁量权类似，但它们或已不存在，或存在于其他部门法中，这些相近或类似之处也十分薄弱，学者们无法将这些原则与当代国内法或国际海事法建立起源或发展的关系，[①] 也就普遍忽视海事司法原则的存在。

而从比较法的视角来看，三大原则虽然具有一定杂糅性，却在海事法庭和谐共生。有学者指出，大陆法系法官与英美法系法官在法律适用中的核心区别之一，在于严格遵循法律和自由裁量：大陆法系法官只能在立法者框定的范围内适用法律，不能突破，必要时甚至要改变案件事实使其与法律相契合；而英美法系的法官拥有极大的自由裁量权，可以根据公平正义原则调整所适用的法律。[②] 二者似乎无法相容。但是，可以看到，来自《奥列隆法典》的道德良心原则和合理原则符合大陆法系的特点，海事法庭令状则具有典型的英美法系特点，三大原则并没有因各自鲜明的特点而格格不入，而是在海事法庭实现和谐共生：道德良心原则与合理原则没有受法确定性的束缚，与

---

① F. J. J. Cardwallader, *The Court of Admiralty and Equity*: *Principles and Practice of Maritime Law*, RSA Journal, Vol. 138, No. 5402, 1990, p. 119－133.

② ［美］约翰·亨利·梅利曼：《大陆法系》（第2版），顾培东、禄正平译，法律出版社2004年版，第53页。

自由裁量权融合在一起；海事特色令状则反而成为海事法官不能随意突破的程序规范。

然而，令人遗憾的是，这三大原则与当代海事司法几乎没有联系，原因可能在于当代海事司法很少有原则。当代海事司法呈现出极强的实务性，即以海商海事领域的实务问题，比如提单、船舶碰撞、船舶污染等构建具体规则，需要调整时往往另行制定规则，在国内立法或国际公约中也就很少见到海事司法原则。[①] 造成这一现象的一部分原因是海商法逐渐不被单独立法，比如在《法国商法典》《德国商法典》的演变中，海商法逐步不被独立成编，而是被吸收进合同、运输等部分，导致海事司法原则融入民法、商法等法律的原则；[②] 另一部分的原因则可能是随着海上贸易发展，国际海商海事规则、习惯已经足够满足海上贸易的配套立法需求，既无须司法原则的调控，也无须各国创造本土规则，即使有规则需要调整，也可以通过国内民法、商法或国际私法进行调整，海事司法原则也就失去了生存的空间。

但无论如何，都铎王朝时期英格兰海事司法原则都对保障商人利益、提高商事效率、促进商业发展起到关键作用，有的更是以之为首要目标。那么，在都铎王朝100多年的时间里，它们是否一成不变？如果不变，海事法庭的适用方式与侧重又是否始终如一？

二、司法原则的变化及侧重

都铎王朝时期，海事法庭的三大司法原则并非一成不变，随着英格兰对外贸易的彻底放开、海上争霸愈演愈烈，它们都产生了一定的变化。

（一）高级海事将军签发海事法庭令状原则的变化

16世纪中后期，海上捕拿特许证（letter of marque）、报复性劫掠证书

---

① 李天生：《初论海商法的基本原则》，载《河北学刊》2012年第6期。

② 聂卫锋：《〈法国商法典〉总则述评——历史与当下》，载《比较法研究》2012年第3期；王彦：《德国海商法的改革及评价》，载《中国海商法年刊》2015年第2期。

(letter of reprisal）以及船难物品评估令状（warrant to appraise wreck）被补充为海事特色令状。

一方面，16 世纪下半叶，海上捕拿特许证、报复性劫掠证书成为新型海事特色令状。1558 年，国王授予时任高级海事将军爱德华·克林顿“为更好统管船队和军队而颁布条例与法律”的权力，用来“惩罚和关押行为不良者以及终局性地处理金钱与犯罪诉讼”。[①] 高级海事将军确实颁发了一些条例或命令，而在海事令状方面，海上捕拿特许证、报复性劫掠证书由国王转移至高级海事将军及其法庭签发，成为新型海事特色令状。较为著名的比如约翰·霍金斯（John Hawkins）的证书，他于 1568 年 5 月 20 日在海事法庭起诉，要求海事法庭补偿自己在维拉克鲁斯（Vera Cruz）被西班牙人劫掠而受到的损失，海事法庭无能为力，便给他颁发海上捕拿特许证，他拿到后从此无所顾忌地在大西洋畅快航行，他的特许证似乎是英格兰海事法庭首次以司法程序颁发的海上捕拿特许证。[②] 又如 1569 年，高级海事法庭授予威廉·文特尔（William Winter）和乔治·文特尔（George Winter）海上捕拿特许证，允许两位当事人捕获葡萄牙的船舶和货物来补偿自己的损失。[③]

将签发这类证书的权力下放至高级海事将军及其法庭的原因主要在于案件增多，也确实起到终结执行的效果。16 世纪下半叶捕获案件、海上劫掠案件暴涨，[④] 国王不再有精力审核、颁发每一份海上捕拿特许证或报复性劫掠证书，便委任高级海事将军及其法庭负责相关事宜。而作出这一调整的最终目的，是促进高级海事将军“终局性”地处理各类诉讼，亦即终结执行。相比在协助逮捕令状的语境下逮捕海盗、返还当事人物品可能遥遥无期，海上

① 原文为“to hear and determine all causes and businesses which belong to the office of lieutenant general upon the sea; to make ordinances and statutes for the good rule of the fleet and army, to punish and imprison delinquents and deal finally with capital and criminal causes”。See *Calendar of the Patent Rolls Preserved in the Public Record Office*, Vol. 4, 1557 – 1558, p. 12 – 13.

② See Reginald Godfrey Marsden ed., *Select Pleas in the Court of Admiralty*, Vol. 2, p. xviii.

③ Reginald Godfrey Marsden, *Documents Relating to Law and Custom of the Sea*, The Making of Modern Law: Legal Treatises, Vol. 1, 1800 – 1926, p. 184 – 189.

④ See Reginald Godfrey Marsden ed., *Select Pleas in the Court of Admiralty*, Vol. 1, p. xviii.

捕拿特许证、报复性劫掠证书则允许当事人立即出海实施报复性劫掠，确实可以更直接、有效地救济当事人，变相实现执行终结。

从商业的角度来看，这一变化有利于保障商人合法权益，尤其利于实现海事法庭判决所确认的权利。以约翰·霍金斯为例，获得证书后的他在非洲和伊斯帕尼奥拉（Hispaniola）之间从事奴隶贸易，以出色的“表现”受到伊丽莎白一世赏识，一度掌控皇家海军，还为英格兰培养出弗朗西斯·达克（Francis Drake）这一后来帮助英格兰打败西班牙无敌舰队的关键人物。[①]

但不论从当时还是现代的眼光来看，这一做法的国际影响都是负面的。16 世纪，这类证书成为英格兰人劫掠成性、私掠猖狂的根源，比如，虽然约翰·霍金斯与弗朗西斯·达克都为英格兰立下过功劳，[②] 但由于他们在大西洋、西印度等地的劫掠行径，其他欧洲国家，尤其是商人普遍厌恶他们，即使他们受封为英格兰海事将军，但也往往被称为“海盗将军”，伊丽莎白一世也被后世称为“海盗女王”。[③] 而从现代的眼光来看，通过报复性劫掠实现执行终结几乎是不可思议的事情，当代国际法缺乏国内法意义上的强制执行力。[④] 第一，即使是外国人在本国犯罪后潜逃回国，本国也多通过引渡等办法惩罚其本人，不会为了执行终结而允许本国受害者无差别报复外国人；第二，当代主权国家多强调司法与行政、立法的分开与相对独立，外国人在他国法院诉讼时往往不必过度担心他国司法机关对本国公民或企业的过度偏袒，可以获得合理救济，也就无须报复性劫掠。

当然，在当代国际贸易法律制度中存在报复性措施，但它与都铎王朝时期报复性劫掠的内涵有不少差别。现代国际贸易中的报复性措施一般是指一国对另一国实施制裁或不公平对待后，另一国因无法在国际纠纷解决

---

① Philip Gosse, *The Pirates Who's Who*, Burt Franklin, 1924, p. 158.

② ［英］彼得·莱尔：《全球海盗史——从维京人到索马里海盗》，于百九译，广东人民出版社 2022 年版，第 75 – 80 页。

③ ［美］苏珊·罗纳德：《海盗女王——伊丽莎白一世和大英帝国的崛起》，张万伟、张文亭译，中信出版社 2009 年版，第 1 页。

④ 张乃根：《国际法原理》（第 2 版），复旦大学出版社 2012 年版，第 63 页。

机构获得救济而被授权采取的报复行为，比如报复性制裁、报复性关税等。[①] 与中世纪报复性劫掠不同的是，它既需要国际纠纷解决机构授权，也需在一定限度内实施，不允许使用暴力手段乃至发展为海盗劫掠。因此，虽然二者的目的都是救济受损的当事人，但海事法庭的报复性劫掠证书更为粗暴、无序。

另一方面，同样在16世纪下半叶，船难物品评估令状成为新型海事特色令状。海事法官本应在审判中自行估算每一起案件标的物的价值，但由于海事案件增多，标的物大量增加，海事法官渐渐不堪重负。为了改善这一局面，1564年首次出现船难物品评估令状，海事法庭可以凭此令状委托第三方出具评估意见。值得注意的是，虽然名称是令状，但具体形式却是契约（indenture），具体内容也不局限于船难物品，而是任何沿岸发现或被海事法庭逮捕的漂流物，评估项目包括价格、价值、质量等，评估地点则需在海事法庭或任何习惯地点。此外，根据不同海事法庭的不同情况，会在背面附上委托评估的具体物品，如驳船、小艇、甲板、绳索、四座底大炮等。[②]

船难物品评估令状拥有全新的形式与内容，目的很可能是为法官减负。它没有遵循传统令状的格式与内容，而以委托契约的形式允许法官根据自己的需求选择评估人、评估物的范围等。从效果来看，这一令状将法官职能令状化，避免法官花费过多精力在评估标的物价值上，委托契约的形式在给法官自行选择是否将评估标的物职能委任给他人的同时，也给法官提供调整委托范围的空间，大力而又温和地缓解了海事法官的工作压力，提高了司法效率。

这一做法与当代各类辅助诉讼程序十分相似。当代包括鉴定、专家证人等辅助诉讼程序与船难物品评估令状一样，都是为了在法官疲于判断或无法判断标的物价值等情况下请第三方协助审判，减轻司法负担。只是当代技术

① 孟琪：《WTO裁决执行的法律机理与中国实践研究》，复旦大学出版社2019年版，第189－190页。

② See Reginald Godfrey Marsden ed., *Select Pleas in the Court of Admiralty*, Vol. 2, p. 128－129.

手段更为先进，除物品价值外，还可以协助判断案件事实、证据真实性等内容。

进一步地，在效果上，提高司法效率之后也可以极大促进商业效率。在都铎王朝时期有关船难物品的案件中，时效取得漂流物的非讼程序占据极大部分，传统的为其一一立案、一一评估的做法不仅费时费力，也耽误无主物的尽早流通。船难物品评估令状提高司法效率的同时也缩短了船难物品被扣押的时间，提升了它在商品市场的流转效率。

（二）道德良心原则的变化

道德良心原则的内涵没有变动，但从案例的变化中可以看到，海事法庭对它的适用方式有规则化的趋势。在 1541 年朗姆尼诉伍德案中，海事法庭强调它是依据海洋法律审判的，① 意在表明根据道德良心原则裁判；在 1578 年罗伊阿尔商人号案中同样如此，即枢密院要求刘易斯博士等法官基于道德良心原则免收诉讼费；② 但到 1600 年科兰普敦诉博纳·科比斯案（Crampton v. Bona Cobreth），道德良心似乎成为一项规则。该案中，被告雇用原告开展一段航程，但原告疏忽，导致货损，故被告暂扣其薪资，但海事法官认为，原告十分贫穷，尽管造成货损，但原告除了薪资没有任何收入来源，没有任何其他希望（have no other hope），因此被告应支付原告应得的薪资。③ 本案中，海事法官没有强调根据海洋法律或善意改变某一法律规则或习惯，更是不顾原告导致货损这一事实，直接以当事人贫穷为由判决原告胜诉，似乎将道德良心原则中救济穷人的内涵具化为一项规则，直接在案件中适用。

当然，1600 年科兰普敦诉博纳·科比斯案的判决没有将道德良心原则演

---

① See Reginald Godfrey Marsden ed.，*Select Pleas in the Court of Admiralty*，Vol. 1，p. 102 – 105，213 – 216.

② See Reginald Godfrey Marsden ed.，*Select Pleas in the Court of Admiralty*，Vol. 2，p. 40.

③ See Reginald Godfrey Marsden ed.，*Select Pleas in the Court of Admiralty*，Vol. 2，p. 197 – 198.

化为规则，而是将救助穷人的内涵规则化；类似的，其他案件的判决也有通过该原则创造新规则的嫌疑。典型例证是1555年布朗尼诉帕斯案（Browne c. De Pase），该案中，被告委托原告所在船员团队运输一批货物，但航程结束后被告仅支付部分运费，理由是，在航程途中，部分货物被西班牙国王征用，所以被告支付给船长送达货物的运费，没有支付未收到的那部分货物的运费。后来船长携款潜逃，不知去向，故原告提起诉讼要求被告支付剩下的那部分运费。最终，海事法庭判决，船长固然应该支付薪资，但被告应当先支付剩下的运费，保障原告收入，再由船长和船员一起承担与分配货损责任。[①] 这个案件中，法庭认为支付运费的责任是严格责任，既不因已经支付部分运费而免除，也不因没收到货物而可以抗辩。这一判决不合常理，也没有海事规则或习惯的支持，唯一可能的解释是，海事法庭为了照顾船员的窘迫生活、保障其收入，通过道德良心原则突破常理，将支付运费这一商业行为上升为带有严格责任的义务，成为一项全新的规则。

如果设立道德良心原则原因的假设，即营造健康良善的营商环境可以成立，那么上述怀疑也极可能成立。都铎王朝时期发生多起类似1555年布朗尼诉帕斯案那样船员起诉船东或其他主体要求支付薪资的案件，此类案件的难点在于，船员只和船长有劳动关系，但船长逃至国外，无法应诉，也无法执行。以前劳动薪资的案件都由普通法法院处理，没有被告就无法成讼。[②] 海员虽然是远洋贸易中的底层技术人员，却是运送货物、保障船货人安全的关键环节，海事法庭必须牺牲个案中的商人利益来保障海运人才市场的正常运作以及远洋贸易的正常进行。如果设立道德良心原则的初衷便是促进商业发展，那么根据其具体内涵创新规则以保障市场运作也就是自然之举。

如果将道德良心原则规则化的趋势和当代法律相比较，会发现当时的做法是在法律技术窘迫情况下的不得已之举。以当代法律中的公序良俗原则为

---

① See Reginald Godfrey Marsden ed. , *Select Pleas in the Court of Admiralty*, Vol. 2, p. 95.

② See Reginald Godfrey Marsden ed. , *Select Pleas in the Court of Admiralty*, Vol. 1, p. xi.

例，基于当代发达的法律技术，对穷人、没有收入的人、未成年人等的倾斜保护往往已经被写入相应规则中，甚至单独立法，比如未成年人保护法、社会保障法等，当某一案件中需要对弱势群体做出倾斜保护时，无须引用公序良俗原则，直接适用具体部门法的规则或其中的原则即可。[①] 但16世纪，受限于法律技术、立法的不甚完备，既没有更为细化的部门立法，也没有在具体规则中规定可以在某些情况下倾斜保护弱势群体，海事法庭只能继续寻求道德良心原则的支持，创造新的乃至像1555年布朗尼诉帕斯案判决那样没有提及道德良心，而是直接判决支付运费的严格责任。

（三）合理原则的变化

合理原则是三大原则中变动较大的，在平衡案件当事人的权利义务与调控程序合理性两大内涵的指引下，发展出更为细化的对等原则与常理判断原则。

16世纪中后期，海事法庭确立对等原则。这一原则很可能来自国际条约的要求，比如1515年《英法和平与商业条约》（Treaty of Peace and Commence between England and France）第21条就规定，考虑到彼此的商业以及商品交换，双方应用相同的方式（in the same manner）对待彼此，正如在上一次和平时代所做的那样。[②] 但这一原则最终形成于16世纪中期，在1543年巴普蒂斯特与加尔尼蒂案（In Re Baptist and Guiciardini）中得到明确表述，该案中，被告认为原告走私，于是捕获了他的船舶，但原告认为自己有合法证书，因此不是走私。海事法庭调查之后，确认了原告所持证书的有效性，并认为，只有承认亨利八世颁发的通行证和贸易证，其他国家也才会以同样的方式尊重英格兰的船舶与货物，因此不能劫掠任何有证书的商人。[③]

不论这一原则是否起源于国际条约，它最终都成为海事法庭处理案件，尤其是涉外案件的主要原则，力求对等对待国内外当事人。一方面，国家间

---

① 石佳友：《解码法典化：基于比较法的全景式观察》，载《比较法研究》2020年第4期。

② See Reginald Godfrey Marsden ed., *Select Pleas in the Court of Admiralty*, Vol. 1, p. xxii.

③ See Reginald Godfrey Marsden ed., *Select Pleas in the Court of Admiralty*, Vol. 2, p. 34 – 37.

开始承认与执行他国法院的判决，比如1570年米歇尔诉罗纳尔案（Mychell c. Ronnall），该案中，原告被法国的劫掠者抢劫，他在法国法院起诉后获得胜诉判决，法国国王也向原告致信，允许他从劫掠自己的人那里获得赔偿或在任何法国劫掠者那里拿走相应金额的赔偿，被告是法国劫掠者之一，原告因此请求扣押被告在英国的一批货物，执行法国法院的判决。海事法庭照此执行。① 另一方面，国家间开始互相认可捕获规则，比如柯里尔诉福特案（De Curiel c. Forde），该案中，原被告就捕获是否合法产生争议，原告主张应根据法国法认定该捕获有效。为此，海事法庭查明并翻译法国法律中对捕获的规定，认为法国的法律中包含英格兰的捕获规则，那么英格兰也应认可法国的捕获规则，于是支持原告的诉求。② 最终可以看到，在对等原则的协调下，海事法庭在1543年巴普蒂斯特与加尔尼蒂案、1570年米歇尔诉罗纳尔案以及柯里尔诉福特案中分别就证据、判决以及法律三个方面进行国际互认。

由此也不难看出，都铎王朝时期的英格兰并不像通常认为的那样过分主张海上劫掠、私掠成性，至少在司法中，确实存在对等处理涉外案件的机制，海事法庭也确实在司法实务中践行这一机制。当然，这也不是说对等原则的出现表示英格兰不会在涉外案件中偏向英格兰人，而是说在重商主义、孤立主义乃至重用海盗等激进政策的背后，仍然有考虑公平的、温和的司法机制存在，司法原则的形成与适用在一定程度上是国家与国际形势的综合反映，而非仅仅服务于一国政策。

而较为明显的是，这一原则与当代国际法制度有部分的相似性。当代国际法制度中，同样存在承认与执行他国判决的制度，但通常有一整套匹配的流程，走完流程后才可以承认与执行他国判决，③ 而不像都铎王朝时期那样由法院自行决定。而当代似乎鲜有认可他国法律的做法，基于主权国家的独

① See Reginald Godfrey Marsden ed., *Select Pleas in the Court of Admiralty*, Vol. 2, p. 140.

② See Reginald Godfrey Marsden ed., *Select Pleas in the Court of Admiralty*, Vol. 2, p. 119 - 120.

③ 钟丽：《国际知识产权争议解决机制研究》，中国政法大学出版社2011年版，第90-92页。

立性，一国通常只会认可国际条约的优先效力，而不会直接认可他国法律；即使他国法律中确实有可取之处，也会通过立法修改国内法律，极少在判决中直接予以适用。

此外，需要注意的是，都铎王朝时期似乎仅有外国的捕获规则得到海事法庭的认可，王国法令仍然具有规制外国人的作用。在涉外案件中，捕获案件数量最多、也最为复杂，随着 16 世纪下半叶海上争霸越来越激烈，不同国家之间对合法捕获与非法劫掠认定规则的差异也越来越明显，[①] 当时没有国际海商海事立法，海事法庭也只能在个案中对等协调当事人的权利义务。而其他海商海事案件，包括船舶碰撞、捕鱼、海岸拾得物等都仍需遵守英格兰国内法律的规定。

同样在 16 世纪中期，海事法庭确立常理判断原则。这一原则来自法官确认案件事实的方法。比如 1538 年斯派索儿诉沃特斯案（Spysall c. Watters），该案中，原被告的船舶发生碰撞，原告认为被告应承担责任，最终海事法官在没有请专家证人的情况下，根据自己的经验明确事故责任以及损失额度。[②]又如 1599 年雷顿诉皮特·莫尔案（Leighton c. Peter Moore），该案中，原告要求被告赔偿运输途中产生的货损，海事法官参考领港公会的意见后，认为被告是技术成熟的海员，该货损应是由天气引起的，因此被告不承担责任。[③] 可以看到，海事法官都是根据自己的经验确认案件事实从而作出判决的。

这一原则可能是海事司法原则中最为特殊的，既没有成文法的规定，也没有判决表述，但是，海事法官确实以自己的经验为依据确认案件事实，进而作出判决，常理判断确实指导着法官的司法活动，也就成为了司法原则之一。

---

① ［英］彼得·莱尔：《全球海盗史——从维京人到索马里海盗》，于百九译，广东人民出版社 2022 年版，第 85 – 90 页。

② See Reginald Godfrey Marsden ed. , *Select Pleas in the Court of Admiralty*, Vol. 1, p. 70 – 71, 200.

③ See Reginald Godfrey Marsden ed. , *Select Pleas in the Court of Admiralty*, Vol. 2, p. lxxv.

这一点与当代大陆法系的证据法原则有些类似。尽管现在对证据法原则仍有争议，且在民法、刑法、行政法等部门法之间存在沟壑，但不论是何种证据，都由法官在审判中采信、作为审判依据，即证据裁判原则。[①] 都铎王朝时期海事法官的这种审判方式同样如此，由法官判断是否采信某一证据、确定案件事实。当然，相比当代，当时还没有十分细致的证据规则，法官认定法律事实的自由度很高。

虽然相比当代，都铎王朝时期的海事法官不受诸多证据规则束缚，显得较为随意，但受限于当时技术手段不足而面临难以确认案件事实的窘境，这一司法原则却是必须被设立的。都铎王朝时期是船舶技术、航行技术大力发展的时期，产生诸多过去海运中不曾遇到过的新技术性问题，[②] 难以确定案件事实，海事法官便以常理为判断依据，参考专业人士的意见作出判断。比如在 1538 年斯派索儿诉沃特斯案那样的船舶碰撞案件中，即使是在现在有卫星、视频等高端技术支持的情况下，法官、海事专家等有时也无法判断碰撞过程与责任大小，都铎王朝时期自不待言。这一原则也在都铎王朝时期得到坚持，海事法庭几乎都是通过这种方式审理船舶碰撞案件，厘定当事人权责的。

若将对等原则与常理判断原则一起来看，它们似乎和合理原则一样不都与保障商业利益直接相关，在涉外案件、碰撞案件、货损案件中发挥着普遍的调控作用；但不可否认的是，新的原则仍对商业、商人产生重要、关键的影响，比如对等原则有力确保英格兰商人不受他国歧视性对待，为他们在海外寻求救济提供了有力保障；常理判断原则可以减少当事人对权责划分的争议，尽速解决纠纷，提高商事效率。

总体来说，三大原则分别在终结执行、提升司法效率、创新规则、对等保护国内当事人以及合理判断案件事实 5 个方面作出调整，这些调整的目的几乎都在于提升商业效率、保护商人利益，或对其有关键影响；调整后的三

---

① 王国征：《民事证据法学》，湘潭大学出版社 2015 年版，第 27 – 29 页。

② Richard W. Unger, *The Ship in the Medieval Economy* 600 – 1600, McGill – Queen's University Press, 2008, p. 251 – 261.

大原则拥有更为丰富的内涵，海事法庭在案件中调整适用各类具体规则也更为得心应手。

三、涉外案件与国内案件中司法原则的适用侧重

最后一个令人困惑的现象是，为何本应在海事法庭所有案件中统一、一致适用的司法原则十分反常地在涉外案件与国内案件中有着差别化的适用。

一方面，高级海事将军签发海事法庭令状原则似乎在国内案件中得到严格适用，在涉外案件中则相对宽松。虽然海事法庭有各类海事特色令状，但和普通法令状一样，当事人应当严格遵循令状开展诉讼活动，法律文书的格式应当固定、证据规则应当统一。比如在 1540 年布歇尔诉克拉克案（Bushell c. Creke）中，原告因被告船舶碰撞自己的船而将其告上法庭，递交前半部分为拉丁语、后半部分为英语的诉状。虽然该份诉状中有外语，但在诉状的后半部分，尤其是结尾，仍然使用固定格式（common form）总结自己的诉求，请求法官救济。[①] 但在涉外案件中，法语、德语、拉丁语等非英语、格式不固定的起诉状、请愿书等材料十分常见，比如 1537 年萨顿诉珀蒂特案，该案中，被告被逮捕后用法语写了一份请愿书希望释放他，虽然最后没有采纳其意见，但海事法庭仍认真审阅了该份外语诉请。[②]

同时，国内外案件的证据规则也应当统一，但光是在涉外案件内部，就出现了不统一乃至较为随意的处理方式。1547 年布洛克诉迈纳德案（Broke c. Maynard）中，原告、被告就保险事宜发生纠纷，案涉保单是用法语写成的，并且没有翻译；[③] 1571 年瓜勒罗蒂诉尤特维克案（Guallerottie c. Utwicke）中，原告起诉被告没有交货，被告称货物被海盗劫走，案涉提单是用德语写成的，法官调查之后判决被告免责，同样没有翻译提单。[④] 但在 1544 年蒙素

---

① See Reginald Godfrey Marsden ed., *Select Pleas in the Court of Admiralty*, Vol. 1, p. 91 – 92.

② See Reginald Godfrey Marsden ed., *Select Pleas in the Court of Admiralty*, Vol. 1, p. 48 – 49, 188.

③ See Reginald Godfrey Marsden ed., *Select Pleas in the Court of Admiralty*, Vol. 1, p. 47 – 49.

④ See Reginald Godfrey Marsden ed., *Select Pleas in the Court of Admiralty*, Vol. 1, p. lxx.

案（Monsyon）中，法国人捕获被告船只之后，原告为被告支付了赎金，现原告起诉被告返还赎金，法国方面收到赎金之后出具的佛莱明语或低地德语版收据成为关键证据，海事法庭进行了翻译，并确认原告确实支付了赎金。[①] 是否翻译证据或许并不影响法官对案件事实的认定，但从统一司法的角度来说，已然造成司法原则的适用混乱。

另一方面，在对等原则方面，虽然有判决与捕获规则的互认，但在涉外案件中面向外国人和国民的执行力度有着显著不同。海事法庭似乎总会积极落实外国人，尤其是外国官员在英格兰寻求救济及其执行，比如1590年德·拉·芬诉莫里斯案（De La Fin c. Morrys），该案中，原告为法国大使，他起诉被告非法捕获，因为在被告捕获后发生反捕获，被告的捕获不成立；又由于该船后来发生船难，因此目前被告占有的船及货物都是法国王室财产，应该判给原告。海事法庭判决原告胜诉，并将相应船舶与货物直接判给法国国王。[②] 但如果是面向国民的救济，为了尽量实现执行终结，往往颁发海上捕拿特许证或报复性劫掠证书让当事人自行寻求救济，而不是要求外国法院承认与执行英格兰海事法院的判决。

可能有人会说，法律文书格式、证据以及执行力度三个方面其实分别可以从法律史、经济社会史及政治史的角度解释。比如法律文书格式方面，都铎王朝时期海事司法统一不久，无法严格要求海外商人都熟知并遵循英格兰国内的令状制度及其具体要求；证据方面，当时海事法庭的案卷记录是英语和拉丁语的混合，法官其实并不在意证据的语言为何；执行力度方面，出于政治或外交的考虑，英格兰需要、也可以在司法层面与外国高层交好，但无法与外国商人或地方领主都交好，允许当事人报复性劫掠是更好、可能也是当时唯一能够弥补国内当事人损失的方式。

这些分析有一定道理，但是，在都铎王朝时期统一海事司法体系下，国内与涉外案件仅在司法原则适用中就出现如此多的显著不同或许不是巧合，

---

① See Reginald Godfrey Marsden ed., *Select Pleas in the Court of Admiralty*, Vol. 1, p. 135.

② See Reginald Godfrey Marsden ed., *Select Pleas in the Court of Admiralty*, Vol. 2, p. 169 – 170.

可以从法律史的角度统一予以解释，这样的差异有一定的必然性。

首先需要明确这样一项前提：当一项海事司法原则不能调整法律规则或习惯从而实现公平正义时，除可以根据变化了的宏观经济社会形势调整原则本身外，还可以根据案件中不同的微观要素调整原则适用。① 三大原则均可以实现这样的调整适用，包括：在适用高级海事将军签发海事法庭令状原则时，海事法庭既可以从严，如进一步严格令状制度带来的程序，要求所有的法律文书都使用英语；也可以从宽，如不将违反海事特色令状作为判决无效的认定条件，因为有的海事特色令状只是实现救济的快捷方式，并非审判的必要条件。在适用道德良心原则时，既可以更重视英格兰人的利益，如英格兰的海商法和国际海事习惯冲突时适用英格兰海商法；也可以重视外国人的利益，如外国人根据本国法主张捕获有效时，翻译该法并以之为标准支持该外国人的观点。在适用合理原则、对等原则或常理判断原则时，既可以给予当事人较长的诉讼准备期，如可以在 1 年零 1 天内主张取回属于自己的漂流物；也可以任意乃至随意地认定案件事实，比如完全根据法官的个人经验认定船舶碰撞事实，而法官本身可能完全没有航行经验。

由此，可以从司法原则角度来解释海事法庭处理国内外案件时的差异。第一，海事法庭没有在涉外案件中严格适用高级海事将军签发海事法庭令状原则，但在国内案件中则较为严格地适用，这不是说海事司法仅对国内当事人使用令状，而是指海事法庭认为没有必要过于严格地要求外国人使用英语或国内常用的法律文书格式，只要表意清晰，语言或格式都不影响外国当事人表达意思；而国内当事人则不同，或出于海事法庭实质化的需要，或出于顺应英语在 16 世纪成为官方语言的潮流，海事法庭都需鼓励乃至要求国内当事人使用英语以及较为固定的格式开展诉讼，而这与外国人显然无关。第二，证据方面的差异其实与常理判断原则有关。海事法庭可能认为不能简单适用常理判断原则处理涉外案件，不仅要查实案情，更要考虑到该案是否应当适

① 李鑫：《法律原则适用的方法模式研究》，中国政法大学出版社 2014 年版，第 162－194 页。

用英国法，所以，无论是关键的书面证据还是外国的法律，当它们对案件有决定性作用时都应翻译、查证、公示，避免因语言不同引发歧义，从而影响判决的公正——这样的考虑，似乎已经有冲突法的痕迹。但国内案件完全没有这样的问题，对比之下也就显得海事法庭对涉外案件的调查格外认真。第三，海事法庭或许认为，对等原则并不是指某案中外国法院判决对英格兰人罚款，那么英格兰海事法庭也要在类似案件中判决对外国人罚款，而应当是一种互相尊重，即如果英格兰海事法庭承认并执行外国法院的判决，那么外国法院也会承认并执行英格兰海事法庭作出的判决；英格兰海事法庭不干涉他国司法、不强迫外国人到庭，那么外国法院也不会干涉英格兰海事司法、不会强迫英格兰人到庭应诉。所以，互相尊重他国国民与财产才是对等原则的核心。

所以，司法适用的差异并不代表海事法庭在国内案件与涉外案件中适用两套不同的原则，而是适用方式有所侧重，产生这一现象的深层原因，则在于都铎王朝时期海事法庭对通过海事司法服务英格兰经济社会的理解。16世纪英国的伦敦—安特卫普模式是外向型贸易模式，虽然16世纪50年代安特卫普市场陷入混乱，但英国仍以对外销售商品为主要目的，[①] 外国人是客户，海事司法便以“服务”作为处理涉外案件时适用司法原则的侧重，但这并不是说海事法庭会在认定案件事实或法律适用中有所偏袒，而是不对外国人做过多形式要求，尽量保障他们的合法权利；同时，以“规范”作为处理国内案件时适用司法原则的侧重，尽量做到统一司法，这样不仅有利于地方港口规避地方习惯带来的贸易不便，还将帮助地方港口走出伦敦垄断性贸易带来的冲击，拓展新的市场运行规则。

在分析司法原则的过程中，可以看到海事法庭已经对部分规则、习惯有所调整，但还不全面。由于都铎王朝时期英格兰海事法庭以《奥列隆法典》、欧陆民法，以及英格兰本地法律、法令为法律适用渊源，裁判时又会参考欧

---

① 康瑞林：《1350年至1700年英国港口贸易的崛起》，中国社会科学出版社2019年版，第93页。

陆商事法院、海事法院创造出的新规则，因此，可以将海事法庭对英格兰海商法具体规则、习惯的发展归纳为对海事法典与欧陆民法等“外国法”的局部突破、对海事制定法的偏向以及对国家、地区间条约的自主适用三大方面，本章第二至四节将一一展开论述。

第二节　对海事法典与欧陆民法等“外国法”的局部突破

爱德华六世及其大臣对法国使者称“《奥列隆法典》以及欧陆民法在英格兰拥有权威”，[①] 这或许在一定程度上误导了学者们对这些“外国法”在海事法庭适用情况的判断，《奥列隆法典》以及欧陆民法确实有优先适用效力，但并不是每一条规则都如此。

在正式论述之前，需要先说明《奥列隆法典》以及欧陆商事法院、海事法院创造出的新规则在都铎王朝时期的基本情况。根据目前可找到的资料，该变化是指 1520 年皮埃尔·加瑟（Pierre Garcie）在普瓦捷（Poitiers）首次印刷出版法语版《奥列隆法典》（Le Grant Routtier et Pyllotage et Enseignement Pour Encrer Tant es Portz Havres que Autres Lieux de la mer），[②] 两位英格兰人分别在 1567 年与 1573 年将其翻译为英文并印刷出版。[③] 这一版的《奥列隆法典》较以前版本，尤其是《海事黑皮书》中记载的版本有重大变化，共 47 条，从内容编排来看，以模拟酒类运输为主线，规定航程各环节

---

① William Senior, *Doctors' Commons and the Old Court of Admiralty: A Short History of the Civilians in England*, p. 15.

② James W. Shephard, *The Roles d'Oleron: A Lex Mercatoria of the Sea*, p. 208.

③ 分别为 Pierre Garcie, *The Rutter of the Sea, wyth the Hauens, Roades, Soundings, Kennings Wyndes, Flouds, and Ebbes, Daungers and Coastes of Diuers Regions with the Lawes of the Ile of Auleron, and the Iudgementes of the sea. with a Rutter of the North Added to the same London*, By me William Copland. 1567; Pierre Garcie, *The Rutter of the Sea, wyth the Hauens, Roades, Soundings, Kennings Wyndes, Flouds, and Ebbes, Daungers and Coastes of Diuers Regions with the Lawes of the Ile of Auleron, and the Iudgementes of the sea with a Rutter of the No* [r] *th Added to the same London*, By Iohn Awdeley, 1573。

应遵循的事项，包括开航前、航程中、到达后以及日常拾得漂流物，航程中又包括船长与船员的权利义务、引航员的责任、抛货、船难、救助等。其中前26条与以前的版本基本一致，后21条则为新增，内容几乎翻了一番。欧陆商事法院、海事法院创造出的新规则以及传统海商海事习惯则较为散乱，有学者以问题为导向将其整理为有关船舶所有权、船长与海员、运输合同以及海损分摊等问题的规则与习惯，有一定的条理。[①]

《奥列隆法典》被称为当时欧洲最为完善的海商法典，[②] 对英格兰海事司法的影响是毋庸置疑的，它也很早被确立为海事法庭审理案件的主要依据。[③] 但是，它所体现的是包括英国、法国等广泛区域的习惯，而非英格兰本土习惯，本就有本土化的空间；在都铎王朝时期新增的后21条则进一步扩大了这一空间。在皮埃尔·加瑟出版《奥列隆法典》后约4年，英格兰高级海事法庭开始保留案卷记录，海事法庭是否完全遵照《奥列隆法典》进行法律适用？英格兰海事法庭是否通过判例在《奥列隆法典》之外另行确立专属于英格兰的海商海事习惯或规则？是否还突破了其他法典或海商海事习惯？由于当时欧洲海商法典中的每一条款大多是在描述一个判例，适用《奥列隆法典》是否意味着海事司法中已经存在遵循先例制度？

一、从“外国法”中发展出的新规则

都铎王朝时期，海事法庭没有像不少学者认为的那样完全遵照适用“外国法”，海洋财富、船长与船员权利义务以及捕获三类规则有重大调整。

（一）关于无主物、拾得物所有权的规则

都铎王朝时期英格兰海事判例与“外国法”差异最大的是关于无主物、拾得物所有权的规定。《奥列隆法典》第34条规定，“如果有人碰巧在海上、岸边沙滩、洪水或河里找到了东西，不论是珍贵的石头、鱼还是其他任何海

① William Searle Holdsworth, *A History of English Law*, Vol. 8, p. 245 – 273.

② 何勤华、魏琼主编：《西方商法史》，北京大学出版社2007年版，第365页。

③ 何勤华、魏琼主编：《西方商法史》，北京大学出版社2007年版，第365页。

里的宝贝（any treasure of the sea），它属于第一位发现者，而不是其他任何人的财产”，第35条又规定，“如果有人在海滩找钓鱼的地方，或者找金银，并且确实找到了，应全部归还，没有任何私藏”，[①]《奥列隆法典》意在表明，海洋财富，不论是漂流物还是海滩上的物品，只要是无主的，就属于第一位发现者；而金银这一显然有主的物品应立即被归还。然而在海事法庭中，一方面，都铎王朝时期的海事法庭建立起时效取得船难物品的非诉程序，不论何种海洋财富，也不论是否有主，只要在程序开始后1年零1天内无人主张，拾得者就可以获得所有权；另一方面，在法典没有提及海盗货物性质的情况下，海事法庭没有适用司法原则调整法律适用，而是通过判决规定其所有权属于英格兰国王、海事将军有权使用。[②] 时效取得船难物品的非诉程序与海事法庭对海盗案件的判决既没有遵守发现者原始取得的规定，也没有遵守金银应立即被归还的规定，甚至与第30条应将在进港时罹难的船舶的残骸与货物拍卖并将所得价款施舍给穷人或用于慈善的规定有一定冲突，违背道德良心原则。

值得注意的是，海事法庭建立起的特殊规则没有直接违反《奥列隆法典》，而是分别采取了较为巧妙的调整适用办法。

一是细化海洋财富类别，建立关于漂流物的细化规则。海事法庭优先适用欧陆民法，它不可能，也不敢不适用《奥列隆法典》。于是，海事法庭采取折中方式，将“海洋财富”细化，给予漂流物这一当时主要的海上无主物以特殊规则，即时效取得船难物品的非诉程序，并在全英格兰适用，构成新的特殊规则，它没有代替《奥列隆法典》第34条、第35条，仅仅是针对漂流物的细化规定。

二是虚化合法来源，建立关于海盗货物的新规则。相比漂流物，海盗货物的性质其实更像金银，很可能是有主的，所以，如果类比适用《奥列隆法

① The Rules of Oleron（*circa* 1266），Article 34，参见 http：//www. admiraltylawguide. com/documents/oleron. html，最后访问时间：2021年9月20日。

② 详见1553年海事将军诉博纳案与1585年戴安娜号案。See Reginald Godfrey Marsden ed.，*Select Pleas in the Court of Admiralty*，Vol. 2，p. 84–86，161.

典》第35条，一旦有人主张海盗货物的所有权，海事法庭便应当返还；如果适用道德良心原则，会导致受海盗之祸的原所有人更可以理直气壮地取回自己的货物。于是，为了建立国王拥有海盗货物所有权的新规则，海事法官在1553年海事将军诉博纳案[①]的判决中强调，将海盗货物的所有权判给国王是根据“成文法、法律和习惯”做出的，通过“成文法、法律和习惯”这一表述模糊判决的大前提，进而强硬地创造新规则。

但其实，根据布莱克斯通的研究，国王基于防范海盗与海上劫掠而形成的习惯是国王拥有船难货物以及“王室之鱼”，即鲸鱼或鲟鱼的所有权，[②] 并不包括海盗货物，所以，这一规则的目的实质在于增加国王收入；建立关于漂流物的新规也是如此，它为英格兰人占据更多海洋财富提供了合法依据。

海事法庭在16世纪作出这样的调整是可以被理解的。16世纪，船舶及其载运货物的价值暴涨，一条船及其运输货物的价值可能有数万英镑，各国国王、领主、海事将军、主教乃至平民都希望获得更多海洋财富，英格兰也是如此；由于当时的海洋没有国际法规制，以海上劫掠、海盗乃至战争等方式抢夺海洋财富之外，各国也希望有合法的方式获得海洋财富，英格兰亦是如此。[③] 所以，一味遵循第一位发现者原始取得海洋财富以及归还拾得的金银这两条规则无法满足任何国家及其国民的需求，英格兰海事法庭也就必须做出改变。

（二）关于船长与船员权利义务的规则

英格兰海事司法判例与《奥列隆法典》之间另一个较为重大的变化在于船长与船员的权利义务。《奥列隆法典》中关于船长与船员的内容集中在第1—13条，主要涉及船长在海外根据需要贷款的权利，开航前、靠岸时、抛

---

① 该案在本文第二章第一节已有介绍，参见 Reginald Godfrey Marsden ed.，*Select Pleas in the Court of Admiralty*，Vol. 2，p. 84－86。

② ［英］威廉·布莱克斯通：《英国法释义》（第1卷），游云庭、缪苗译，上海人民出版社2006年版，第320页。

③ ［英］彼得·莱尔：《全球海盗史——从维京人到索马里海盗》，于百九译，广东人民出版社2022年版，第85－90页。

货时的一系列操作以及发生船难时的救货义务等。[1] 除船长权限以外，几乎都是义务性规定，《奥列隆法典》也就偏重强调船长及船员的航程义务。虽然从现在的眼光来看有些权责不对等，但直到中世纪晚期，出海行为也还被定义为冒险，强调其义务的目的在于要求船长与船员尽一切可能按规定航行，保证船、货、人的安全；即使发生风险，只要执行这一系列操作，便视为船长与船员尽到义务，无须担责。

但海事案例却似乎力求船长与船员权利义务的平衡、并重，最为典型的是确认船员薪资在船东债务中的优先受偿地位。一方面，海事判例给予船长、船员《奥列隆法典》未曾规定的要求船东或托运人支付薪资的权利，并为其设定相较普通债权的优先权。《奥列隆法典》中没有类似“船员享有薪资权”的规定，在一般理解中，薪资的获得是商业行为，不是权利。但海事法庭先是通过 1553 年贝尔诉伯德案（Bell c. Byrde）明确船员享有要求船东或托运人支付薪资的权利：该案中，被告享有一笔运费债权，但被告欠原告钱，因此指令应支付运费的沃尔顿（Walton）直接支付部分运费给原告。但同时，船长和海员另行起诉伯德，要求优先偿付他们的运费和薪资。海事法官认为，基于超出记忆的先例或习惯，或者至少有过一次这样的判决，即在货物卸下之后应立即支付船长、船员、乘务长（purser）运费和薪资，判决先偿付船长和船员的薪资，再偿付其他债务。[2] 又通过道德良心原则确认船员薪资的债权优先于船东向船员索赔货损的债权，例证为 1600 年科兰普敦诉博纳·科比斯案；[3] 最后在 1555 年布朗尼诉帕斯案中将其上升为船东的严格责任，即不论是否交付货物，也不论货主是否已经支付第三人运费或薪资，只要船长与船员开展了航程并到达目的地，就应当立即支付运费或薪资，以满足船长与船员的贫困生存所需。[4]

---

① The Rules of Oleron（*circa* 1266）, Article 1 – 13.

② See Reginald Godfrey Marsden ed. , *Select Pleas in the Court of Admiralty*, Vol. 2, p. 83 – 84.

③ See Reginald Godfrey Marsden ed. , *Select Pleas in the Court of Admiralty*, Vol. 2, p. 197 – 198.

④ See Reginald Godfrey Marsden ed. , *Select Pleas in the Court of Admiralty*, Vol. 2, p. 83 – 84, 95.

另一方面，海事法庭又通过强化承运人的交货责任来平衡船长与船员的优先权。和支付薪资一样，承运人应当交货本是商业行为，无须规定，但随着支持船长、船员薪资优先权的案例越来越多，承运人不交货却仍要托运人或船东支付运费或薪资的情况越来越多，托运人或船东的合法权益得不到保障，已在法律上失去平衡。于是，海事法庭在判例中强化船长、船员的交货义务，比如1545年霍德尼斯诉埃尔德尼斯案（Holdnrness c. Eldernes），该案中，原告、被告就运输合同产生纠纷，被告无任何理由不交货，原告主张，在双方签订的合同中，约定除非有敌人袭击或其他说明的事项，船长应该交货，海事法庭支持了这一主张。[①] 虽然海事法庭没有说明支持这一主张的理由，可能是出于尊重合同约定，也可能是出于常理判断，但至少，海事法庭与原告一样认为除发生意外，承运人有交货的义务。这一点在1549年佩科克诉克林根巴赫案（Paycocke c. Klyngenbarche）也有所体现，该案中，原告、被告就买卖合同产生争议，原告认为被告没有送达，应承担违约责任，理由是原告、被告签订的买卖合同中包含一个送达条款，在胡尔镇的陆地交货（upon dry land within town of kingston upon hull），虽然被告按时抵达港口，但没有遵守约定，至少构成延迟交货。[②] 海事法官同样支持了原告诉求。

值得注意的是，在创设相关新规则时，和1553年海事将军诉博纳案类似，海事法庭再次使用模糊法律渊源的方式。1553年贝尔诉伯德案中，海事法庭引用一个“超出记忆的先例或习惯”，这与1553年海事将军诉博纳案[③]中根据“成文法、法律和习惯”来裁判有异曲同工之妙。不论是否有其他材料证明该习惯存在，海事法庭至少通过判例确立了船长、船员的相关新规则。

这些新规则相比普通法具有优越性。在普通法中，托运人或船东可以过错为由在发生货损、延迟交付等情况下不支付运费或薪资；但在海事法庭的

---

① See Reginald Godfrey Marsden ed., *Select Pleas in the Court of Admiralty*, Vol. 1, p. 137.

② See Reginald Godfrey Marsden ed., *Select Pleas in the Court of Admiralty*, Vol. 2, p. 12.

③ 该案在本书第二章第一节已有介绍，参见 Reginald Godfrey Marsden ed., *Select Pleas in the Court of Admiralty*, Vol. 2, p. 84－86。

处理中，在货损、延迟交付、船难中给船东或货主造成损失的情况下，只要送达货物，船长、船员就有收取运费或薪资的权利，[①] 1555 年布朗尼诉帕斯案甚至确立没有送达货物也有权收取运费的先例。

推出新规则的原因，仍然是海事法庭以维持商业、市场的良性发展为目标。这一点与设立道德良心原则时以商业发展为目标以及该原则部分内涵的规则化相匹配，海事法庭意识到不能仅通过道德良心原则调整一方主体的权利义务，而应当同时调整两方达到平衡，这既是司法原则的要求，也符合权利义务相对性的特点。

海事法庭在创设船长与船员权利义务时注意平衡的特点与《奥列隆法典》对船长、船员义务的过度倾斜形成鲜明对比，商人们也在实务中积极响应。在 1545 年霍德尼斯诉埃尔德尼斯案、1549 年佩科克诉克林根巴赫案等判例中，均出现约定交货义务的合同条款，这意味着都铎王朝时期的国际贸易商人普遍在合同中约定交货义务，进一步弥补法律规则的不足。

（三）捕获规则

英格兰海事判例与其他海商法典、海事习惯之间最后一个差异较大的是捕获规则。中世纪，《康索拉多海商法》第 273 章与第 287 章关于捕获的规定是当时流行于欧洲的捕获习惯，简单来说，捕获的成立要件包括在公海捕获、和平控制敌国的船或货以及未出现合法取回的情况。[②] 英格兰海事法庭虽然认可上述要件，却也会自行增加新要件、任意认定要件是否成立乃至规定捕获英格兰国王的船只有罪。比如 1589 年，海事法庭规定合法捕获的要件之一是整批货物没有损害。[③] 又如 1555 年格利斯堡诉德拉·托尔案（Glisburgh c. De La Torre），原告协助被告捕获一艘法国船，起诉要求协助捕获的报酬，海事法庭判决，根据超出记忆的习惯，如果在战争时期发生协同捕获，被捕

---

① William Searle Holdsworth, *A History of English Law*, Vol. 5, p. 260.

② Christopher Robinson, *A Translation of the Chapters* CCLXXIII *and* CCLXXXVII *of the Consolato del Mare Relating to Prize Law*, p. 1 – 20.

③ See Reginald Godfrey Marsden ed., *Select Pleas in the Court of Admiralty*, Vol. 2, p. xv – xix.

获物应当在所有捕获人手中平分。[①] 再如 1599 年安德里亚斯案中对捕获女王船只行为的有罪判决。[②] 为了推出部分新规，海事法庭故技重施，再次使用模糊法律渊源的办法。在 1555 年格利斯堡诉德拉·托尔案中，海事法庭称其适用一个“超出记忆的习惯”判决协助捕获的份额分配，与 1553 年贝尔诉伯德案中“超出记忆的先例或习惯”、1553 年海事将军诉博纳案中“成文法、法律和习惯”的表述如出一辙。

而最令人震惊的，要属海事法庭支持海盗捕获。比如 1573 年梅诉霍金斯案，该案中，原告要求被告归还西班牙人萨尔瓦哥（Salvago）的货物，理由是萨尔瓦哥的货物之前被海盗捕获，后来辗转落入被告的手里。海事法庭没有因该批货物曾落入海盗之手而将其视为海盗货物，从而没收，相反，海事法庭认为该批货物确实被海盗捕获，霍金斯的行为属于救助，因此，被告无须返还船舶，虽然原告诉求返还货物或价值 1150 英镑的金银，但被告应获得 938 英镑的救助金，因此最后返还原告 212 英镑即可。[③] 此类判决不仅和海事法庭自己对海盗货物属于国王所有的判决相悖，而且与 1535 年与 1536 年的两部法令要求海事法庭适用普通法审理海盗、故意杀害人者、故意伤害者、叛国者等罪犯的法令相悖，[④] 支持乃至保护海盗的财产，令人震惊。

固然，考虑到都铎政府与海盗之间的合作关系，[⑤] 可以理解海事法庭支持海盗捕获的原因在于保障海盗对英格兰的支持。以 1573 年梅诉霍金斯案为例，当时其实经常有人将霍金斯兄弟起诉至海事法庭要求其返还捕获物或偿还金钱，但霍金斯是伊丽莎白一世女王的重要海军将领，海事法庭必然要作出有利于他的判决，因此甚至可以认为海事法庭故意制造了这样的混乱局面，目的便是照顾英格兰所倚仗的海盗势力，认定标准越混乱，就越可以作出利

① See Reginald Godfrey Marsden ed., *Select Pleas in the Court of Admiralty*, Vol. 2, p. 95.

② See Reginald Godfrey Marsden ed., *Select Pleas in the Court of Admiralty*, Vol. 2, p. lxxv.

③ See Reginald Godfrey Marsden ed., *Select Pleas in the Court of Admiralty*, Vol. 2, p. 149.

④ See Statutes of the Realm, 27 Hen. Ⅷ. c. 4, 28 Hen. Ⅷ. c. 4. 15.

⑤ ［英］查尔斯·爱德华·莫伯利：《都铎王朝：1485—1547》，游莹译，华文出版社 2020 年版，第 309 页。

于特定海盗的判决。

随意增添与认定捕获要件进一步使英格兰本土捕获法漏洞百出，与其他国家的捕获法以及国际捕获习惯格格不入。比如1587年，北威尔士的副海事将军莱伟森利用职权谋私，自行捕获后自行审判，并宣布捕获合法。[①] 又如1588年普勒斯顿诉约翰·德雷克案（Preston c. John Drake），该案中，在沃尔特（W. Ralegh）与J. 吉尔伯特（J. Gilbert）两位法官宣布被告捕获合法的情况下，原告在另一海事法庭起诉被告的捕获不合法，希望通过此法庭中与先前法庭不同的认定标准获得胜诉判决。[②] 还有1558年加纳诉帕提森案（Gonner c. Pattyson），该案中，原告提起所有权诈称之诉（jactitation of title），认为案涉船舶属于自己而非被告，虽然法官判决原告胜诉，但也不得不无奈提醒原告，有许多人会对其捕获是否合法产生争议，他们可能到伦敦或其毗邻地诉讼，[③] 连海事法官都无法保证自己的判决具有公信力。进而引发包括海盗、劫掠、救助、碰撞等各类海商海事案件的全面混乱。[④]

总体来说，都铎王朝时期的海事法庭对《奥列隆法典》、欧洲海事习惯等做出的重大突破并不都有良性效果。同样以扩大与保护占有海洋财产为目的，第一类差异与第三类差异呈现出截然相反的局面，前者注重法律技术，不与海商法典产生冲突；但后者不仅直接冲突，而且极易引发海事司法的全面混乱。第二类差异与第三类差异同样如此，虽然二者都确立了不少新规则，但前者在道德良心原则的总体把控下仍然维持商业环境的良性发展，而后者却引发各类主体无序争夺海洋财富。

但这些调整都起到保障英格兰占有更多海洋财富、维护海上贸易市场发展的效果，符合都铎政府重商主义、拓展海外市场等政策的价值取向与目标。

可能已经有人注意到，与这三大差异相关的案件中，都存在模糊法律渊

---

① See Reginald Godfrey Marsden ed. , *Select Pleas in the Court of Admiralty*, Vol. 2, p. xxxiii.

② See Reginald Godfrey Marsden ed. , *Select Pleas in the Court of Admiralty*, Vol. 2, p. lxxii.

③ See Reginald Godfrey Marsden ed. , *Select Pleas in the Court of Admiralty*, Vol. 2, p. 106 – 108.

④ See Reginald Godfrey Marsden ed. , *Select Pleas in the Court of Admiralty*, Vol. 2, p. xxxiii.

源的方式，那么除了这种方式，海事法庭还有其他海商海事规则本土化的方式吗?

二、英格兰海商海事规则与习惯的统一与本土化

可以将当时欧陆各地商事法院、海事法院开展商事习惯等统一与本土化运动的方式总结为具体法律规则与法律适用及执行两个方面。

具体法律规则方面，欧洲各地一边制定或更新海商法典，一边通过判例调整未写入法典的其他习惯。海商法典方面，中世纪晚期欧洲各地制定多部海商法典，包括1258年《巴塞罗那海事规则》、1299年《奥斯特林海商法》、1597年《汉萨同盟法》（The Laws of the Hanse Towns）等，《奥列隆法典》则在16世纪有重大更新，欧洲各地意在通过海商法典表明当地与传统海商海事习惯不同的规则。[①] 未写入海商法典的习惯方面，欧陆则以判例确立新规则，以报复性救济习惯的变化为例，传统报复性救济的习惯为：A国国民被B国国民侵害后，如果A国国民不能在B国得到救济，那么就应该在A国找到所有B国国民的财产进行赔偿。中世纪晚期，这一习惯与商业发展之间的矛盾越发凸显，会严重损害遵纪守法商人的利益乃至国家之间的关系。因此，以意大利地区为首，各地区纷纷调整判例，改为判决B国国民承担损失，并由B国法院协助执行或由A国派驻在B国的领事执行。[②]

在法律适用及执行方面，欧陆主要通过海事职务、商事/海事法院以及派驻领事三大机制实现商事习惯本土化。其中，比如热那亚设立加扎里（Gazarii）一职，其管辖范围包括所有关于船东、船员、商人的事务等，比萨的海事职务（Curia Maris）也拥有类似的职能；[③] 商事法院、海事法院负责创造本土海商法规则；各城镇对外派驻领事负责确保国际条约在异地的执行。最终，海事职务、派驻领事、商事/海事法院三大机构共同推进海商海事

① William Searle Holdsworth, *A History of English Law*, Vol. 5, p. 100.
② William Searle Holdsworth, *A History of English Law*, Vol. 5, p. 74.
③ William Searle Holdsworth, *A History of English Law*, Vol. 5, p. 74 – 76.

习惯的统一、本土化、成文化。

英格兰对《奥列隆法典》以及其他“外国法”的继受与本土化方式同样可以总结为这两大方面，但相比欧陆，其具体内涵有不少差异。

具体法律规则方面，英格兰没有自行制定新的海商法典，而是承认并适用《奥列隆法典》，而在通过判决调整未写入《奥列隆法典》的海商海事习惯时，其方法有一定局限。海商法典方面，英格兰没有在16世纪另行制定新法典，而是采纳并适用《奥列隆法典》。需要注意的是，两位英格兰人在1567年与1573年分别翻译并出版的两版《奥列隆法典》均只有26条，① 没有1520年皮埃尔·加瑟所编写的法语版《奥列隆法典》的后21条，亦即没有关于海上无主物、捕鱼以及海滩拾得物的所有权规则等内容。一种可能性是，英格兰没有接受法语版《奥列隆法典》的后21条，认为那是法国与其他地区的地方习惯，相关主题的内容均直接适用英格兰本土规则。但这两位英格兰人的翻译不是官方行为，也没有证据表明他们的翻译本被英格兰官方或海事法庭认可，因此，另一种可能性是英格兰采纳并适用法语版《奥列隆法典》的全部内容，毕竟时效取得船难物品的非诉程序以及海盗货物的归属规则也没有直接与《奥列隆法典》冲突。未写入海商法典的习惯方面，海事法庭与欧陆商事/海事法院一样，主要通过判例调整新的规则，但其方法似乎较为有限，海事法庭往往需要强调它所设立的新规有传统海事习惯的支持，因此似乎仅以模糊法律渊源这一种方式来创设新规。

在法律适用及执行方面，英格兰与欧陆十分类似，也有海事职务、领事以及海事法庭三大机构，但是，仅英格兰海事职务与领事的职能与欧陆的相仿，海事法庭与欧陆商事/海事法庭差异很大。英格兰也拥有欧陆那样的海商

---

① 分别为 Pierre Garcie, *The Rutter of the Sea, wyth the Hauens, Roades, Soundings, Kennings Wyndes, Flouds, and Ebbes, Daungers and Coastes of Diuers Regions with the Lawes of the Ile of Auleron, and the Iudgementes of the sea. with a Rutter of the North Added to the same London*, By me William Copland, 1567; Pierre Garcie, *The Rutter of the Sea, wyth the Hauens, Roades, Soundings, Kennings Wyndes, Flouds, and Ebbes, Daungers and Coastes of Diuers Regions with the Lawes of the Ile of Auleron, and the Iudgementes of the sea. with a Rutter of the No* [*r*] *th Added to the same London*, By Iohn Awdeley, 1573。

海事职务，比如亨利七世于1485年9月授予约翰·维尔海事将军一职；[①] 签订1487年《布洛涅协定》等商业条约、设立领事等。但是，英格兰海事法庭却和欧陆商事法院、海事法院有巨大差异，比如法官不同，前者法官由英格兰海事将军担任或由国王、海事将军委任，后者法官由商人组成；又如诉讼程序不同，前者拥有严格的令状制度，而后者则没有统一程序，可以自行确立方便快捷的程序；再如适用的法律也越来越不同，随着各地商事法院、海事法院不断确立本地的新规则，曾经仅以海商法典为区分的海事习惯逐渐被本土化规则替代。

总体来说，16世纪英国海商法的发展与欧陆的整体架构相仿，但在编制海商法典、创设新规则使用的方式以及海事法庭设置方面有一定差异。有学者认为，造成这一现象的原因在于英格兰城镇的独立性较差，同时王室法庭数量过多。[②] 这一观点可以在一定程度上解释英格兰海事法庭在创设新规则时较为牵强的模糊法律渊源的做法，但不能解释为何英格兰没有单独制定海商法典以及为何使用报复性劫掠证书这样的执行方式。

考虑到海商法典、执行证书、海事法庭均需国家颁布、设立，另一种可能的解释是，英格兰海商法的发展被把控在国家整体，而非司法机关手中。与欧陆原生、自发地发展本土海商法不同，16世纪英格兰面临的是如何继受欧陆规则，而非基于本土资源制定新法的问题；又由于都铎王朝时期依赖外贸的经济模式，尤其依赖安特卫普、低地等广泛认可《奥列隆法典》的地区，因此，英格兰不能自行颁布新法典，强迫本国商人与有主要贸易往来国家的商人遵循两套法典，而是只能认可与适用《奥列隆法典》；也不能完全根据本国商人需求凭空创造新规，而是必须反复重申相关判决有传统海商法典、海事习惯的支持以增强其他地区对其判决的认可度；也不能放任地方城镇法院自行发展规则，引发英格兰继受"外国法"的混乱，而是需要统一的司法机关，即海事法庭统一法律适用。

---

① *Calendar of the Patent Rolls Preserved in the Public Record Office*, Vol. 1, 1485 – 1494, p. 22.

② William Searle Holdsworth, *A History of English Law*, Vol. 5, p. 151.

因此，海事法庭推出与调整各类利商原则、规则的背后，是顺应此时英格兰重商主义政策的表现。在以服务国家政策为导向的影响下，海事法庭成为发展英格兰海商法的主要抓手，拥有比咨议会和星室法庭更为重要且直接的作用，[①] 英格兰也由此走出一条与欧陆海商法不同的统一与成文化之路。

三、海洋纠纷国际化与英格兰判例及习惯的协调

至此，海事法庭局部突破“外国法”的价值导向、方法、原因等已经基本清晰，但在与“外国法”有关的案例中，还有一类“匪夷所思”的案件，它的判决毫无逻辑，引发了学者的各类猜想，即海事法庭关于船长权限的规则及判决。

首先需要交代一下有关背景。传统海事习惯中，船长可以为船舶购买必需品、修理船舶、借款等，由于彼时船长往往是海上合伙的合伙人之一，因此全体合伙人对此项债务承担连带责任。比如 11 世纪《阿马尔菲海商法》（Chapter and Ordinances of the Maritime Court of the Noble City of Amalphi）第 17 条规定：“任何预付款、贷款必须由船长提出，并且尊重他的行动。”[②] 但到 16 世纪，船长职业化，不再有权自行借款、开支，尽管有的法典可能仍保留船长在必要情况下修理船舶、购买物品的权利，但他的所有行为仍要得到合伙人的同意，未经同意，则自费。比如 1597 年《汉萨同盟法》第 3 条规定：“除非船舶身处陌生国家，没有船东的同意，船长不应修理船舶、小船或绳索，违者应自费承担支出。”第 4 条也规定：“除非有 1—2 个合伙人同意，船长不应给他的船购买任何东西；而如果他未经同意购买，应惩罚他一定额的金钱；不论是船长还是船东都不应给船舶购买任何东西，船舶的所有开支都会用准备好的款项来支付。”[③] 简而言之，至 16 世纪，欧陆各地都规

---

① William Searle Holdsworth，*A History of English Law*，Vol. 5，p. 137.

② Travers Twiss，*Monumenta Juridica*，*The Black Book of the Admiralty*，*with an Appendix*，Vol. 4，p. 15.

③ The Laws of the Hanse Towns（*circa* 1597），http：//www.admiraltylawguide. com/documents/hanse. html，最后访问时间：2021 年 9 月 24 日。

定船长和合伙人、商人等身份分离，成为单纯的技术人员，其权限也不断下降，几乎没有权利在海外以船舶或合伙的名义购买东西。

但是，英格兰海商法并没有完全抛弃船长的自主性，他不仅可以根据船舶需要自行开支，合伙人还需对此承担连带责任，直到17世纪才被普通法法院改为不具有连带责任。[①] 1538年至1541年，海事法庭分别受理三起船长在国外借款后，债权人要求国内船东还款的案件，即乔治·达菲尔德号案（George Duffield）、奥斯特姆诉卡斯特林案（Austem c. Castelyn）以及韦伯诉卡斯特林案（Webb c. Castelyn），其中，乔治·达菲尔德号案持续3年之久。三起案件的案情十分相似，都是案涉船舶的船长分别向原告借款用于船舶开支，约定到港口归还，后来都没有完成航程，在某处遇难，船舶就此遗失，比如乔治·达菲尔德号在圣迈克尔（St. Michael）遇难，且找不到残骸。三起案件的判决也十分相似，海事法官认为，为了船舶本身的良好运作，船长、船东、船舶经营人有权抵押运费、船壳、货物等一切物品贷款，因此，产生债务后，他们也应当对相关支出承担连带责任。[②]

虽然海事法庭最后给出了船长、船东、船舶经营人就以船舶运作为目的的贷款承担连带责任的结论，支持原告的诉求，但其逻辑却相当"匪夷所思"。海事法官似乎认为，船长、船东、船舶经营人以船舶运作为核心结成合伙，都有权抵押船舶贷款，也就应承担连带责任。这显然违背常理，且不说彼时可能根本没有船长、船东、船舶经营人三者结成合伙的习惯，即使有，他们承担无限连带责任的同时，应获得一定的利润份额。但在海事法庭的推理中，没有提及这一可能存在的习惯，不能认为船舶运作贷款是一种利润份额；相反，抵押船舶贷款只是享有利润份额的合伙人的权力之一。

值得注意的是，在传统习惯中，船长在国外为了船舶需要贷款后，只有船舶安全抵达目的港，债权人才可以要求船长或船东偿还。所以，三起案件中，债权人均以船舶不适航为由主张船长故意丢失船舶逃避责任，进而主张，

① William Searle Holdsworth, *A History of English Law*, Vol. 7, p. 248 – 249.

② See Reginald Godfrey Marsden ed., *Select Pleas in the Court of Admiralty*, Vol. 1, p. 106 – 110.

虽然没有完成航程，也应该还钱。[①] 因此，这些判决及其逻辑推理也是当事人始料未及的。

学者们在理解这一差异时，往往聚焦于论证船长地位下降的理由，并未聚焦英格兰为何做出不同规定。有的学者认为，因为船上的风险在减小，尤其是旅客或其他人可能造成的船舶风险在减小，所以船长的权力也应当减小；有的则认为船长的权力既没有扩大也没有缩小，船长的权限一直都是以能否证明某项支出、损失是否不可避免为标准，现在只是这些事项少了而已。[②] 但是，这些观点只解释了为何船长的地位会下降，而没有解释为何英格兰与其他地区有不同规定。

霍兹沃斯指出，海商法所要解决的问题大致相似，不论海洋贸易有没有扩张至全球，都是船长与船员驾驶船舶从始发港前往目的港的活动，海商法的主题、规则也就大体相同，发展趋势自然也会趋同。[③] 所以，在调整海洋财富所有权、船长船员权利义务以及捕获规则时，尽管海事法庭作出重大调整，却仍保持英格兰海商法的总体发展趋势与欧陆海商法的大致相同。那么，英格兰海事法庭为何没有在这一趋势下就船长权限问题继续与欧陆地区保持一致，而是使用如此难以理解乃至混乱的逻辑作出英格兰的特殊规定？

回归案例可以得出的一种解释是，海事法庭不是以英格兰特殊的经济社会情况做出不同规定，而是在传统海事习惯与地方统一习惯之间所做的协调。

继续以 1538 年至 1541 年的三起船长贷款案为例，当外国借款人向海事法庭寻求救济时，适用传统海事习惯可以立即让船东承担连带责任，但船长毕竟不是合伙人，即使在船长的雇佣合同中授权他可以为了船舶需要贷款，现在船舶丢失，无法达成传统习惯中船舶安全抵达才需偿还贷款的条件，也就无法为外国债权人提供救济；而若适用欧陆的新规则似乎更为糟糕，英格兰船长、船员普遍较为穷苦，本就需要道德良心原则给予倾斜保护，如果海

---

① See Reginald Godfrey Marsden ed. , *Select Pleas in the Court of Admiralty*, Vol. 1, p. 106 – 110.

② William Searle Holdsworth, *A History of English Law*, Vol. 7, p. 250 – 251.

③ William Searle Holdsworth, *A History of English Law*, Vol. 5, p. 100.

事法庭判决由船长自费，那么外国债权人因船长没有资产而无法执行的同时，也会使本就穷苦的船长陷入更为绝望的境地。因此，在坚持传统习惯中船东连带责任达到救济外国债权人的同时，不能完全适用新规则使船东有机会主张船长独自负担债务，于是，便出现了船长、船东、船舶经营人都有权就船舶运作之权抵押船舶、运费等，用以贷款，同时也需对此债务承担连带责任的规定。

必须做出这样协调的原因是，船长权限这一传统上一般发生于本土的海洋纠纷拥有越来越多的涉外因素，在本土海商法统一与成文化的背景下，这些纠纷成为国际海洋纠纷，需要海事法庭在救济外国债权人与适用国内道德良心原则时达到平衡。直到16世纪下半叶，英格兰本土商业和工业才真正开始发展，[1] 因此，都铎王朝时期英格兰海商法的发展长期受外向型经济的过度影响，为了救济外国当事人的同时兼顾国内影响，海事法庭不得不创造出不符合常理的规则，或许正是这些“奇葩”规则过于不合人心，英格兰海商法才最终会在17世纪的法院斗争中败下阵来，被普通法吸收。

第三节　海事司法审判对海事制定法的偏向

可能由于《奥列隆法典》等“外国法”对欧洲的影响太大，学者们常常忽略英格兰王国法令、国王公告、海事法庭条令等海事制定法对英格兰海商法本土化的影响。其实，这些基于本土情况调整英格兰海事法庭法律适用的海事制定法才是最直接对英格兰海商法造成影响的规范。比如1535年与1536年关于海事法庭适用普通法审理海盗、叛国等案件的规定，[2] 不仅直接要求海事法庭适用普通法的程序、规则审理，而且改变海事法庭的审判方式，要求海事将军或海事法官与普通法法官组成特殊委员会审理，动摇了海事法

① William Searle Holdsworth, *A History of English Law*, Vol. 5, p. 67.

② See Statutes of the Realm, 27 Hen. Ⅷ. c. 4, 28 Hen. Ⅷ. c. 4. 15.

庭整个审判机制。那么，海事法庭如何适用海事制定法审理案件？有无像适用“外国法”那样的调整或协调？有没有创造出新的海商法规则？

一、王国法令的优先效力

都铎王朝时期关于海商海事的王国法令主要集中在管控进出口货物类型、管控船舶进出港以及海军士兵救济。包括：1554 年，英格兰通过法令禁止任何船舶通过海洋运输给养和木材。[①] 1562 年至 1563 年，集中出台一系列管控货物进出口与船舶进出港的法令，如 4 年内本国国民可以出口本国国民捕捞的、由本国国民船只运输的海鱼；本国国民使用自己船只捕捞进口的海鱼不受约束、不交税；根据亨利八世三十三年法第 33 章收取船舶合伙的通行费，且不能出口咸鱼；对用外国船只运输法国酒的进口限制等。[②] 1601 年，颁布法令救济残疾海军士兵，要求当地官员支付抚恤金，如果士兵没有收到，可以向当地海事法官寻求救济。[③]

这些法令几乎都在海事法庭得到严格执行，有的甚至打破海事法官判决的一般格式。关于货物进出口管控，比如 1564 年海事将军诉雅各布森案，[④] 这一判决将相关法令作为判决推理的大前提，打破海事法官不以三段论为判决逻辑的一般格式。又如 1541 年史密斯诉布莱耶案，该案中，被告非法出口，原告进行捕获，虽然被告认为原告涉嫌从官员处贿买自己的信息，但海事法庭认为被告仍然构成非法出口。[⑤] 1595 年，同样发生数起没有执照却出口食物而被海事法庭逮捕、罚款的案件。[⑥] 关于船舶运输管控，比如 1555 年吉莉施巴赫诉托尔案（Glisburgh v. De La Torre），该案中，佛莱明人和西班

---

① See Statutes of the Realm, 1 &2 Phil. & Mar. c. 5.

② *Statutes of the Realm*, 5 Eliz. c. 5.

③ See Statutes of the Realm, 43 Eliz. c. 12.

④ 该案在本文第三章第二节已有介绍，参见 Reginald Godfrey Marsden ed., *Select Pleas in the Court of Admiralty*, Vol. 2, p. 127 – 128。

⑤ See Reginald Godfrey Marsden ed., *Select Pleas in the Court of Admiralty*, Vol. 1, p. 100 – 101, 211 – 212.

⑥ See Reginald Godfrey Marsden ed., *Select Pleas in the Court of Admiralty*, Vol. 2, p. lxxiv.

牙人共同在英格兰境内捕获一艘法国船，但虽是共同捕获，原告却没有获得协助捕获的报酬，故提起诉讼。法庭最后判决双方平分捕获物。[①] 而关于海军士兵，尤其是残疾士兵的救济，虽然没有直接体现在海事法庭的判例中，但不论是道德良心原则还是船员薪资作为船舶优先权的地位，都是海事法庭执行这一政策的体现。

海事法庭在判决中不遗余力执行这些法令与政策的同时，也自行发展出了一些规则或手段进一步保障法令所指向的国家利益。比如为了进一步保障已经收到的关税，海事法庭通过判例确立关税的绝对支付义务。在 1562 年凯恩诉法比安案（Caine c. Fabyan）中，被告向原告借钱没有归还，原告便申请扣押被告的货物；而在原告占有该批货物之前，被告被强迫支付 77 英镑 6 便士 8 先令的关税，原告认为，该笔关税也应用于偿还自己的债权，于是在海事法庭就该笔关税起诉被告，要求被告取回关税、偿还债务。但海事法庭没有支持原告的诉求，而是判决被告用自己的其他财产偿还。[②] 可以看到，海事法庭认为支付关税的义务是绝对的，原货主、收货人还有其他任何占有货物的人都应缴纳关税，已经缴纳的关税也不得退还。又如为了进一步控制走私，一方面，海事将军于 1591 年设立专门职位搜寻未经报关的货物，[③] 海事法庭则在同一年被授权查抄西班牙贸易中的走私货物；[④] 另一方面，海事法庭会惩罚放任走私的人，比如 1595 年海事将军诉厄普顿案（Off. Dom. c. Upton），该案中，海事将军要求被告捕获一批未经海关申报的货物，但被告拒绝，[⑤] 虽然是否进行捕获本应取决于公民自由意志，但海事法庭认为被告的行为放任走私，属于违法行为。

海事法庭对王国法令与对“外国法”的适用形成鲜明对比，对前者具有偏向性。此处的偏向性并不是指王国法令与“外国法”发生冲突时，海事法

---

① See Reginald Godfrey Marsden ed. , *Select Pleas in the Court of Admiralty*, Vol. 2, p. 95.

② See Reginald Godfrey Marsden ed. , *Select Pleas in the Court of Admiralty*, Vol. 2, p. 123 – 124.

③ See Reginald Godfrey Marsden ed. , *Select Pleas in the Court of Admiralty*, Vol. 2, p. lxxiii.

④ See Reginald Godfrey Marsden ed. , *Select Pleas in the Court of Admiralty*, Vol. 2, p. xv – xix.

⑤ See Reginald Godfrey Marsden ed. , *Select Pleas in the Court of Admiralty*, Vol. 2, p. lxxiii.

庭会适用前者，（事实上，二者几乎没有发生冲突）而是指海事法庭会直接、严格地适用王国法令，并发挥能动性扩展保障国家利益的各种措施；而在适用“外国法”时，会首先考虑该法律能否直接适用，不能的时候会协调、调整乃至规避部分条款。造成这种区别的原因可能有三。第一，从性质上看，“外国法”与现代法律规则相似，而王国法令则与现代行政命令类似。现代社会的立法与行政一般是分开的，如果说立法强调法律规则的普适性，即一条规则可以处理同一类型的所有案件，那么行政则强调针对性，即一条规则仅调整某一时间段内某些主体的部分行为，[①] 这就导致法院在适用法律规则时往往需要解释，而政府部门一般直接适用行政规则。与此类似，都铎王朝时期的“外国法”中已经有相对成熟的法律规则，海事法庭需要解释后适用，而王国法令则与现代行政命令类似，无须海事法庭解释，更不允许调整。第二，从内容上看，不少“外国法”仍保留判例的形式，但其中描绘的案件情形十分具体，如果说在都铎王朝之前欧洲各地海运政策、情况相差不多，进入地理大发现时代后，各地为了争夺海洋财富，便出台各种政策竞争乃至发动战争，[②] 海运情况各不相同，海事法庭也就渐渐地难以找到符合“外国法”以过去为基础描绘的判例的情形；而英格兰王国法令完全立足于英格兰本土情况，也往往直接指向特定船舶、海员、货物等，与其说海事法庭在适用王国法令，不如说海事法庭实质以司法的形式执行这些命令。第三，从建构英格兰海商法这一目的来看，海事法庭似乎意在将王国法令直接纳入海商法范畴，而“外国法”则需通过海事法庭的转化才能适用。在英格兰海商法统一与成文化的过程中，以判例的形式转化欧陆传统海商海事规则固然重要，但也需要挖掘本土法律渊源，[③] 搜集英格兰各地海商海事习惯或判例并不现实，因为海事法庭没有巡回法庭制度，高级海事法庭也并非最高海事司法机

---

① ［美］米尔伊安·R. 达玛什卡：《司法和国家权力的多种面孔——比较视野中的法律程序》，郑戈译，中国政法大学出版社 2004 年版，第 49－50 页。

② ［英］彼得·莱尔：《全球海盗史——从维京人到索马里海盗》，于百九译，广东人民出版社 2022 年版，第 85－90 页。

③ William Searle Holdsworth, *A History of English Law*, Vol. 5, p. 62－64.

关，还有海事特别委员会作为上诉机关，因此，调整海商海事领域的王国法令成为重要切入点，既可以看到英格兰需要统一的海事规则，也可以通过判例统一海事规则，这或许也是海事法庭尝试确立关于关税、走私等规则的原因。

但是，王国法令似乎没有给英格兰海商法的发展提供太多养料，反而导致捕获案件增多，海事法庭逐渐致力于保障国王、贵族以及英格兰人的海洋财富，最终走向封闭海洋的思潮。捕获案件的前提之一是捕获人与被捕获的船、货处于敌对状态，因此，捕获案件增多本就是欧洲各国争夺海洋财富的必然结果。但是，英格兰王国法令对海运中船舶国籍、货物种类以及税收等都加以限制，导致在英格兰本土也有捕获生意可做，便出现 1555 年吉莉施巴赫诉托尔案那样的，外国人在英格兰捕获外国船的案件。捕获案件进一步增多，也复杂化，因为当欧陆各地的人都开始向海事法庭寻求认可捕获的判决时，意味着本可以由英格兰人进行并认可的合法捕获减少，或者难度增加，从而导致海洋财富的变相流失。这显然违背重商主义政策。[①] 但海事法庭无法改变这一状况，只能通过判决进一步巩固英格兰人可以获得的海洋财富，于是，海事法庭自发地将自己定位为王国法令的执行者，没有将其视为与《奥列隆法典》等“外国法”一样的法律渊源，没有进一步解释王国法令在适用的同时所确立的包括支付关税义务在内的新规则也以确保王室收入不受侵犯为目的，而非公平正义或商业发展。也或许正是海事法庭这样适用王国法令的方式，使后来的英格兰学者在建构海洋法理论时仍以本国利益为最优先考虑，又在英国鼎盛海军的支持下，提出海洋封闭理论。[②]

二、非正式海事制定法的优先效力

除王国法令，还有许多非正式的海事制定法，较为典型的包括：1490

---

① ［英］托马斯·孟：《英国得自对外贸易的财富》，袁南宇译，商务印书馆 1965 年版，第 7 页。

② John Selden，*Ioannis Seldeni Mare Clausum Seu De Dominio Maris Libri Duo*：*Primo*，*Mare*，*Ex Iure Naturae Seu Gentium*，*Omnium Hominum Non Esse Commune*，*Sed Dominii Privati Seu Proprietatis Capax*，*Pariter Ac Tellurem*，*Esse Demonstratur*，*Secundo*，*Serenissimum Magnae Britanniae Regem Maris Circumflui*，*Ut Individuae Atque Perpetuae Imperii Britannici Appendicis*，*Dominum Esse*，*Asseritur. Excudebat Will*，Stanesbeius：Pro Richardo Meighen，1635.

年，亨利七世以特许状的形式授权约克郡治安官发布《禁止包庇海盗以及购买海盗货物公告》（Proclamation against Harbouring Pirates，or Buying their Goods），要求各港口不得包庇、隐匿海盗，同时禁止买卖任何海盗出售的货物；[①] 1536 年，亨利八世以信件的形式发布《中立宣言》（Proclamation of Neutraluty），表明自己在教皇和法国国王纷争中的中立立场，英格兰将尽全力救济任何一方受损的国民或货物。[②] 海事法庭则在 1536 年发布《战时禁运公告》（Proclamation as to Contraband），任何英格兰人都可以带走从法国向苏格兰运送的食品、大炮等一切战争补给；[③] 在 1552 年发布《关于合法捕捞的条令》（Ordinayces as to Illegal Fishiing），为相关捕捞、捕获设定严格条件，起到限制泰晤士河上的船只数量、网的大小以及夜间行灯等作用。[④] 此外，还有不少来自咨议会、海事将军的命令、条例等，比如 1557 年，咨议会就敌方货物在友船与友方货物在敌船两种情况下的捕获是否合法的问题颁布专项命令，咨议会认为，由于法国认为这两种情况的捕获均为合法，司法实践也遵循这一规则，因此，英格兰也认可这两种情况的捕获都是合法的。[⑤] 又如 1568 年，爱德华·克林顿、塞西尔等签署议会命令，要求海事法庭在当年西班牙船舶在怀特岛被劫掠的系列案件中，都判决由相应被告承担赔偿责任。[⑥] 再如 1575 年，海事法官给康维尔以及其他地方的副海事将军发布命令要求释放一艘因外国授权而被捕获的船。[⑦]

海事法庭同样执行了这些公告、宣言以及命令。比如 1580 年吉利图诉詹

① Reginald Godfrey Marsden, *Documents Relating to Law and Custom of the Sea*, Vol. 1, printed for the Navy Records Society, 1915 – 1916, p. 145 – 146.

② Reginald Godfrey Marsden, *Documents Relating to Law and Custom of the Sea*, Vol. 1, p. 149 – 150.

③ Reginald Godfrey Marsden, *Documents Relating to Law and Custom of the Sea*, Vol. 1, p. 150 – 151.

④ See Reginald Godfrey Marsden ed., *Select Pleas in the Court of Admiralty*, Vol. 2, p. 21 – 22.

⑤ See Reginald Godfrey Marsden ed., *Select Pleas in the Court of Admiralty*, Vol. 2, p. 22.

⑥ See Reginald Godfrey Marsden ed., *Select Pleas in the Court of Admiralty*, Vol. 2, p. lxx.

⑦ Reginald Godfrey Marsden, *Documents Relating to Law and Custom of the Sea*, Vol. 1, p. 199 – 200.

金斯案，原告起诉被告购买海盗货物，海事法庭判决每个购买者罚款 200 英镑。[①] 再如 1541 年朗姆尼诉伍德案，该案中，引航员操作失误导致船舶搁浅，随后他被逮捕入狱，原告要求其赔偿损失，海事法庭最后依据海洋法律和高级海事法庭条令（Ordinances of the Principal Court of the Admiralty）判决该引航员 1 年徒刑，虽然允许保释，但只有海事将军同意才可以重操旧业。[②] 又如 1589 年夏沫与巴克利案（In Re Somers and Buckley），该案中，夏沫协助巴克利捕获西班牙船，鉴于双方争议焦点是捕获物的份额分配，于是海事法庭采用仲裁的形式，由埃芬厄姆的霍华德（Howard）和其他人作为仲裁者做出裁决，为当事人划分了合理的捕获份额。[③]

之所以称公告、宣言等是非正式海事制定法，是因为它们虽然和王国法令一样由议会等官方机构作出，但海事法庭却没有严格适用，而是像适用"外国法"那样十分灵活。比如关于《禁止包庇海盗以及购买海盗货物公告》，在适用范围上，该公告本仅适用于约克郡，高级海事法庭却将其确立为英格兰本土习惯广泛适用于各地；在内容方面，公告禁止买卖海盗货物的行为，同时要求违反者应返还原物或赔偿相应价金，否则有监禁或获得其他惩罚的可能，海事法庭在此基础上不仅通过 1553 年海事将军诉博纳案将海盗货物确认为国王财产，[④] 更是将买卖海盗货物违法扩张解释为占有、使用、买卖海盗货物均为违法行为。比如在 1575—1576 年汉莫诉米德尔顿案（Hanmer c. Midleton），该案中，原告主张案涉船舶所有权，要求被告返还，但由于船上有海盗货物，被告反而向海事法庭申诉要求给付相应金钱之后才能释放船舶。[⑤] 而在 1585 年梅因加德诉弗朗西斯·达克案（Mayngard c. Sir Francis Drake）中，原告起诉被告劫掠自己，而被告认为船上有海盗货物，

① See Reginald Godfrey Marsden ed., *Select Pleas in the Court of Admiralty*, Vol. 2, p. 153 – 155.

② See Reginald Godfrey Marsden ed., *Select Pleas in the Court of Admiralty*, Vol. 1, p. 102, 213.

③ See Reginald Godfrey Marsden ed., *Select Pleas in the Court of Admiralty*, Vol. 2, p. 44.

④ 该案在本文第二章第一节已有介绍，参见 Reginald Godfrey Marsden ed., *Select Pleas in the Court of Admiralty*, Vol. 2, p. 84 – 86。

⑤ See Reginald Godfrey Marsden ed., *Select Pleas in the Court of Admiralty*, Vol. 2, p. lxxi.

因此不构成劫掠，海事法庭最终支持被告的主张。[①] 又如关于 1536 年《中立宣言》，它也为英格兰带来大量捕获案件，[②] 不过，与王国法令导致捕获案件增多的作用不同，《中立宣言》所宣称的英格兰中立地位使海事法庭成为不会偏袒任何一方的司法机构，与英格兰无关的捕获便自然愿意到英格兰海事法庭寻求宣布捕获合法的判决，海事法庭进而以咨议会 1557 年就敌方货物在友船与友方货物在敌船两种情况下的捕获是否合法的问题颁布的专项命令进行裁决。最为典型的案例便是 1563 年姆斯特曼诉比林修孙案（Musterman c. Byllingshowson），该案中，被告是丹麦人，曾被勒韦人（Revel）劫掠，于是从弗雷德里克二世（Frederick Ⅱ）处拿到报复性劫掠证书。然后他捕获了勒韦人的一艘船和货，把它们和自己的船罗兰德号（Rowland）带到唐斯（Downs）。但是，他的船和捕获物在那里被案外人捕获，被告被送至海事法庭；后来，这一案外人的船和捕获物又被原告和其他阿姆斯特丹和吕贝克的商人捕获，遂诉至海事法庭，要求海事法庭认可其捕获。被告曾抗议，该案的案件发生地、当事人、涉及的船舶、货物都涉外，因而英国法院没有管辖权，只有丹麦有管辖权，英格兰海事法庭应立即释放被告的船舶、货物。海事法庭虽没有理会被告提出的管辖异议，却也没有偏袒任何一方，以传统海事习惯为要件，海事法庭判令原告的捕获成立，但是被告对勒韦人的捕获不合法，因此被告需归还勒韦人的船和货。[③]

因此，在对英格兰海商法的发展方面，关于海商海事的公告、宣言、命令等非正式制定法反而比王国法令提供了更多养料与渊源，英格兰海事司法由此在欧洲范围内成为具有公信力的司法机构，为殖民地副海事法庭的司法实践提供模板。海事法庭能够在都铎王朝时期成为欧洲各国人都信赖的司法机构，或许正是由于海事法庭在适用非正式制定法时能够兼收并蓄，在没有偏向的同时，合理吸收各国规则用于处理复杂案件。海事法庭的特点也延续

---

① See Reginald Godfrey Marsden ed. , *Select Pleas in the Court of Admiralty*, Vol. 2, p. lxxii.

② Reginald Godfrey Marsden, *Documents Relating to Law and Custom of the Sea*, Vol. 1, p. 149.

③ See Reginald Godfrey Marsden ed. , *Select Pleas in the Court of Admiralty*, Vol. 2, p. 27 – 29.

到殖民地副海事法庭，正如有学者指出的，从美国副海事法庭开始，海事法庭的管辖范围扩张到殖民地的所有经济贸易事务，[①] 虽然难免偏向保护英格兰人，但能够在殖民地确立英美法系的重要原因，或许就是副海事法庭在处理殖民地事务时秉持英格兰海事法庭兼收并蓄的特点，努力保证当地人都能接受判决。[②]

三、都铎王朝时期海事制定法的优先适用及其理解

虽然英格兰海事法庭从海事制定法中发展出不少本土海商海事规则，并且许多海事制定法及其发展出的新规则、习惯比《奥列隆法典》等“外国法”更能实现当事人的权利，但当事人却似乎更为青睐用“外国法”主张自己的权利，而更为奇怪的是，当事人引用的往往是没有规定在法典中的内容。比如1555年史密斯诉罗切斯特案（Smythe c. Rochester），该案中，原告要求被告返还其占有的货物，被告辩称，货物在婚前就是她的，丈夫破产后又还给了她，根据《奥列隆法典》的相关规定，这批货物属于被告私人财产，原告无权取得。[③] 根据现有材料，当时的《奥列隆法典》里没有关于此种情况下可以获得货物的规定，反而《瓦伦西亚海事诉讼规则》（The Judicial Order of the Court of the Consuls of the Sea At Valencia）第35条有相关规定；[④] 而在英格兰海事法庭，以1550年奥特兰托诉被救助货物案为代表，已经有承认与执行婚前财产的判例，[⑤] 因此，海事法庭虽然最终支持被告的主张，但很可能不是以《奥列隆法典》，而是以海事法庭自己的规则为依据。再如1561年泰耶诉斯普林汉姆案（Tye c. Spryngham），该案中，被告委托原告运输一批货物，由于原告没有实际运输，被告便没有支付运费。但原告诉至海事法庭，

---

① Raymond S. August, *Trial by Jury in a Court of Admiralty: A Constitutional Right Buried under Historical Ignorance*, Journal of Maritime Law and Commerce, Vol. 13, No. 2, 1982, p. 149 – 176.

② William Blackstone, *Commentaries on the Laws of England. In Four Books*, book Ⅲ, p. 659.

③ See Reginald Godfrey Marsden ed., *Select Pleas in the Court of Admiralty*, Vol. 2, p. 96 – 97.

④ Travers Twiss, *Monumenta Juridica*, *The Black Book of the Admiralty*, *Appendix*, Vol. 3, p. 489.

⑤ See Reginald Godfrey Marsden ed., *Select Pleas in the Court of Admiralty*, Vol. 2, p. 13 – 14.

认为该航程是因为天气原因被临时取消，根据《奥列隆法典》应获得一半的运费。[①] 同样地，《奥列隆法典》中没有关于此种情况下可以获得一半运费的规定，尽管海事法庭最终支持原告诉求，但很可能是以英格兰本土习惯为依据，而非《奥列隆法典》。1564 年索能顿诉伊丽莎白·博纳文特鲁号及其船东案（Thorneton c. Elizabeth Bonaventure & Jobson）可以从侧面支持这一猜想，该案中，涉案船舶由于天气原因被迫返程，船东要求支付薪资并且获得了支持。[②] 也就是说，海事法庭很可能很早就存在这样的规则，即托运人需要支付因不可抗力而未完成航程的运费或薪资。

这一现象甚至出现在海事法庭的判决中，比如 1538 年乔治·达菲尔号案，该案中，原被告就租船合同产生争议，原告认为，其委托被告承运的货物在航程中有损耗，因此被告应赔偿自己的损失。海事法庭认为，被告已经尽到适航义务、保卫义务，案中涉及的损耗不可避免，应按实际吨数计算运费。而其论证逻辑与船长权限规则中的如出一辙，海事法庭认为，在航行过程中，如果船员有捕获，那么商人可以根据《奥列隆法典》获得他的份额，因此，如果要船员保护商人或其代理人的财物，那么就也要另外付钱。[③] 但是，根据现有材料，《奥列隆法典》同样没有对捕获作出过规定，反倒是 1063 年《特拉尼海商法典》（Ordinances and Customs of the Sea Published by the Consuls of the City of Trani）中有相关规定。[④]

当事人的“错误引用”或许和海事律师的缺乏有关。在 16 世纪的海事法庭，仅当法院认为存在无法解决的法律问题或者法院内部有观点分歧时，才允许当事人聘请律师，所以海事律师仅能解决法律问题，而非事实问题。[⑤] 一方面，都铎王朝时期本就鲜有专门处理海商海事案件的律师，因为在海事

---

① See Reginald Godfrey Marsden ed., *Select Pleas in the Court of Admiralty*, Vol. 2, p. 122 - 123.

② See Reginald Godfrey Marsden ed., *Select Pleas in the Court of Admiralty*, Vol. 2, p. 131 - 132.

③ See Reginald Godfrey Marsden ed., *Select Pleas in the Court of Admiralty*, Vol. 1, p. 81 - 83.

④ Travers Twiss, *Monumenta Juridica*, *The Black Book of the Admiralty*, *with an Appendix*, Vol. 4, p. 523 - 546

⑤ William Searle Holdsworth, *A History of English Law*, Vol. 5, p. 83.

法庭执业的律师大多也在其他适用罗马法的法院如教会法院、大学法院执业，而16世纪海商海事规则、习惯多有变动，英格兰海事法庭与欧陆法院的规则的不同之处越来越多，当事人便更难找到同时精通“外国法”与国内法的律师；另一方面，律师也似乎很少帮助海事法庭解决法律问题，反而容易使自己陷入不利境地，比如1547年福瑞斯曼诉教会案（Furrysman c. Churche），该案中，律师曾协助当事人向王座法院就船舶所有权提起诉讼，该案也确实涉及法律问题，但由于海事法庭已在另案中扣押涉案船舶，因此海事法庭发现该律师的行为后向枢密院报告，该律师最后被判决构成藐视法庭。[①] 因此，海事案件当事人，尤其是国内外商人仅依靠自己熟悉的、可能已经被淘汰的海商海事习惯、规则等寻求救济，便容易出错。

而海事法庭的“错误引用”则可能和法律适用界限有关。对海事法庭来说，由于海事将军本就熟悉国际海商海事规则，副海事将军大多出身于精通罗马法的律师，[②] 又有《海事黑皮书》协助海事法官，因此，海事法庭不太可能犯错误引用法律这样的大“失误”，这一行为很可能仍然是为了救济当事人，只是不方便直接引用某些规则而用《奥列隆法典》代替。仍以1538年乔治·达菲尔号案为例，在传统海商海事习惯中，由于船长一般是合伙人之一，货物就是他的投资与收入，因此他必然会尽力照看货物。但随着船长地位的下降，不再享有合伙人身份，其尽力管货的责任心下降，便需要其他手段加重其管货义务。但是，由于传统海商海事习惯对此没有严格规定，彼时又缺乏监控等技术手段，在法律或事实上均难以加重这一义务，海事法庭便不得不创造新规则。于是，海事法庭再次使用和论证船长权限规则几乎一样的推理逻辑，为加重船长管货义务寻找对应的权利，即商人获得船员捕获物的权利。海事法庭无法直接适用这一属于《特拉尼海商法典》的规则，[③]

---

① See Reginald Godfrey Marsden ed., *Select Pleas in the Court of Admiralty*, Vol. 2, p. 144 – 145.

② William Senior, *Doctors' Commons and the Old Court of Admiralty: A Short History of the Civilians in England*, Longmans, Green and Co., 1922, p. 25.

③ Travers Twiss, *Monumenta Juridica, The Black Book of the Admiralty, with an Appendix*, Vol. 4, p. 531.

将其视为出自《奥列隆法典》的规则的原因，或许在于海事法庭认为《奥列隆法典》拥有明示规则的同时，也拥有国际海商海事习惯这类“默示规则”，因此宣称这一规则来自《奥列隆法典》。

由此也可以看到，16 世纪的人认为海事法庭优先适用欧陆民法的观点，或许并不意味着海事法庭像现代法院，尤其是商事法院适用法律时那样，已经确立优先适用国际贸易通行习惯的司法原则，更不是在“外国法”与国内法不一致时优先适用“外国法”；而是意味着，在将国际海商海事习惯本土化的过程中，海事法庭会充分尊重当事人基于传统习惯的各类主张；而之所以要优先适用“外国法”，是因为当事人很可能不知道英格兰国内已经有独立规则，尤其是海事法庭从英格兰海事制定法中发展出的规则，所以，为了给予当事人救济，海事法庭允许当事人，尤其是外国商人根据“外国法”提出自己的主张，海事法庭也会优先选择解释、适用从“外国法”中发展出的规则、习惯给予救济。

从这个角度才能解释，为何海事法庭优先适用“外国法”，却对它多有突破；劣后适用海事制定法，却往往直接适用。

第四节 海事法庭对国家、地区间条约的自主适用

最后一个对英格兰海商法本土化产生重要影响、却同样常常被学者忽略的是当时各类国际条约，它的重要作用在于，正如有学者指出的，虽然 16 世纪欧陆各地开始形成本土化的海商海事规则与习惯，但国际条约使各国海商法仍然保持极大的相似性。[①]

所谓国际条约，一般是指国家与国家之间在洽谈后就某些达成一致的事项签订的书面文件。在 16 世纪欧洲与海商海事有关的各类国际条约，总是与

① William Searle Holdsworth, *A History of English Law*, Vol. 5, p. 102.

船舶通航、货物买卖、捕鱼活动、商人互惠等有关，比如1496年6月，英格兰、爱尔兰、加莱与布拉班特、佛兰德斯、埃诺、荷兰及梅赫伦签订《大通商条约》，规定这些地方的商人无须出示许可证或护照就可以进行商品交易；各签约国（地区）人们在其他签约国（地区）领土上持有的房产均合法有效；商人们需要支付条约中规定的例费；恢复这些国家（地区）商人们曾享有的一切权利。[①] 又如1506年，亨利七世与卡斯蒂利亚国王菲利普签订《贸易条约》，除允许荷兰人在英格兰海岸和海上自由捕鱼外，要求菲利普国王确认1496年《大通商条约》的所有条款。[②] 此外还有1515年《英法和平与商业条约》，第21条规定，考虑到彼此的商业以及商品交换，双方应用相同的方式对待彼此，正如在上一次和平时代所做的那样。[③] 都铎政府一直十分重视国际条约，尤其是通商条约。

但在学界对海事法庭的一般认识中，似乎很少将国际条约视为其适用的法律之一。原因可能是，一方面，虽然中世纪晚期欧洲的国际条约很多，但是往往得不到执行，比如关于共同对抗海盗的国际条约就很少得到执行；另一方面，中世纪晚期欧陆战事不断，即便签订国际条约，也可能很快被推翻，或被新的条约代替。

学界的认识和当时欧洲海商法的发展似乎有一定矛盾，尤其在英格兰，比如国际条约中经常使用的"用相同的方式对待彼此"的表述便很可能是海事法庭司法原则中对等原则的来源；如果国际条约不是海事法庭的法律渊源之一，海事法庭似乎也无须出于外交与国际贸易的考虑在涉外案件中有偏向"服务"的适用侧面。那么，海事法庭如何适用国际条约？是否和适用"外国法"与海事制定法一样，发展出英格兰本土海商海事新规则？

---

① ［英］弗朗西斯·培根：《英王亨利七世本纪》，王宪生译，北京时代华文书局2016年版，第103页。

② ［英］弗朗西斯·培根：《英王亨利七世本纪》，王宪生译，北京时代华文书局2016年版，第271页。

③ See Reginald Godfrey Marsden ed., *Select Pleas in the Court of Admiralty*, Vol. 1, p. xxii.

一、和平时期海事法庭对多边公益条约的自主适用

在16世纪对英格兰海商海事领域产生重要影响的国际条约，大多是在和平时期签订的贸易条约，而从都铎王朝时期的案例来看，国际条约在海事法庭得到比王国法令更为直接、严格的适用。比如1552年格尔德诉沃尔隆德案（Gelder c. Worelond），该案中，原告的船舶格雷亨德号（Greyhound）在查尔斯五世（Charles Ⅴ）和苏格兰的战争中被海盗捕获，后落入被告之手，原告故此要求被告返还该船。在判决中，海事法庭并未提及海盗捕获是否成立，而是确认原告是船舶所有人，因此被告应当返还船舶，如果船舶已经灭失，被告则应返还相应的钱款。虽然判决没有提及国际条约，但从后来的执行流程可以看到，这样判决的根本目的是执行英格兰在战后的和约安排，归还在战争中被海盗捕获的船舶。[①] 1552年格尔德诉沃尔隆德案与1573年梅诉霍金斯案形成鲜明对比，案情同样是原告船舶被海盗捕获，后落入被告之手，诉求同样是返还船舶，[②] 但对于前者在国际条约的影响下，海事法庭不仅没有审查海盗捕获是否成立，也没有判断被告行为是否构成救助，而是出于执行和约的目的简单、直接地判决被告返还船舶，相比适用王国法令更为严格、直接。

此外，典型案例还有1550年西蒙内特诉马林案（Simonet c. Malyn），该案中，被告劫掠原告，由于原告的货物中有他国王室物品，枢密院基于1496年的和平条约委任特别代表审理此案。[③] 还有1571年汉萨公司诉雅各布斯案（Hanseatic Company c. Jacobson），该案中，汉萨公司控诉被告伪造商务介绍信，他明明是安特卫普人，却伪造信件称自己是布雷曼人，使自己能够享受汉萨商人在英格兰的特权。海事法庭最后查明事实，判决被告自行支付所有

---

① See Reginald Godfrey Marsden ed. , *Select Pleas in the Court of Admiralty*, Vol. 2, p. 82.

② See Reginald Godfrey Marsden ed. , *Select Pleas in the Court of Admiralty*, Vol. 2, p. 149.

③ See Reginald Godfrey Marsden ed. , *Select Pleas in the Court of Admiralty*, Vol. 2, p. lxv.

的经商费用。[1] 这起案件与1554年1月英格兰基于与汉萨同盟之间的和约而发布的一项命令有关，内容则是恢复汉萨同盟商人以前享有的全部特权。

如果将海事法庭扩展适用王国法令、灵活适用“外国法”等均视为其在适用法律时发挥了一定的能动性，那么海事法庭在适用国际条约时便没有这样的能动性，与现代适用国际条约的方式也有所不同，可以称之为“自主适用”。现在，大陆法系国家对国际条约的处理方式一般是将其转化为国内立法，或在诉讼法中要求法院在国际条约与国内法有冲突时优先适用国际条约，[2] 不论是哪一种，都是将国际条约与国内实体法或程序法联系起来，进而由法院适用。但都铎王朝时期英格兰海事法庭不是这样，尤其在1552年格尔德诉沃尔隆德案与1573年梅诉霍金斯案的比较中，可以看到如果国际条约对某项争议有明确规定，海事法庭便会在判决中确认与国际条约规定有关的事实，作出判决后以此为依据执行相关国际条约；但同时，判决中不会提及国际条约，也无须对国内法与国际条约的关系进行解释，只要最后结果符合国际条约的规定即可。这种“自主适用”的方式既没有从国际条约中发展出新规则的意思，也不是为了实现条约内容而扩展的适用方式，相比“外国法”与海事制定法，是十分“中规中矩”的适用方式。

或许正是缺乏这样的能动性，被自主适用的国际条约没有被视为海事法庭的法律适用渊源，而造成这种现象的原因，则是都铎王朝时期的国际条约在理论上可能，但在实践中不可能成为海事法庭的法律适用渊源。可以从1552年格尔德诉沃尔隆德案与1573年梅诉霍金斯案的比较以及1550年西蒙内特诉马林案等案件中进一步解读的是，国际条约和国家政策一样，都是海事法庭需要以司法手段满足其规定的。但是，相比国家政策，国际条约数量更多，形式、内容等也更为多变，且国际条约全靠签署国或签署地区的自觉履行，国家政策则有国家强制力保障实施，因此，从理论上来说，海事法庭固然可以适用国际条约，但从司法实践来说，这是无法实现的，因为国际条

① See Reginald Godfrey Marsden ed. , *Select Pleas in the Court of Admiralty*, Vol. 2, p. 145 – 146.

② 郑文辉：《中国法律和法律体系》，中山大学出版社2017年版，第438页。

约既不能代表国际海事习惯，也不能被视为英格兰本土海商海事规则，虽然具有一定的法律效力，但也随时可能在国王的指示下不予执行，因此，尽管理论上似乎可以灵活适用国际条约，但在实践中无法做到。从这个角度来看，针对同一类型案件作出截然相反的判决便可以被理解，国际条约虽然在理论上拥有和海事制定法一样的效力，但在实践中却可能因为各种政治、经济等因素被调整适用，或者简单来说，只有在英格兰认为需要适用国际条约时，海事法庭才会将其尊崇为法律渊源。

这样的方式契合都铎政府以及历任国王的需要。从重商主义来说，都铎王朝时期的英格兰既需要签订促进海运的条约以促进出口，也需要签订限制海运的条约以保护本土市场，比如在英荷外交关系紧张时，既要严禁双方船只来往，防范外国商人抢走本国商人地盘与利益，又要与日耳曼签约开发汉堡作为新贸易口岸，或拓展波罗的海、俄罗斯、地中海的贸易路线，派出舰队保护船只等。① 而从外交政策来说，亨利八世到伊丽莎白一世都力求均衡欧陆各方势力，比如亨利八世为了阻止弗朗索瓦一世和查理五世成为欧洲霸主，他主动借钱给查理五世让他从事远航事宜，② 那么海事法庭便需要放宽对外国商人，尤其是商人冒险公司的管控，因为他们在都铎王朝时期掌控英国 80% 的出口总额，贡献全国 2/3 的关税收入。③ 因此，与其让海事法官绞尽脑汁适用国际条约，不如直接以国家政策或国王指令为指导通过判决达到其目的，而且海事法官没有任何发挥的空间，可能连高级海事将军都不一定能完全掌控对某项条约的执行尺度，海事法庭便只能尽量直接、简单同时以不提及国际条约的方式对其加以适用。

---

① 赖建诚：《王室与巨贾——格雷欣爵士与都铎王朝的外债筹措》，浙江大学出版社 2015 年版，第 92－93 页。

② ［英］查尔斯·爱德华·莫伯利：《都铎王朝：1485—1547》，游莹译，华文出版社 2020 年版，第 232 页。

③ 赖建诚：《王室与巨贾——格雷欣爵士与都铎王朝的外债筹措》，浙江大学出版社 2015 年版，第 296 页。

二、战争时期海事法庭对单边私益条约的自主适用

国际条约一般都是在战争之后或其他和平时期签订，但在战争时期，英格兰曾发出与海商海事有关的单边私益条约。其中最为典型的是 1564 年高级海事法庭经国王授权发布的《不要和葡萄牙殖民地贸易，也不要劫掠葡萄牙船的公告》，大意为，目前英格兰和苏格兰交恶，大使们正在磋商，但还没有达成协议。在目前国际形势不明朗的情况下，由于葡萄牙和苏格兰贸易往来比较频繁，劫掠苏格兰的船货可能波及葡萄牙，而英格兰和葡萄牙的关系很好，所以，要求英格兰商人先暂停与苏格兰的贸易，也不要劫掠苏格兰的船。① 战争时期，英格兰本可以放任英格兰人对苏格兰船只恣意捕获，但这一公告从保护葡萄牙货物出发，遏制英格兰人无序侵占葡萄牙货物，因此，它虽不是直接给葡萄牙政治或经济上的优惠，却是为了他国利益而做出的单方面行为，因此将其称为单边私益条约。

由于 16 世纪尚未有明确而统一的战争法，如果在战争时期发生与交战国相关的案件，按常理，海事法官有相当大的自由裁量空间，甚至可以任意扣押各国船舶、货物。比如 1537 年，就曾有英格兰人因自己的货物在法国和德国战争期间被捕获而向海事法庭寻求救济，但海事法庭无能为力。② 但是，与欧陆不同的是，在单边私益条约的影响下，虽然海事法庭在处理战争时期的相关案件时也对英格兰人有所偏向，但还是秉持对交好国的友善对待态度。

战争时期英格兰海事法庭适用法律时对英格兰人有显著偏袒，比如 1558 年马修诉汤普逊的箱子案（Matthewe c. A Chest of Thompson's），该案中，原告因汤普逊的建议而在西班牙被不公平逮捕，后原告虽被释放，释放时却正巧遇到英国对法国宣战，导致原告刚被释放就又被法国人抓住并带到迪耶普（Dieppe）。原告要求汤普逊赔偿自己的损失，如今找到他的一个箱子，因此提起诉讼。海事法庭没有在判决中阐明原告损失与汤普逊行为之间是否有因

---

① See Reginald Godfrey Marsden ed., *Select Pleas in the Court of Admiralty*, Vol. 2, p. 29 – 31.

② See Reginald Godfrey Marsden ed., *Select Pleas in the Court of Admiralty*, Vol. 2, p. lxv.

果关系，而是直接判决原告在英法开战后立即被逮捕与汤普逊的行为有关，因此，为了补偿原告，没有其他办法而只能用汤普逊的箱子支付，因此判决该箱子归原告所有。[①] 而以1558年根那诉帕提逊案（Gonner c. Pattyson）为例，可以看到海事法庭在战争时期对交好国的友善对待。该案中，原告在海外捕获被告货物，该货物属于当时英格兰的交好国。原告向海事法庭起诉，要求将其捕获判定为合法的战争捕获，海事法官曾提醒原告，虽然可以判决其捕获成立，但由于货物并非属于敌对国家的人，因此会有一系列的人对合法捕获有争议，他们可能到伦敦及其毗邻地另行诉讼。[②] 虽然海事法庭在原告坚持占有捕获物的主张下判决其捕获有效，但仍可以看出，如果货物不是敌对国家的，即使在战争时期，英格兰人的捕获也不能得到广泛的支持。

从司法的角度来看，海事法庭这么做是十分奇怪的。从海事收入上来说，战争时期海上纠纷增多，如果海事法庭不出台或不严格遵守单方私益条约，英格兰人以战争为契机进行的各类捕获会增加，捕获人、海事将军与海事法庭的收入都会增加；但坚持单边私益条约不仅会使捕获减少、收入减少，而且即使英格兰人主张捕获，也可能因该私益条约的存在而不被认可合法。比如1557年概念号（Conception）案件，该案中，葡萄牙商人被海盗沃尔特·罗利（Walter Rawleigh）的儿子约翰·罗利（John Rawleigh）和乔治·罗利（George Rawleigh）劫掠，他们向咨议会寻求救济，请求英格兰帮助他们取回货物。虽然在向咨议会寻求救济之前，其他海事将军已经帮助商人追回一些物品，但仍有近1100英镑的损失；而之前虽然抓到一些海盗同伙，但是海盗头子沃尔特却仍未归案。[③] 在这样的情况下，如果不考虑单方私益条约，那么海事法庭可以根据葡萄牙商人提供的线索逮捕海盗，或鼓励英格兰人进行捕获，增加捕获人、海事将军以及海事法庭的收入；但若考虑单边私

① See Reginald Godfrey Marsden ed., *Select Pleas in the Court of Admiralty*, Vol. 2, p. 104 – 105.

② See Reginald Godfrey Marsden ed., *Select Pleas in the Court of Admiralty*, Vol. 2, p. 106 – 108.

③ See Reginald Godfrey Marsden ed., *Select Pleas in the Court of Admiralty*, Vol. 2, p. 31 – 34.

益条约，海事法庭不仅要花力气追回货物，海事将军也无法从中获得捕获份额。

但从战争战略的角度来看，海事法庭秉持单边私益条约却是必要的。虽然对16世纪英国海外拓展战略的一般认识，是英格兰人中途掠夺西班牙等国从海外运回的财宝，[1] 但这种竞争战略与战争毕竟不同。英格兰人对西班牙、葡萄牙等国船舶的劫掠再多，也是个人行为，面对由此引发的纠纷，海事法庭可以支持，也可以反对，而不论支持还是反对都不会影响国家安全，即使招致相关国家、地区的不满，他们也多还以商业、经济或法律等方面的报复。但战争则不同，任何国家都无法保证自己一定会赢得战争，因此，在增强自己实力的同时，更要维护好与非参战国的关系，让他们减少对敌对国的支援。那么应当如何减少？有时可以与其他国家结成军事联盟，有时可以敦促其他国家保持中立，但做到这两点是不容易的；颁布单边私益条约也是一种方式，且容易做到，虽然这种方式可能没有像其他国家发表中立宣言那样有直接效果，但可以表明自己尊重其他与战争无关国家的财产的态度，争取他国同样尊重英格兰人，至少不要干预战争。

因此，单边私益条约及其司法实践或许可以被视为海事法庭以司法手段支持战争的一种表现，虽然这种方式远不能对战争结果起到决定性作用，但对战后签订条约以及尝试构建国际争端解决机制起到了积极作用。

三、海事法庭对统一海事纠纷解决机制的促成

都铎王朝时期，欧洲没有像现在国际法院一般解决国际海事纠纷的机制，仅有各自建立专门法庭处理海盗案件这一共识。1509年3月，英法两国签订条约，约定每个国家都应当建立特殊法庭来快速处理海盗案件，这一份条约没有提及建立怎样的法庭；[2] 1519年，英国与西班牙签订处理海盗问题的条约，约定各自建立“特殊法庭”处理海盗问题，并且它的程序应当快速、非

① 参见顾晓鸣主编，赵立行：《英国商人》，江西人民出版社1995年版，第88–89页。

② See Reginald Godfrey Marsden ed. , *Select Pleas in the Court of Admiralty*, Vol. 1, p. lvi.

正式，并根据善意判决。[①] 可以看到，16 世纪早期，英格兰似乎在极力促成某种以法庭为载体的统一海事纠纷解决机制，而不论是海盗案件这一管辖范围还是根据善意判决的司法原则，似乎都在暗示这一纠纷解决机制与英格兰海事法庭之间的密切联系。

到都铎王朝晚期，虽然不再有关于“建立专门法庭”的国际条约，但是欧洲各国国王以及地区长官之间关于处理海盗、捕获纠纷的会议、书信却大量增多，确实形成一种以会议为主、书信为辅的国际海事纠纷解决机制。16 世纪，随着海上争霸愈演愈烈，如何确认合法捕获、非法劫掠、海盗以及报复性劫掠成为各国、各地区的焦点问题之一，英格兰也是如此，但与其他国家、地区有所不同，英格兰人往往是劫掠他人进而被投诉的一方；又由于纠纷过多，当时甚至出现不少城市拒绝英国商人进入的现象。比如 1597 年 10 月 8 日，爱德蒙城（Edmeund）的长官威胁将与英国商人断绝贸易；又如 1597 年 12 月 1 日，斯勒斯韦齐（Sleswic）的地方官表示，一想到英国商人，他就十分懊恼不能脱离女王的法令控制。[②] 为了缓解这一现象，英格兰多次派出大使前往其他国家与地区的城市进行谈判，比如 1597 年 10 月 31 日，在爱德蒙城威胁与英国商人断绝关系的 2 个多月后，女王伊丽莎白一世表示将派出大使团集中解决此类问题，第一站是格罗宁根（Groningen）。谈判成果斐然，格罗宁根很快便允许英国商人进入城市。此后爱德蒙、丹麦等城市或直接开放，或要求检验英国对英格兰人暴行的处理，甚至在港口城市迎接英国相关大使的来访。[③] 而最为特殊的，要属 1564 年高级海事法庭法官戴尔博士到佛兰德斯参加在布鲁日召开的一项会议，这次会议中，戴尔博士向西班牙、佛兰德斯等地的代表解释英格兰海事法庭对当年英格兰人劫掠西班牙系列案件的判决。[④] 这些会议无疑对解决涉及国际海事纠纷尤其是捕获、海盗

① Edward Stanley Roscoe, *Roscoe on the Admiralty Jurisdiction & Practice of the High Court of Justice*, p. 100.

② Thomas Rymer, *Foedera…* Vol. 7, p. 195.

③ Thomas Rymer, *Foedera…* Vol. 7, p. 200.

④ See Reginald Godfrey Marsden ed., *Select Pleas in the Court of Admiralty*, Vol. 2, p. lxix.

等纠纷起到了关键的作用。

同时，会议并非唯一方式，国王、大使之间的书信往来也对解决纠纷、指导司法起到了辅助作用。比如 1587 年至 1588 年，女王伊丽莎白一世曾和瑞典国王就船舶扣押事宜有书信往来，以此协调两国法院对两国船舶的扣押问题;[①] 又如 1591 年 7 月，丹麦国王克里斯汀四世（Christian Ⅳ）写信给伊丽莎白一世抱怨英国人对丹麦人的暴行，并警告会进行报复性劫掠。1591 年至 1595 年，包括撒克逊（Saxon）国王、阿尔滨（Albin）地方官、波兰国王、汉堡港长官以及奥格斯堡的一些商人都曾写信给伊丽莎白一世控诉英国人的海上暴行，要求处理相关商人。[②] 这些信件在一定程度上使英格兰女王意识到英格兰人在海外的行为确有不妥，也为后来派出大使团集中处理这些投诉埋下了伏笔。

单从政治、外交或商业发展的角度来看，这些条约、会议以及信件似乎没有什么关联，但如果从统一国际海事纠纷解决机制的角度来看，这些材料却串联起英格兰以海事法庭及其海商法为媒介积极促成国际海事纠纷解决机制的过程。

16 世纪，欧洲获得共同应对海盗问题的新契机。英格兰分别于 1509 年与 1519 年和当时的两个大国法国、西班牙都尝试建立目标相同、性质相同的机构来处理海盗问题不是偶然。早在爱德华一世时期，英格兰就曾向法国、西班牙等提议共同对抗海盗、协商处理海盗问题,[③] 但那时没有成功，原因在于即使各国联合起来，也无法完全抵御海盗，这样的条约或号召没有可行性。但到 16 世纪，欧洲各国、各地区抵御海盗能力大大加强，即使是当时相对弱一些的英格兰，其小型舰队也已经可以到各处抓捕到单独行动的海盗,[④] 欧洲大国有了可以重新联合起来处理海事案件的基础。

---

① See Reginald Godfrey Marsden ed. , *Select Pleas in the Court of Admiralty*, Vol. 2, p. lxxii.

② Thomas Rymer, *Foedera*… Vol. 7, p. 205.

③ See Reginald Godfrey Marsden ed. , *Select Pleas in the Court of Admiralty*, Vol. 1, p. lv.

④ ［英］查尔斯·爱德华·莫伯利:《都铎王朝: 1485—1547》, 游莹译, 华文出版社 2020 年版, 第 333 页。

但此时，基于对海洋财富获取、海上争霸等战略的考量，英格兰重新提起联合之时，其战略目标也有所调整，即从军事联合转为强调协调机制。都铎王朝时期，英格兰海事法庭已经形成一套本土化的海商法及其适用方式，而在海盗方面，有“Pirat ”和“Korsar”两种表述，分别代表没有合法委任状和拥有政府委任状、国王正式颁授的“报复性劫掠证书”的两种海盗，① 这意味着，英格兰没有把海盗设定为纯粹的违法、犯罪行为，只要得到授权，就有“合法海盗”，伊丽莎白一世时代更是有许多绅士冒险家（gentlemen adventure）。② 他们的目的，如彼得·莱尔（Peter Lehr）所说，是为英格兰人劫掠运送西班牙、葡萄牙等殖民地财物的行为提供合法依据，用以补贴生活。③ 但显然，拥有广袤殖民地的法国、西班牙、葡萄牙等不会接受这种规则，即使愿意共同处理海盗问题，也不会认可英格兰海事法庭这种具有偏向性的规则。因此，尽管英格兰多次提出倡议，但是通过建立相似法院适用统一规则处理海盗问题的理论设想一直没有实现，只能在实践中形成通过会议谈判以及信件等方式处理个案的纠纷解决机制。

而英格兰海事法庭，可以被视为英格兰率先践行它所倡议的统一纠纷解决机制的标志。一方面，海事法庭通过对捕获要件的模糊认定，缓冲其他国家可能对英格兰区别处理海盗的不满，而司法原则对涉外案件中外国人、外国货物等的偏向适用，又使各国虽不愿赞同，却也难以否认英格兰处理海事案件的恰当性。这种做法的影响是深远的，比如直到现在，许多人仍会混淆16—17世纪英格兰“海盗”、“私掠船船员”以及“商人探险家”等称谓，④ 但在当时，却是让其他国家及其商人接受英格兰海事法庭作出的关于海盗、

① ［德］卡尔·施米特：《陆地与海洋——世界史的考察》，林国基译，上海三联书店2018年版，第27-28页。

② ［英］彼得·莱尔：《全球海盗史——从维京人到索马里海盗》，于百九译，广东人民出版社2022年版，第75-80页。

③ ［英］彼得·莱尔：《全球海盗史——从维京人到索马里海盗》，于百九译，广东人民出版社2022年版，第81页。

④ ［英］彼得·莱尔：《全球海盗史——从维京人到索马里海盗》，于百九译，广东人民出版社2022年版，第83页。

捕获等案件判决的必需之举。另一方面，在法律适用上，海事法庭几乎是英格兰唯一优先适用《奥列隆法典》以及国际海商海事习惯等“外国法”的法庭，海事法庭虽然对本土海商法多有发展，也突破了不少规则，但仍然是各国商人都乐于寻求救济的地方；再加上单边私益条约等的良性影响，至少在机制层面，英格兰海事法庭不会过度偏向英格兰人，海事法庭也就成为英格兰对外传达自己尊重国际习惯、欧陆法律的渠道，进而促成欧洲统一纠纷解决机制的形成。

欧洲其他国家很可能广泛认同海事法庭的这一促成作用，因为，如果欧洲国家普遍不认同英格兰海事法庭的判决，也无意促成这一机制，就不会有耐心召开会议聆听英格兰海事法官解释海事法庭判决；虽然西班牙国王不满英格兰自诩“海洋法官”（Judges of the Seas），[1] 但如果英格兰海事法庭没有达成国际影响力或者欧洲各国普遍没有达成国际海事纠纷解决机制的共识，恐怕他既不会参加会议，也不会做出这样表面讽刺但实质较高的评价。

英格兰海事法庭已然成为英格兰外交的重要抓手，也为英格兰增加海洋财富、巩固海洋财富起到关键作用，但海事法庭对16世纪英格兰的影响不止于此，海事法庭在政治、经济、军事等各个方面都对形成英格兰绝对君主制（absolute monarchy）起到重要作用。

① See Reginald Godfrey Marsden ed., *Select Pleas in the Court of Admiralty*, Vol. 2, p. lxix.

第五章　都铎王朝时期海事法庭与绝对君主制的关系

绝对君主制、或专制主义（absolutism）是中世纪晚期欧洲主要国家的政治体制，在这样的体制中，君主是最高立法者、最高法官、军队总司令和行政部门首领。[①] 英格兰在1534年通过《王权至尊令》（An Act for the King's Highness to be Supreme Head of the Church of England）确立君主为最高权威，[②] 但已基本建立起绝对君主制。[③]

都铎王朝时期海事法庭的权力属性、审判机制以及实务运作背后都有绝对君主制、或称都铎王权的影子，比如国王颁发的特许状是海事法庭的权力渊源、王权的支持是法庭扩张管辖的核心动力之一、王权利益是海事法官的判决导向之一等。在一般逻辑中，对象之间的作用往往是相互的。也就是说，

---

① ［英］彼得·莱尔：《全球海盗史——从维京人到索马里海盗》，于百九译，广东人民出版社2022年版，第85-90页。

② See Statutes of the Realm, 26 Henry Ⅷ. C. 1.

③ 有的学者认为都铎王朝并非绝对君主制，因其受到议会制约而只能称为新君主制（New Monarchy）、混合君主制（Mixed Monarchy）或有限君主制等，具体可参见 G. R. Elton, *Studies in Tudor and Stuart Politics and Government*, Cambridge University Press, 1974, p. 235；G. R. Elton, *The Parliament of England*, 1559-1581, Cambridge University Press, 1986, p. 242-243, 360；刘新成：《都铎君主专制政体说质疑》，载《世界历史》1992年第1期；程汉大、于民：《在专制与法治之间——"都铎悖论"解析》，载《世界历史》2002年第5期；阎照祥：《论英国都铎专制君主制的有限性》，载《史学月刊》1999年第3期。当然也有不少学者认为都铎王权是绝对君主制，具体可参见 Joseph Robson Tanner, *Tudor Constitutional Documents*: *A. D.* 1485-1603, Cambridge University Press, 1930, p. 3-4；A. F. Pollard, *Factors in Modern History*, Biblio Bazaar, 2015, p. 52-78；Charles Harold Williams, *The Making of the Tudor Despotism*, Russell & Russell, 1967, p. 16。本书采绝对君主制说。

海事法庭借王权成长的同时，王权也极可能因海事法庭而得利，那么，海事法庭是否对都铎王朝时期英格兰的绝对君主制有作用？又应如何在王权背景下进一步认识海事法庭？二者的互动方式有何特点？

目前学界似乎鲜有探讨都铎王朝时期海事法庭与王权之间的互动及其作用的研究，而是集中在王权对海事法庭的单向作用或海事法庭对当时法律（商法、海商法）而非王权的作用。学者们的观点在前文已多有提及，比如霍兹沃斯认为都铎政府为海事法庭扫清在都铎王朝前难以发展的障碍，海事法庭则在16世纪承担英格兰海商法本土化的主要工作；① 贝克认为，海事法庭因都铎王朝时期法学博士的影响力而在众多咨议会法院中获得一席之地；② 何勤华、魏琼认为，都铎王朝时期的海事法庭对英国商法的发展发挥了决定性作用；③ 斯塔布斯认为，海事法庭为王权处理海盗问题以及维护海军起到平台的作用。④ 虽然斯塔布斯提出关于海事法庭对王权之作用的观点，但他的论证十分简单、不够充分；其他学者的研究则较为单向、片面，无法形成对海事法庭与王权之间关系与作用的全面认识。

其实，从海事法庭的历史发展脉络中不难发现，它在都铎王权的支持下走向巅峰，又在都铎之后立即衰落，海事法庭与都铎王权之间必然有密切，乃至休戚与共的关系与作用。本章将从王权的视角出发，尝试探讨海事法庭对都铎王权军事、财政、司法以及外交的作用，其中，尤其从海事司法以及海商法在都铎王朝时期发展与王权之间的关系切入，探寻海事法庭对都铎王朝时期王权的作用以及对当时英格兰政治、经济、社会以及欧洲海洋纠纷解决机制的反映。

第一节　海事法庭与海上军事统管的成型

都铎政府未建立常备军、继续保持临时募兵制是学界共识，也经常被认

① William Searle Holdsworth, *A History of English Law*, Vol. 5, p. 77.

② J. H. Baker, *An Introduction to English Legal History*, p. 131.

③ 何勤华、魏琼主编：《西方商法史》，北京大学出版社2007年版，第367页。

④ W. Stubbs, *The Constitutional History of England, in Its Origin and Development*, p. 286 - 290.

为是都铎君主全面掌控议会的掣肘之一，[①] 但在海军方面似乎不是这样。一方面，在常备海军方面，虽然都铎政府的对外作战确实大多依靠临时募兵，但在都铎之前，英格兰已经以五港同盟为核心建立起海军制度，都铎王朝予以沿用，尽管其中没有正式编制或常规作战部队，但五港同盟有义务随时为国王征用战船、提供作战海员，可以称之为“准常备海军制度”。另一方面，都铎王朝时期英格兰国王、海事将军或海事法庭颁发的海上捕拿特许证或报复性劫掠特许状使从事私掠生意的英格兰人几乎都是英格兰的海上武装力量，而一旦海事法庭认定他们的捕获合法，海事将军或者国王就可以从中获得一定份额，都铎政府默许的英格兰人通过武力掠夺他国财富为己用的行为虽然不是正式的对外宣战，但可以被称为“准海上游击”。[②]

都铎王朝时期的君主依靠“准常备海军制度”以及“准海上游击”形成对海洋的军事统管，在对苏格兰、法国以及西班牙的一系列战役中显示出强大的作用，奠定英格兰在欧洲的强国地位，海事法庭则在巩固这一统管以及协调统管方式两大方面与王权配合，发挥关键作用。

一、海事法庭巩固海上军事统管的作用方式

都铎王朝的海上军事统管与现代海军保卫本国领海、开展海上作战有显著不同。一方面，兵源不同。现代海军中多为职业军人，依靠国家财政支持，集中训练；而都铎王朝时期英格兰的海上军事统管是募兵制，每当要准备战争时，国王会委派某位大臣到地方募集海员作为士兵，然后开战。因此，都铎王朝时期的兵源不稳定，质量也参差不齐，如何保障英格兰拥有娴熟航行技术、作战技术的海员成为关键问题。另一方面，载具不同。现代海军拥有的舰船、炮弹同样依靠国家财政支持，一般为国家自行制造或对外采购；而

① 阎照祥：《论英国都铎专制君主制的有限性》，载《史学月刊》1999 年第 3 期。

② 有其他学者直接将此种私掠活动称为“海上游击战”，参见 Lizé, *Piracy in the Indian Ocean*, p. 81。转引自［英］彼得·莱尔：《全球海盗史——从维京人到索马里海盗》，于百九译，广东人民出版社 2022 年版，第 102 页。

在都铎王朝时期英格兰的海上军事统管中，既有国王自行建造或购买的船舶，也有征用商人的船舶，其中又以后者为主，虽然英格兰君主自行建造了几艘大型战舰，但相比商船的规模十分渺小，君主本身也常常投资远洋商船，而非建造战船，有数据显示，1545 年至 1625 年，英格兰百吨级以上的商船增加 5 倍，往海外经商的人数也增加 5 倍，其中仅 1571 年至 1576 年的 6 年间，英格兰就建造 51 艘百吨级商船。① 因此，在战船方面，如何保障英格兰商船安全成为关键问题。

在这一背景下，保障兵源、维护载具成为维持海上军事统管的基础与关键，海事法庭便以海员和船东为核心，形成一系列配套保障措施。

海事法庭在保障兵源方面的主要措施为维护海员身份和保障海员生计。维护海员身份的难点在于，如果某一海员被认定为海盗或者劫掠者，受欧洲各国签订的各类共同打击海盗及海上劫掠者条约的影响，该海员会站在所有欧洲国家对立面，受到各国的广泛攻击；在英格兰，海盗或海上劫掠也是和叛国、故意杀人、故意伤害等并列的重罪。因此，海事法庭不能轻易认定某海员为海盗或海上劫掠者。于是，海事法庭采用多种方法防止英格兰海员被定性为海盗或劫掠者，比如颁发报复性劫掠特许状，这样即使英格兰人无差别攻击其他国家的船只，也属于合法的报复性劫掠；再如模糊劫掠与捕获的认定要件，这样即使英格兰人在捕获过程中使用暴力，也可以适用英格兰本土海商法判决其为合法捕获，乃至像 1573 年梅诉霍金斯案那样认同海盗也可以捕获；② 还有区别认定非法海盗和合法海盗，这样即使英格兰人确实被定性为海盗，也可以通过授予委托书、特许状等形式将其定性为合法海盗，进而逃避法律的惩罚。以上三点分别在第四章第一节第二部分、第三节第一部分与第四节第三部分有论述，在此不再赘述。

保障海员生计的难点则在于，一方面，船员出海以后容易受到他国国王

① 赖建诚：《王室与巨贾——格雷欣爵士与都铎王朝的外债筹措》，浙江大学出版社 2015 年版，第 71、88 - 89 页。

② See Reginald Godfrey Marsden ed. , *Select Pleas in the Court of Admiralty*, Vol. 2, p. 149.

或领主的攻击、扣押，即使不被监禁，辗转回国后也是身无分文，难以生存。比如 1600 年考夫汉姆诉肯德特案（Cougham c. Kindt），该案中，原告、被告一起去冰岛打鱼，后来船坏了，又因为到了冬季，船舶无法出船坞，因此两个人先回英国。后来丹麦国王把该船当作废弃船扣押，两个人便向丹麦国王寻求救济，该国王给了被告赔偿，但被告没有给原告，由此成讼。虽然最后海事法庭判决被告拿出一半赔偿给原告，但可以看到，当时存在出海航行后船舶被他国国王、领主等扣押的情况。[①] 另一方面，普通海员的薪资一般由船长统一发放，如果船长未收到运费、破产或携款潜逃，那么海员将同样面临生存问题。在包括 1553 年贝尔诉伯德案、1578 年罗伊阿尔商人号案以及 1600 年科兰普敦诉博纳·科比斯案等多起案件中，海事法官多次使用“没有任何其他希望”来描述海员拿不到薪资后的悲惨境地。[②] 海事法庭对这一问题似乎更为重视，不仅扩张适用道德良心原则，将海员薪资、运费都纳入船舶优先权，而且出台包括托运人先支付运费的先履行抗辩权等具体规则保障海员一定能拿到薪资，而非仅仅是判决书。

海事法庭在保障英格兰商船安全方面的主要措施为分散船舶所有权的权能，尽量不直接干预、判定船舶所有权归属。现在一般认为所有权的权能包括占有、使用、收益、处分，都铎王朝时期英格兰没有发展出如此规范的体系，但海事法庭已在尽量分散船舶所有权的权能，减少直接干预船东的所有权，主要包括经营、船舶份额、占有三部分内容。关于经营，海事法庭在 1538 年诺丁汉诉洛姆博德案中将被告作为船舶经营人享有的权利称为准所有权，[③] 虽然海事法庭没有进一步指出准所有权与所有权的区别，但准所有权的概念已足以对抗他人对船舶所有权的非法主张。关于船舶份额，海事法庭认为享有不同船舶份额的所有人之间互不干预，对份额的处理不影响整体所

① See Reginald Godfrey Marsden ed. , *Select Pleas in the Court of Admiralty*, Vol. 2, p. 198 – 199.

② See Reginald Godfrey Marsden ed. , *Select Pleas in the Court of Admiralty*, Vol. 2, p. 40, 83 – 84, 197 – 198.

③ See Reginald Godfrey Marsden ed. , *Select Pleas in the Court of Admiralty*, Vol. 1, p. 65 – 66, 198.

有权，比如在1599年帕金森诉皮特案（Parkinson c. Pitt）中，原告起诉被告，要求他用其拥有阿密特号（Amity）的3/4份额偿还欠原告的200英镑，海事法庭也就此3/4份额作出判决，没有涉及另外1/4，也没有直接处理船舶所有权。①关于占有，海事法庭则直接在判决中认可占有的独立权能的地位，比如1555年庞西号案（Pensey），该案中，原告申请扣押庞西号并折价赔偿其损失，海事法庭在发布公告的同时，让船东、占有人以及其他宣称有权利的人都提供担保，以防止船舶价值因该船本身的损伤而降低。②其中将船东与占有人并列，可见占有已然成为可以被转让的所有权权能。

其实，伊丽莎白一世也曾想办法维护海员身份、收入以及保护英格兰商船。比如1582年，她暂停海事法庭对所有沿海城镇的海盗案件管辖权3年，但这一政策实际执行超过7年，高级海事法庭首席法官恺撒博士曾在1589年提议沃尔辛厄姆（Walsingham）的海事法庭重新启用该管辖没有成功，最后他只能自行向国王申请海盗管辖，并以巡回法庭的方式在沿海审判。③这一措施似乎意味着英格兰范围内只有高级海事法庭可以判定某人是否为海盗。在国王颁发的私掠活动中的友舰证书（Deed of Consortship in a Privateering Expedition）中，更是直接规定友舰有义务在旅程中攻击国王的敌人；所有的捕获和漂流物收入分为5份，2份用于支付船长和船员工资；以及就算有船员没有参与航程或没有完全参与航程，也享有自己的工资，并由船东、船长共同支付。④

海事法庭的一系列措施与国王的措施形成配合，甚至可以将其视为国王的措施在司法层面的落地。不论是保障船员生计、维护英格兰商船海外安全，海事法庭中规则的影响与国王措施的目的均呈现出高度相似。虽然没有材料直接证明海事法庭是为了落实国王政策而作出那些判决，但即使海事法庭不

① See Reginald Godfrey Marsden ed., *Select Pleas in the Court of Admiralty*, Vol. 2, p. 195 – 196.
② See Reginald Godfrey Marsden ed., *Select Pleas in the Court of Admiralty*, Vol. 2, p. 96.
③ See Reginald Godfrey Marsden ed., *Select Pleas in the Court of Admiralty*, Vol. 2, p. xv – xix.
④ See Reginald Godfrey Marsden ed., *Select Pleas in the Court of Admiralty*, Vol. 1, p. 139 – 141.

是故意为之，这些判决及其所形成的规则、习惯也在客观上起到保障英格兰海上军事统管的作用。

二、海军上将对皇家海军与海事法庭的协同管理

有学者将伊丽莎白一世四十三年法第 12 章，即 1601 年《关于商人间保险事务的法令》（An Act Concerning Matters of Aurances amongst Marchantes）视为英国首部海上保险法。[①] 从内容上来说，该部法令确实规定通过仲裁处理有关海上冒险中的保险案件，并规定处理该类保险案件的方式，即应由大法官或掌玺大臣（Lord Keeper of the Great Seal of England）审理。但是，大法官与掌玺大臣不直接处理案件，而是委派委员处理；法令也规定哪些人可以受到委派，即当时的海事法官、伦敦记录官（Recorder of London）、2 位民法博士、2 位普通法律师以及 5 位或 8 位商人；此外，该法令最后一条强调任何人不得干涉保险案件的执行，但海事法官和伦敦记录官除外。[②] 也就是说，这部法令表面上授权大法官与掌玺大臣处理海上保险案件，但实际上，审判与执行海上保险案件的都是海事法庭。

在一般的观念中，很难将海上保险与海上军事联系到一起，但英国的首部海上保险法却与在都铎王朝时期的海上军事统管密切相关。虽然二者都发生于海上，但海上保险是商业行为，目的是减少海上风险给船东、货主带来的损失；海上军事则是国家军事在海洋方面的表现，目的是保卫领土、维护主权等，海上保险与海上军事几乎没有关联。然而，伊丽莎白一世四十三年法第 12 章开篇就指出，该法令的目的是“满足商人需求、促进商业，提升国家财富、国王关税和运输能力”；[③] 当时通过海洋获取国家财富的途径之一是“准海上游击”；虽然法令中没有直接提及海军、战船，但提升关税可以使英

① 何勤华主编：《英国法律发达史》，法律出版社 1999 年版，第 356 页。

② See Statutes of the Realm，43. Eliz. c. 12.

③ 原文为“... advance and increase the general wealth of the Realm，her Majesties Custom and the strength of Shipping”，参见 See Statutes of the Realm，43. Eliz. c. 12。

格兰在战时招募更多海员，提升运输能力更会刺激造船业，促进船舶大型化，几乎每一项都直接或间接有利于维持英格兰海上军事统管。而在处理海上保险纠纷的机制上，虽然该法令规定大法官及掌玺大臣为此类案件的审理法官，但从审判到执行都实际由海事法庭主导；虽然仲裁团成员中有 2 位普通法律师，但其没有海事法官那样的崇高地位，海事法官、2 位民法博士加上 5 位或 8 位商人给案件带来的欧陆民法的影响也远远超过 2 位普通法律师带来的普通法影响，他们所组成的仲裁团必然会适用海商法审理海上保险案件，也就自然会对海员、商船予以倾斜保护。总体来看，该法令会对维护英格兰海上军事统管起到直接且有效的作用。

更为特殊的是，1601 年《海上保险法》没有像 1535 年与 1536 年《海上刑事案件法令》等法律一样单列一条说明五港同盟如何执行这一法令。五港同盟是英格兰海事司法中比较特殊的一环，享有独立司法权，海商海事方面的法令一般都需经变通才能在五港同盟执行。那么，1601 年《海上保险法》为何要改变习惯做法？

考虑到该法令与海上军事统管的密切联系，保险案件似乎是英格兰希望海事法庭用以协调“准常备海军制度”与“准海上游击”的切入点。

海员或商船既可能在“准常备海军制度”这一方式中，也可能在“准海上游击”这一方式中，两种方式虽在军事方面互不干涉，但在经济与司法方面却有着不小的差异。“准常备海军制度”一般在国王与五港同盟之间发生作用，与之相关的案件一般由五港同盟处理；“准海上游击”则一般在商人与国王或海事法庭之间发生作用，与之相关的案件可能由任何海事法庭处理。在这样的背景下，虽然它们同为海上军事统管的方式，却有着不小的差异。经济方面，比如捕获份额，五港同盟海事将军的捕获份额极高，1561 年，时任五港同盟执政官科巴姆享有捕获物 3/4 的份额；后来伊丽莎白一世女王更是直接让五港同盟执政官享受所有船难及其残骸的财富。[①] 这意味着海员或

① See Reginald Godfrey Marsden ed. , *Select Pleas in the Court of Admiralty*, Vol. 2, p. xxiii.

商船一旦落入五港同盟管辖，其海事法庭极可能在船难案件中极度偏向五港同盟执政官，其他海事法庭本就容易将海上财富向国王或海事将军集中，商人在五港同盟更得不到利益保障。海事司法方面也是如此。比如 1535 年亨利八世二十八年法第 15 章关于海盗和海上强盗的法案，规定在五港同盟，由执政官履行特别委任权，组建陪审团。[①] 这导致该法令在五港同盟的落实情况和在其他海事法庭的落实情况差异极大，因为其他地方召集陪审团的权力由海事法官、普通法法官等共同行使，但在五港同盟却由执政官一人行使，极易造成刑事司法权的滥用。更不用说，在五港同盟，不缴纳捕获份额给海事将军的后果是严重的，执政官不仅可以对其征税，还可以直接将相关人员投入监狱。[②]

都铎王朝时期海事司法中的上诉制度本可以协调这些差异，但没有起到有效作用，而王权无法，也不愿直接协调，只能给予海事法庭更多切入点。如果集中观察关于海上刑事案件、货损案件、支持海军等法令，会发现这些法令的目的虽然都是促进海运、远洋贸易等，但内容却都是调整海事法庭管辖、审判、执行等方面。海事司法本身就有五港同盟海事法庭与其他海事法庭的区别设置，这些法令直接调整海事法庭管辖、法律适用等后，无疑会加重海事司法业务的混乱。但都铎政府并不在意。一方面，在一部法令中同时调整两种海上军事统管方式没有错，也是方便做法。由于“准常备海军制度”与“准海上游击”都是以海员、商船为基础的海上武装，王权在一部法令中同时调整这两种主体既可以直接辐射两种海上军事统管方式，也可以影响船运、造船等海商海事经济市场的发展，不能因为会对海事司法造成一些麻烦而放弃这种做法。另一方面，海事司法中有上诉制度，当两种主体分别因为两种军事统管方式产生纠纷时，可以通过上诉寻求更多救济，这些法令带给海事司法的麻烦不会阻碍当事人正常的司法活动。所以，都铎政府不愿意改变法令的内容，而是通过调整有关在五港同盟执行的条款，让海事法庭

① See Statutes of the Realm, 28 Hen. Ⅷ. c. 15.

② See Reginald Godfrey Marsden ed., *Select Pleas in the Court of Admiralty*, Vol. 2, p. xxvii.

自行调整。

保险案件就此成为海事法庭协调两种海上军事统管方式的切入口，海事法庭也推出多种具体方式协调海员与商船可能在两种海上军事统管方式中的待遇。首先，推出海上保险的专属令状——交易验证令。该令状的功能是当承运人因不可抗力无法交付货物时，承运人无须等待法院判决即可申请保险，[①] 海商海事行业虽然很多，但海事特色令状不多，除评估船难令状外，这似乎是唯一一个专门服务于某一行业的令状。其次，海事法庭也极力将保险法律本土化，创设许多海上保险法律原则或规则。比如1582年李多尔菲诉纽恩兹案（Ridolphye c. Nunez），该案中，原告要求被告赔付其所购买的保险，但被告认为这份保单只写了船东名字，没有写船长名字，因此拒赔。但海事法庭认为，习惯上，只要写了船东名字，那么就默认承保该人名下的货物，因此被告应当赔付。[②] 这起案件从传统海事习惯中发展出只要有保险人保险即可成立原则。再如1565年毛赫龙诉沙德尔案（De Moucheron c. Sadler），该案同样是一起原告要求被告赔付的案件，但被告答辩称，原告的船舶与货物是被葡萄牙国王的舰队劫掠，不属于劫掠或其他投保事项；并且原告及其船员在被劫掠后没有积极拯救货物，也没有将拯救的货物交给保险人，因此不予赔付。海事法庭认为，被葡萄牙国王攻击是常见的不可抗力，属于被劫掠的一种；同时船长及其船员都对货物有拯救义务，在申请全损赔付的情况下，任何被获救的货物应当立即转移给保险人。[③] 当代海上保险法律中仍然有关于船长及其船员的拯救义务以及船货全损时将被拯救货物交给保险人而非货主的规定，而这一规定本身，也突破了船难物品归属于国王或五港同盟执政官的习惯。

海事法庭成功通过保险案件协调海上军事统管两种方式在海事司法中的差异，体现出都铎王朝时期英格兰把控海洋财富的强悍能力。都铎晚期，英

① See Reginald Godfrey Marsden ed., *Select Pleas in the Court of Admiralty*, Vol. 2, p. lxxxi.

② See Reginald Godfrey Marsden ed., *Select Pleas in the Court of Admiralty*, Vol. 2, p. 52 – 53.

③ See Reginald Godfrey Marsden ed., *Select Pleas in the Court of Admiralty*, Vol. 2, p. 54 – 57.

格兰保险业空前发达，海上保险作为最先出现的保险业务，[①] 关系英格兰船东、货主在受到海上风险后能否及时止损，一旦不能获得及时赔付，不仅会引发商人破产、贸易中断，还会导致海员薪资得不到保障，进而影响英格兰营商环境，压抑外国商人到英格兰经商的欲望。海事法庭在1601年英格兰颁布海上保险法令之前就已经通过一系列司法实践奠定英格兰保险行业的市场环境，这也是伊丽莎白一世女王能够在颁布该法令之前的1576年就专门登记保险人、制作花名册，并发展出保险经纪行业的原因。[②]

第二节　海事法庭与王室财政独立

学界一般认为都铎君主们的财政状况是窘迫的。一方面，国王需在议会批准后才能征收关税和紧急征税，都铎君主们的收入来源由此受到议会的限制；另一方面，都铎历任君主的开销极大，亨利八世没收教会财产、变卖王室财产等手段均未能改变其财政状况，伊丽莎白一世女王频繁举借外债，直到去世都未能还清债务。[③]

如果上述认识成立，为了拿到钱款，除贷款外，都铎君主们似乎应尽一切可能拓宽财政，但在海事法庭及其司法方面，却出现一些不符合上述观点的现象。直接与之相悖的是都铎王朝时期海事将军们可获得捕获份额。虽然捕获在都铎王朝之前就已出现，但直到1557年才由伊丽莎白一世女王首次通过法令确认海事将军可以拥有捕获物的份额，后来在1560年、1586年颁布法令调整具体比例，海事将军这一收入来源一直得到认可。[④] 中世纪晚期欧洲捕获案件爆发，如果国王确实财政窘迫，按常理，他们会将捕获物份额给

---

① 参见顾晓鸣主编，赵立行：《英国商人》，江西人民出版社1995年版，第148页。

② See Reginald Godfrey Marsden ed., *Select Pleas in the Court of Admiralty*, Vol. 2, p. xv – xix.

③ 程汉大主编：《英国法制史》，齐鲁书社2001年版，第248页。

④ See Reginald Godfrey Marsden ed., *Select Pleas in the Court of Admiralty*, Vol. 2, p. xviii – lxxii.

自己，或至少由海事将军与国王共享捕获份额。但都铎王朝时期的君主们不仅没有这么做，甚至允许海事将军不断提升自己的份额，比如 1561 年时任五港同盟执政官科巴姆享有的份额高达 3/4，[①] 不符合王室财政紧张的观点。

同时，海事法庭与王权也在财政方面多有互动，比如海事法庭在 1562 年凯恩诉法比安案中确立不退还已缴纳关税原则；[②] 再如海事法庭可以对无照经营、无证通行或其他非法进出口行为罚款。王权为何在放弃捕获份额的同时允许海事将军或法庭罚款？又为何由海事法庭，而非财税法庭保障国王收取关税的权力？

一、王室财政开源——海洋所有权

在都铎君主眼中，国王拥有海洋所有权，除明确有主的船舶、货物或已经被捕获的鱼等海产品外，海洋的所有东西都是英格兰王室的财产。1591 年海事将军诉都灵格案的判决鲜明阐述了这一观点，该案中，被告未经海事将军允许在多佛郡的布朗顿（Braunton）建造一个外墙，海事法庭强调：国王拥有海洋的所有权，他是海洋的“所有者（owners，proprietors），经营人（possessors），其所有权范围最长可延伸至岸外 300 米，有权管控所有海上、海里、海岸等行为”。[③] 也就是说，除船舶、货物、被捕的鱼类等有主物，距离英格兰海岸 300 米以内所有的无主物以及使用海滩、海岸的权力都归英格兰国王所有。由此，或许可以认为，都铎王朝时期的君主并不认为自己的财政十分窘迫，虽然支出很大、债务也很重，但海洋为王室开辟新的，且相当雄厚的收入来源。

这一判决并不奇怪，它与 14 世纪英格兰主张的“海上主权”十分相似。如果说英格兰提出“海上主权”的主要目的是巩固英法百年战争初期战果，

---

① See Reginald Godfrey Marsden ed.，*Select Pleas in the Court of Admiralty*，Vol. 2，p. xxiii.

② See Reginald Godfrey Marsden ed.，*Select Pleas in the Court of Admiralty*，Vol. 2，p. 123 – 124.

③ 该案在本书第二章第三节已有提及，但并未介绍详细内容。参见 Reginald Godfrey Marsden ed.，*Select Pleas in the Court of Admiralty*，Vol. 2，p. 174。

维护新领土，尤其是新领海的秩序，那么海事法庭提出“海洋所有权”的主要目的便在于巩固16世纪海上军事统管成果，维护英格兰人，尤其是英格兰国王的海洋权益。虽然二者没有因果关系，但背后的逻辑似乎如出一辙，那就是在形成海上军事管控之后使用法律手段巩固成果，只是在14世纪是建立新法庭，在16世纪则是提出新的法律概念。比较之下也可以看到，经过2个世纪的发展，海事法庭在利用海商法服务王权方面取得了长足进步，可以创造直接、高效的法律概念巩固国王财产；而王权统治则仍然需要法律手段巩固。

国王拥有海洋所有权这一说法为海事法庭判决国王对船难物品、海盗货物所有权提供了前提，也是国王认可海事将军捕获份额的理论前提。从现代国际法来看，1591年海事将军诉都灵格案的判决规定了英格兰领海的范围及权利归属，即领海范围是从岸边向外延伸300米；又将领海权利分为两类，一类是海洋财富的所有权，另一类是包括建设海滩、准许捕捞等在内的经营权，统称为海洋所有权。英格兰国王或许确实对海洋财富享有一定的权利，比如英格兰早期船难法中将鲸鱼、鲟鱼、逆戟鲸（grampus）、海豚等大型鱼类都规定为王室之鱼，即不论是否被渔人捕获都属于王室所有的鱼类，[①] 但船难物品不在此列，不论根据《奥列隆法典》还是传统海商海事习惯，船难物品属于无主物，应属于拾得者；更没有对海盗货物归属的规定或习惯。因此，想要主张这些物品专属于国王，需要设定前提。一般而言，这一前提应是王国法令，或像海事法庭在某些判决中挖掘出的“超出记忆的习惯”，但在这一问题上，海事法庭的做法与二者都不同，它自行提出一种新说法，即国王拥有海洋的所有权。但是，不论是在现代国际法还是一般观念中，任何人或机构都无法主张海洋属于某个国家或某个团体所有，直到今天也没有人或国家有能力完全掌控海洋。因此，这一判决中确认国王拥有海洋所有权的说法其实仅仅是理论上的，既不像法律原则那样可以指导、调整具体规则，

① See Reginald Godfrey Marsden ed., *Select Pleas in the Court of Admiralty*, Vol. 2, p. xxxix.

也不像法律规则那样直接规定权利义务，它仅仅是为了帮助国王获取具体海洋财富，比如船难物品、海盗货物而设定的理论前提。但是，它虽然仅是前提，却发挥出巨大的作用，海事法庭不仅可以依据它顺理成章地在已经发生的案件中将海洋财富判给国王，未来国王只要想要，也可以据此拥有可能出现的各种新型海洋财富，国王还可以据此授予他人海洋财富，比如捕获份额。

那么，为什么要给这些行为设定理论前提？国王又为何要自行放弃捕获份额，转而授予海事将军？如果从效果反推目的，海事法庭最终通过判决确认了船难物品所有权、捕获份额等的归属，实现海洋财富的分配，因此，海事法庭确认国王拥有海洋所有权这一前提也应是为了有效分配海洋财富。那么，为了分配海洋财富，是否必须确认国王对海洋的所有权？答案是肯定的。都铎王朝时期，虽然欧洲已经普遍意识到海洋蕴含着巨大财富，但受限于航行技术、贸易模式以及对海洋的开发技术，人们还不能确定到底可以从中攫取多少财富，也不明确财富类型，因此，在以土地为主要内容的财产制度的影响下，只有率先确认国王拥有所有权，才有依据判决特定类型海洋财富的归属，这个依据即使可能得不到任何法令或习惯的支持，也必须有。而捕获份额的特殊性在于，虽然它同样来自海洋，国王却无法触及，都铎君主们无法像英王威廉一世调查土地、制作账册那样全面巡视海洋、为每一块水域确定权属，海事将军作为唯一的海上贵族，类似陆上贵族获得土地收入，捕获份额是他们唯一获得固定海洋财富的方式，既然已成习惯、国王又无法干预，便只能承认与支持。

但国王的承认与支持不是无偿的，除需要海事将军英勇作战、掠夺更多海洋财富外，海事将军一职以及海军也被纳入王室财政体系。1597 年伊丽莎白一世三十九年法第 7 章第 6 条规定，海事将军或海军的财务（treasorer of admiralty or navy）有义务支付女王的债务。①

其实，都铎君主们都十分重视海洋财富，几乎到了锱铢必较的程度，但

① See Statutes of the Realm, 39 Eliz. c. 7.

王权并不吝啬，允许海事将军分享海洋财富，二者也形成了稳固而长久的默契。在1597年伊丽莎白一世女王诉莱克案（Regina c. Lake）中，伊丽莎白一世女王控告被告在一艘皇家战舰上服役时偷盗了一个镀金的盔甲。女王认为，虽然该盔甲是英格兰海军的捕获物，但由于被告是一名士兵、海员，并且当时正在为女王服役，因此他捕获的东西应该交给女王，不上交则构成偷盗。该案并不复杂，但在该盔甲仅价值20英镑的情况下，女王居然亲自起诉要求被告赔偿；同时力求追回原物，这个盔甲辗转落入弗朗西斯·达克手中，她仍要求弗朗西斯·达克返还该盔甲，并要求他的哥哥托马斯·达克（Thomas Drake）担保，直到时任高级海事将军霍华德向女王请愿，表明自己实在无力取回该盔甲，女王才下令中止执行，足以见其对海洋财富的极端重视。① 相比之下，捕获收入十分丰厚，以1565年马修诉格尔特案（Matthewe c. Goyte）为例，该案中，原告认为自己应获得协助捕获份额150英镑，占捕获总额的1/4。也就是说，一次捕获的收入可达600英镑，如果按1/3的份额算，英格兰人的每一次成功捕获都将给海事将军带来200英镑的收入。② 尽管差异如此明显，都铎君主最多也是采用与海事将军协商分享捕获份额的方式来共享这一海洋财富，几乎没有干涉过海事将军的捕获收入。当然，英格兰海事将军在16世纪给都铎君主带来的回报也是巨大的，除赢得包括1588年英国与西班牙战争之外大大小小无数海战外，也为英格兰建立日不落帝国奠定了坚实的基础。王权与海事将军之间的这种默契几乎持续了整个都铎王朝。

海事司法作为海事将军的专有司法手段，核心作用便是不遗余力地服务于这种“默契”。这或许才可以解释，不论在1599年安德里亚斯案中判决捕获女王的船只构成犯罪，③ 还是在1597年法比亚诉索顿斯托尔案中支持王室债务优先于其他债务，④ 以及在有关海洋无主物所有权、船员、捕获等案件

---

① See Reginald Godfrey Marsden ed., *Select Pleas in the Court of Admiralty*, Vol. 2, p. 180 – 181.

② See Reginald Godfrey Marsden ed., *Select Pleas in the Court of Admiralty*, Vol. 2, p. 130 – 131.

③ See Reginald Godfrey Marsden ed., *Select Pleas in the Court of Admiralty*, Vol. 2, p. lxxv.

④ See Reginald Godfrey Marsden ed., *Select Pleas in the Court of Admiralty*, Vol. 2, p. 181 – 183.

中形成的海商海事规则，都可以看到海事法庭以王国法令、国家政策为导向极力使英格兰海商法的发展满足王权需求，而只有在与自身利益相关的捕获、海盗、劫掠等案件中出现模糊不清的法律认定标准。

二、海事法庭主导的司法市场

都铎王朝时期，在英格兰存在一个由海事法庭主导的、独立于海港城镇集市的司法市场。在1546年路德金诉埃德蒙斯案（Ludkyn c. Edmunds）中，原告希望赎回被被告报复性劫掠的物品，因此提起诉讼。按当时的习惯，所有被劫掠的货物都应被拍卖，英格兰没有采取与现代类似的公开拍卖，而是不公开拍卖，即在海事法庭通知时间、地点后，所有曾被劫掠的商人、被劫掠的货物以及海事法庭的相关监督人员于某时齐聚某处，商人们出价购买自己想要的货物，由此形成一个独立于城镇集市的、相对私密的司法市场。[①] 1550年西蒙内特诉马林案中也有类似的描述，该案中，原告因未收到西蒙内特的运费而提起对物诉讼，要求卖掉他一批酒来抵偿运费，剩下的钱留给法院。他的起诉状在陈述基本案情、表达自己的难处之后，请求海事法庭通过拍卖程序处理该批货物，并将所获钱款用于偿还自己的债权。[②]

这一市场和司法执行、城镇集市均有鲜明区别。拍卖是司法执行的一种常用手段，如今，若被执行人没有现金或不能赔偿原物，法院通常都会拍卖其房产、车辆等其他财产用于执行判决。但司法执行中的拍卖一般都是公开竞价，也不会限定参与者的身份；海事法庭主导的这一市场则相对不公开，也限定参与者必须是曾被劫掠过的商人。城镇集市与这一司法市场的区别更为明显，城镇集市一般基于国王或领主的特许状建立，商品种类繁杂多样，是一个自由的、没有主导的经济市场。海事法庭主导的司法市场则不基于特许状，而是海事法庭自行设立；商品种类特定，一般都是被劫掠的或对物诉

---

① See Reginald Godfrey Marsden ed. , *Select Pleas in the Court of Admiralty*, Vol. 1, p. 141 – 143, 136 – 237.

② See Reginald Godfrey Marsden ed. , *Select Pleas in the Court of Admiralty*, Vol. 2, p. 20 – 21.

讼中被申请执行的商品；在海事法庭的主导下，司法市场中的货物价格不能过高，拍卖所得也被优先用于执行判决。

为何要设立这样的市场？1546 年路德金诉埃德蒙斯案中曾提到，这一市场的目的是压低价格，方便原所有人赎回，[①] 也就是说，海事法庭设立这一市场的主要目的是保证原所有人能尽量以合理的价格赎回自己的物品。从这一目标出发，可以解释为何要建立司法市场这一融合司法执行与集市的平台。海事法庭判决一起劫掠案件后，进入执行程序，由于报复性劫掠是合法行为，按照习惯，海事法庭不能判决被执行人返还其劫掠的物品，而只能由债权人赎回，因此，在执行阶段，海事法庭必须提供一个赎回环境，更为具体地说，是一个可以进行买卖的环境供当事人购回自己的物品，这样的环境自然就是集市。当时设立集市需要国王或领主的特许状，但海事法庭不是商人，几乎不可能为每一起劫掠案件申请一份特许状，也不能像商人那样到既有集市去叫卖，因此只能自行创设集市，也就是司法市场。但司法市场不能完全和集市一样，因为集市虽然可以满足当事人进行赎回行为的需要，却难以保证其价格公道合理。一批货物一旦进入市场，其价格便由供需决定，若很多商人都想要，价格自然会上涨；让被劫掠人到集市那样的环境赎回货物也极可能遭受负面影响，比如他的对手知晓他以某批货物为目标参加拍卖时，便极有可能恶意竞价，使公正的判决得到不公正的执行。于是，在赎回环境和公道价格的双重要求下，海事法庭构建起一个相对私密的司法市场，仅允许所有遭受劫掠之害的商人在集中的时间、地点公平竞价，在确保原所有人能在合理的价格范围内拿回自己货物的同时，海事法庭的判决也能得到公平执行。这样的做法很好地平衡了法律、习惯、市场三大因素，在 1546 年路德金诉埃德蒙斯案中被告向咨议会请愿反对这种不公开的方式的时候，海事法庭以参与拍卖的都是值得信赖的人或周边地区同样受到海盗祸害的商人、不会产生任何不公为由辩驳，获得咨议会的认可，最后咨议会也驳回了被告的

---

① See Reginald Godfrey Marsden ed. , *Select Pleas in the Court of Admiralty*, Vol. 1, p. 141 – 143, 136 – 237.

主张。[①]

从海事法庭主导的司法市场可以看到海事法庭与商人自治法庭之间的差异，以及英格兰对商人法司法侧重的取舍。在对中世纪晚期英格兰集市、市场司法机构的一般认识中，与欧陆一样，灰脚法庭（court of piepowder）是适用商人法，尤其是英格兰国内商人法的主要场所，它由商人自行管理，适用商人习惯判决。[②] 但与欧陆不同的是，在中世纪，尤其是16世纪发展英格兰海商法乃至商人法的主要机构是海事法庭，而非灰脚法庭。从运作方式来看，灰脚法庭无疑更切合商人需求，无论是极速的程序还是直接适用商事习惯，都以商人利益、商业效率为优先考虑；相比之下，英格兰海事法庭既要遵守令状制度，又要以王权利益为优先，似乎不像灰脚法庭那样受商人欢迎。但从执行来看，灰脚法庭对判决的执行力度并不强，当某一商人不执行判决，后果往往只是遭受当地商人的联合抵制或驱逐等，当事人的诉求并没有得到满足；[③] 但海事法庭背靠海事将军，在捕获、劫掠等案件复杂化后，创造性地设立司法市场同时满足英格兰政策以及国内外商人的需求，将当事人的诉求落到实处，相比之下，正如有学者所说，灰脚法庭对当事人法律约束力的不足预示着它最终衰落。[④] 在灰脚法庭与海事法庭运作方式、执行力度上的优势、劣势比较中，英格兰最终选择后者，这或许并不意味着英格兰不重视法庭运作对当事人，尤其是商人利益的保护，也不意味着英格兰海事法庭不能提供令当事人满意的判决，而是体现出都铎王朝时期的英格兰对商人法司法侧重的取舍，即公正与扎实的执行比当事人满意的判决书更重要。

都铎王朝时期的海事司法也远比想象中发挥了更多的经济功能。学者们大多仅关注海事法庭的司法功能，但司法市场打破了这一传统认识。有学者

---

① See Reginald Godfrey Marsden ed., *Select Pleas in the Court of Admiralty*, Vol. 1, p. 141 - 143, 136 - 237.

② H. G. Hanbury, *English Courts of Law*, Oxford University Press, 1967, p. 120.

③ Leon E. Trakman, *The Law Merchant: The Evolution of Commercial Law*, Fred B. Rothman & Co. Littleton, Colorado, 1983, p. 19.

④ 赵立行：《论中世纪的“灰脚法庭”》，载《复旦学报（社会科学版）》2008年第1期。

认为，市场意味着对特定区域贸易的垄断，主要收入来自司法、行政处罚以及税收。[①] 虽然目前缺乏材料进一步说明海事法庭主导下的司法市场的规模、开设规律等情况，但可以合理推测的是，一方面，如果该市场规模较大、经常设立，乃至变成常设市场，那么海事法庭便由此为王室开辟了新的收入来源，这一来源与传统税收、捕获、海洋所有权等均不同，是以司法机关、而非行政机关为主导的市场经济收入，海事法庭将增加英格兰收入的能动性拓宽至经济方面，并以规模化、常设化印证了这一能动性的成功。另一方面，或许也是更重要的，即使该市场规模不大、偶尔开设，它也充分拓宽了人们对司法与市场之间的相辅相成的想象，司法不仅可以保障市场的运作，还可以主导市场。在海事法庭主导的司法市场模式中，可以由某一机构主导市场运作，控制价格、设定准入条件、制定新的规则，如果继续调整市场要素而后观察这种市场的运作情况，极有可能为解决当时包括伦敦—安特卫普模式带来的种种弊端提供新的思路。

第三节　海事法庭与王室司法统一

有不少学者认为都铎王权不是一种绝对君主制，英格兰议会抵制国王政策，尤其通过否决立法议案等方式限制王权是这一观点的主要论据之一；但同时，学者们也并不否认都铎王朝时期的司法呈现出明显的专制趋向，不论是严刑峻法增多还是国王直接干预司法，都是绝对专制的表现。[②] 其实，法律的含义是丰富的，其中，立法与司法是法律的一体两面，一个关乎制定，另一个关乎适用，按常理，在统一国家政策指导下，或者说在政治与法律之间关系基本稳定的情况下，立法与司法的价值取向应当接近，即使有差异，也应基本符合政治对法律的需求。都铎王朝时期王权与议会的政策目标、追

① 马克垚：《英国封建社会研究》，北京大学出版社 1992 年版，第 255 - 256 页。

② 程汉大主编：《英国法制史》，齐鲁书社 2001 年版，第 245 页、第 271 页。

求的民族利益都基本一致，政治与法律之间的关系本应稳定，但是，学者们的研究却揭示出不符合常理的现象，即都铎王朝时期立法与司法的价值取向不仅出现巨大差异，甚至对立——立法成为议会限制王权的手段，司法则成为王权专制，乃至奴役、驯服议会的工具。

因此，都铎王朝时期王权至尊与王在议会，或者说专制与法治并行不悖并不是都铎君主制的矛盾或悖论，而是王权与议会，或者说专制与法治在法律中分别寻求司法与立法两大工具进行博弈的过程，其最终会在政治层面呈现出截然相反的结果，比如同时确认王权至尊与王在议会，但在法律层面却是泾渭分明的两种源头。

回归法律层面后，一个新的问题接踵而至，那就是都铎君主是否真的在立法上受到制约？英国作为英美法系国家的代表，虽然在都铎王朝时期受到罗马法巨大影响，但普通法仍然是主流，法律规则、原则存在于判例中，议会法案固然有法律效力，但不论是效力范围还是生效时间，都远不及普通法本身，王权对司法的把控实际同时影响着立法和司法，只要在司法中不适用，即便国王在制定通过议会法案时做出再多让步，该法案最终也会沦为具文，起不到任何制约王权的作用。

本节将尝试以都铎王朝时期王权与海事法庭的关系为例回答上述问题。都铎王朝时期英格兰法律复杂多样，普通法、罗马法、商人法共存的同时拥有巨大差异，但在海事法庭中，高级海事法庭的判例拥有一定的先例效力、海事司法以欧陆民法、商人习惯为最优先法律渊源、海事案件又汇集欧陆商人法、英格兰本土海商法。如果王权在拥有如此复杂背景的海事法庭中都能够排除议会影响，绝对把控其运作，并通过海事法庭构建符合王权利益的海商法，那么都铎王权无疑并未在立法上受到议会制约，都铎王权或许也就属于绝对君主制之列。

一、王权对海事法庭的绝对把控

1597 年发生了一起十分特殊的案件，即伊丽莎白一世女王诉莱克案。该案中，女王要求被告返还在其服役期间捕获的一个价值20英镑的盔甲。案情并不复杂，但有三点值得注意。第一，女王主动参与诉讼，并接受判决、要求执行；第二，案涉标的物价值并不高，女王没有在更方便主张王室财产权的财税法庭或其他王室法庭以王室财产为由起诉，而是在海事法庭以捕获为由提起诉讼；第三，女王一度固执地要求被告必须返还原物，不接受等价赔偿，但在得知该物辗转落入弗朗西斯·达克手中，海事法庭无力追回后，便不再坚持。①

综观王权对海事法庭的影响，几乎都是基础的、全面的，这意味着不论国王想要的物品落入谁的手中，国王既可以令状或命令的形式要求海事将军追回该物，也可以让更为强势的财税法庭或财政署追回。首先，特许状。国王授予海事将军的特许状是海事法庭的权力基础，其中规定的事项既是海事法庭的基本管辖范围，也为海事法庭扩张管辖提供理论基础。其次，国王公告。国王公告是非正式海事制定法的代表，海事法庭法律适用的渊源之一，为海事法庭以英格兰本土情况为基础灵活适用国际海商海事习惯以及国际条约提供空间与养料。最后，国王以及咨议会调整海事法庭与其他法院管辖之争的令状、命令、信件等。国王以及咨议会在多份令状、命令或信件中强调海事法庭处理海事案件、涉外案件的专业性，并要求当地普通法法院、市政官员尊重、支持海事法官的司法活动，协助海事法庭赢得管辖之争。可以看到，特许状、国王公告以及令状、信件等贯穿海事法庭的设立、运作、审判、执行以及管辖争夺等全过程，为它提供基础的权力渊源、法律渊源。

在这样的影响下，无论国王想要什么东西，都可以直接命令海事将军寻找、追回该物，或者在判决中将其定性为国王财产而直接判给国王，否则，国王只需收回特许状或者发布禁令即可让海事将军及其法庭瘫痪；也可以让财政署或财税法庭介入乃至接手该案，财政署向海事法庭发布令状本就常见，1597年法比亚诉索顿斯托尔案也确立王室债权优先于其他债权的原则。② 弗

① See Reginald Godfrey Marsden ed., *Select Pleas in the Court of Admiralty*, Vol. 2, p. 180 – 181.

② See Reginald Godfrey Marsden ed., *Select Pleas in the Court of Admiralty*, Vol. 2, p. 181 – 183.

朗西斯·达克虽然为英格兰在1588年战胜西班牙立下战功，但不论是作为海事将军还是报复性劫掠者，都不能违抗女王的命令、违背女王的意志，只要女王继续坚持，海事将军及其法庭便只能不遗余力地追回该物，女王似乎完全没有必要放弃。那么，为何女王没有采用上述任何一种直接、果断的方式，而是选择在海事法庭起诉，并在执行中放弃自己的主张？

其原因或许在于，虽然王权对海事法庭的影响基础而全面，却不是直接的，它的设立、运作、审判等活动基本都是独立自主的。在权力基础方面，虽然特许状为海事法庭提供权力渊源，但海事法庭已经演化为国家机关，高级海事法庭可以在没有高级海事将军及其特许状的情况下运作；在管辖方面，虽然特许状为海事法庭提供基础管辖范围与扩张管辖的理论基础，但即使王国法令剥夺海事法庭海事管辖权，当事人也还是会将涉及船舶、运费、货损等的案件交由海事将军及其法庭处理。

审判与执行方面同样如此，不过，虽然国王与咨议会极少干预海事法庭，但当某起案件涉及国王利益时，无须国王指示，海事法庭就会自行做出最有利于国王的判决。比如1528年卓别林诉伯德案（Chapilion c. Byrd），该案中，原告认为被告不是合法捕获，而是抢劫掠夺，因为自己遭遇大风后船货均被吹至岸边，被告强行将自己扣押，并动用武力抢夺财物。但被告举证称自己拥有国王委任状，可以进行捕获。海事法庭认为，虽然经查证后被告的捕获不合法，但基于他的委任状，被告仍对国王负有纳税义务，因此被告应先赔偿国王损失，而后返还原告财物。① 再如在1553年海事将军诉博纳案与1585年戴安娜号案件中判决海盗货物归国王所有、海事将军或海军有权使用。② 根据现有材料，这些判决和王国法令没有关联，都是海事法庭主动作出的，虽然不能将其总结为司法原则，但是国王利益优先却是海事法官心照

① See Reginald Godfrey Marsden ed., *Select Pleas in the Court of Admiralty*, Vol. 1, p. 29 – 34, 173 – 178.

② See Reginald Godfrey Marsden ed., *Select Pleas in the Court of Admiralty*, Vol. 2, p. 84 – 86, 161.

不宣的首要共识。

如果王权没有对海事法庭形成绝对把控，几乎不可能在没有任何指令的情况下使海事法庭及其法官主动形成王权利益优先的共识。所谓绝对把控，一般是指一方对另一方有着独一无二、不容置喙的权威，尽管海事法庭的判决还会受到地方政治、市场、习惯等各类因素的影响，但王权的影响力比其他因素之和还要大。一方面，除 1528 年卓别林诉伯德案中确认王室债权优先受偿外，还有 1597 年法比亚诉索顿斯托尔案中确认诉讼不得影响王室税收、海盗货物属于国王所有，1599 年安德里亚斯案中确认捕获女王船只的行为是犯罪等，[①] 它们分别在债权债务、诉讼程序、所有权以及刑法等多个方面体现出王权相比普通债权、令状、《奥列隆法典》以及其他民事或刑事法律更为巨大的影响。另一方面，由于王权对海事法庭施加的影响并不是像传统观点认为的直接干预司法，因此无法像传统观点那样推论王权绝对掌控海事司法，只能说，海事法庭自行发展出诸多原则、规则以及海事法官以王权利益为优先考量的共识，足以证明海事司法受到王权的绝对把控。

王权不直接干预海事司法确实给论证它们之间的关系造成一些麻烦，甚至都铎王朝时期的大商人都没能正确认识到这一点，比如 1584 年，弗朗西斯·沃尔辛厄姆爵士（Sr. Francis Walsingham）曾写信给国王，提醒他注意海事法庭始终以欧陆民法，而非王国法令以及普通法审理案件。[②]

海事法庭能够独立自主运作的背后是其对王权的绝对服从，这与国王和海事将军在政治、军事、财政、税收等方面的密切关系相契合，也是女王在 1597 年女王诉莱克案中愿意到海事法庭诉讼，并相信它一定会竭力达成自己目的的原因。政治、军事方面，高级海事将军始终是都铎王朝时期咨议会、枢密院的核心成员，一般的海事将军在都铎王朝时期形成新贵势力，他们也

---

① See Reginald Godfrey Marsden ed. , *Select Pleas in the Court of Admiralty*, Vol. 1, p. 29 – 34, 173 – 178; Vol. 2, p. lxxv, 84 – 86, 161, 181 – 183.

② See Reginald Godfrey Marsden ed. , *Select Pleas in the Court of Admiralty*, Vol. 2, p. xv.

为英格兰组建海军、海外作战立下赫赫战功。财政、税收方面，都铎君主们始终支持海事将军的捕获份额，也将涉及国王利益的捕鱼、王室之鱼、河道矿藏等交由海事将军管理。国王与海事将军在海商海事方面俨然呈现出水乳交融的状态。由此来看，1597 年女王到海事法庭寻求救济既表明海事法庭和财税法庭等王室法庭一样成为女王寻求财产保护的可选项之一，也表明女王完全相信海事法庭会做出支持她的判决，并按她的意思执行，至于在得知该物辗转落入弗朗西斯·达克手中且海事法庭无力追回后便放弃一事，在王权绝对把控海事司法的语境下，与其说女王可能是被迫放弃，不如说女王为了继续维持与弗朗西斯·达克等海盗将军的合作关系而做出的让步。

二、海事法庭在王室特权法庭系统的协调配合

都铎王朝时期海事法庭与当时王室司法体系内的机构有频繁的互动。一方面，几乎所有涉及海事法庭的管辖争议或需要请示的判决都由咨议会最终决定，海事法官也曾向咨议会表达管辖方面的诉求，比如 1558 年库姆斯诉温特普案中就是由咨议会协调海事法庭与伦敦法院之间的管辖争议，[①] 再如刘易斯博士曾于 1584 年写信给咨议会，表达希望拥有船难案件管辖权的愿望。[②] 另一方面，海事法庭与星室法庭、王座法院、财政法院等也有不同程度、不同类型的“互动”，例如 1585 年，刘易斯博士、他的海事法庭登记官以及时任高级海事法庭首席法官被伦敦法院诉至星室法庭，控诉他们逮捕了正在伦敦法院受审的一桩租船合同案件的原告；[③] 又如 1548 年，王座法院就曾向达特茅斯法院发出复审令，要求将已在当地法院处理完毕的案件移交海事法庭，同时惩罚该法院与案件原告恶意规避管辖；[④] 再如 1597 年法比亚诉索顿斯托尔案中服从财政法院的指令，解除案涉关税征收人的扣押等。[⑤] 当

① See Reginald Godfrey Marsden ed. , *Select Pleas in the Court of Admiralty*, Vol. 2, p. 22 – 23.
② See Reginald Godfrey Marsden ed. , *Select Pleas in the Court of Admiralty*, Vol. 2, p. xxvi.
③ See Reginald Godfrey Marsden ed. , *Select Pleas in the Court of Admiralty*, Vol. 2, p. xv.
④ See Reginald Godfrey Marsden ed. , *Select Pleas in the Court of Admiralty*, Vol. 2, p. lxv.
⑤ See Reginald Godfrey Marsden ed. , *Select Pleas in the Court of Admiralty*, Vol. 2, p. 181 – 183.

然，如果将国王本人视为王室司法体系的最高机关，他和海事法庭的互动则最为频繁、紧密，特许状、令状、国王公告以及参与诉讼等都是具体表现，在此不再赘述。

王权没有设计海事法庭与王室司法体系如何“互动”，这些事件也就没有规律地分布在管辖或法律适用等方面，呈现出散乱、临时的特点。咨议会、王座法院、星室法庭都曾处理过与海事法庭管辖有关的案件，虽然处理的内容都是管辖争议，但咨议会处理的往往是法院之间的管辖争议，王座法院与星室法庭处理的则是其他法院或法官对海事法官、登记官的诉讼；咨议会、王座法院、财政法院曾处理过与海事法庭判决相关的案件，同样，虽然处理的内容都是具体审判，但内容不尽相同，涉及船舶所有权、藐视法庭、王室税收等多个方面，相当散乱。海事法庭与王室司法体系的“互动”过于散乱，几乎不可能是故意为之，仅仅是海事法庭运作过程中与王室司法机构产生交集时发生的临时事件。比如当时咨议会处理着各个法院之间的管辖争议，王座法院也拥有普遍的监控权、纠错权，[①] 当海事法庭与其他法院产生管辖纠纷时，有争议的法院自然会诉至咨议会；当国王认为某起案件应当由王室法庭审理时，王座法院也自然会发出令状要求移交案件或纠正海事法庭的判决。

但散乱、临时的“互动”拥有一个共同点，即海事法庭几乎只能协调配合其他司法机关的命令、决定，无法主导案件走向，海事法庭相比王室司法体系处于十分弱势的地位。虽然有过海事法庭不服从王室司法机构命令的案例，但其后果十分严重。1558 年库姆斯诉温特普案中，伦敦法院与海事法庭产生管辖争议，咨议会发布令状要求两法院都暂停该案，但海事法庭没有执行，重新开启诉讼，这一行为导致咨议会和王座法院同时发难，前者传唤高级海事法庭首席法官以及案涉海事法官接受讯问，后者则直接逮捕了重新开启诉讼的海事法官。[②] 因此，在都铎王朝后期，一方面，海事法庭的法官发出大量咨询令状向咨议会或国王确认自己有某案件的管辖权后才进行审判；

---

① 程汉大、李培锋：《英国司法制度史》，清华大学出版社 2007 年版，第 40 页。

② See Reginald Godfrey Marsden ed. , *Select Pleas in the Court of Admiralty*, Vol. 2, p. 22 – 23.

另一方面，即使自己认为没有任何管辖或审判方面的过错，也不会重蹈1558年库姆斯诉温特普案的覆辙，比如1585年刘易斯博士等被伦敦法院诉至星室法庭一案，三位被告在庭审中极力强调自己不在星室法庭管辖范围内，以及原告起诉使用的令状是错误的，[①] 而没有擅自重新开启审判。

海事法庭的弱势地位似乎与海事将军，尤其是高级海事将军的崇高地位以及都铎政府倚重海事将军、扩张海事法庭管辖的事实产生矛盾。虽然拥有独立法庭的英格兰行政官员很少，但他们的地位都十分崇高，比如大法官、高级海事将军、皇家军事总长（Lord High Constable），[②] 他们拥有的法庭的地位自然也十分高，比如大法官主导的法庭就是后来的衡平法庭。都铎王朝时期的海事将军似乎也应顺应这一规律，并且高级海事将军往往与国王有着血缘或亲属关系，海事法庭完全可以被纳入王室司法体系之中。比如亨利八世时期，安妮·博林（Anne boleyn）是高级海事将军爱德华·霍华德的外甥女；爱德华六世时期，高级海事将军托马斯·西摩是国王的舅舅；伊丽莎白一世时期，帮助英格兰打败西班牙无敌舰队的海事将军托马斯·霍华德是爱德华·霍华德的儿子，与女王是表亲，他们所主导的海事法庭似乎完全可以被纳入王室司法体系，取得和其他王室司法机关平等的地位。

一种解释是，海事司法根基不深，海事法庭对海事将军的依附性太大。英格兰海事司法在都铎王朝前后的地位、机制、运作方式等都有着显著不同，虽然都铎君主确实大幅提升海事将军及其法庭的地位，但在注重司法传统以及习惯的英格兰，始终难以真正认可新兴海事司法的重要性，正如有学者所说，直到17世纪海事司法都未能真正站稳脚跟，导致普通法争取主导地位时首先攻击的便是海事法庭。[③] 因此，高级海事将军的崇高地位只能给他自己所在的那一个海事法庭带来更高的地位，其他海事法庭，或者说海事司法本身仍然无法被纳入王室司法体系，其地位相比王室司法机构也就十分微弱。

---

① See Reginald Godfrey Marsden ed., *Select Pleas in the Court of Admiralty*, Vol. 2, p. xv.

② John Baker, *An Introduction to English Legal History*, p. 106.

③ 程汉大、李培锋：《英国司法制度史》，清华大学出版社2007年版，第85页。

但这种解释和都铎王朝时期统一、独立的海事司法体系相悖，而另一种符合这一背景的解释则是，都铎王朝时期海事司法的微弱地位是在都铎王朝时期君主制下的必然结果。一般而言，若一个人或一个组织想在君主制国家中谋求更高地位，最主要的办法便是讨君主欢心或获得君主的信任，都铎王朝时期的海事将军做到了这一点，但海事司法没有。16 世纪尚未有国际法，虽然英格兰海事法庭正在将国际海商海事习惯本土化，但还没有完成。海商法的缺位导致君主更为倚仗海上武力，正如马基雅维里在《君主论》中所说："世界上有两种斗争方法：一种是通过法律，另一种是通过武力，由于前者常常有所不足，故而有时必须借助后者。"① 因此，尽管海事法庭做出大量努力创设本土海商法，但其起步毕竟太晚，也没有意大利当时那样成熟、完备的商人法，都铎君主们对海事领域最根本的期待与重视便不在司法，而在军事。于是，本就独立发展的海事将军与海事司法继续深度切割，包括弗朗西斯·达克在内的海事将军没有司法职能，没有高级海事将军的高级海事法庭仍可以继续运作，海事法庭无法背靠海事将军的政治地位谋求更高的司法地位，也就只能作为一种普通的法院运作，更不可能被纳入王室司法体系。

而满足后一种解释的政治背景，只能是绝对君主制。1535 年亨利八世二十七年法第 4 章与 1536 年亨利八世二十八年法第 15 章是学者们论争海事司法是否被纳入普通法体系的焦点，② 但是，有学者考察后发现 1536 年之后没有关于海盗被绞死的记录。③ 也就是说，决定海事司法与普通法运作边界的两条核心议会法案最终沦为具文，不了了之。如果王权受议会法案的制约，海事法庭在都铎之初就会因 1535 年亨利八世二十七年法第 4 章与 1536 年亨利八世二十八年法第 15 章被纳入普通法体系，无法维持独立地位，海事将军不可避免地会与大法官、普通法法院等加剧斗争，海事法庭会被更为紧密地与海事将军捆绑，也就不可能实现二者的深度切割。既然最后历史事实并非

① ［意］马基雅维里：《君主论》，王水译，北京理工大学出版社 2009 年版，第 69 页。

② See Statutes of the Realm, 27 Hen. Ⅷ. c. 4. 28 Hen. Ⅷ. c. 15.

③ R. G. Marsden, *Documents Relating to Law and Custom of the Sea*, Vol. 1, p. 149.

如此，便足以说明王权并未受到议会法案制约，即使先后两次通过类似的法令，王权也可以随时使其无法落地。

此外，在伊丽莎白一世时期，海事将军是议会指定专门委员会作出为某地减税决定的必备成员之一，① 这也在强调，即使是海事法庭或海事将军这样在王室司法体系或王室权力体系中处于末端的势力，都可以决定性地影响议会有关司法或税收法令的执行，既可以使其沦为具文，也可以影响其具体内容的落实。由此导致都铎王朝时期议会出台许多法令调整海事法庭的运作、管辖、法律适用，但它们既没有影响海事法庭扩张管辖，也没有给英格兰海商法的发展提供太多养料，海事法庭更没有围绕议会法案形成海事司法原则，所谓"王在法下"，从海事司法来看，仅仅是都铎君主为自己划定的形式红线，用以表明国王的自律、开明，英格兰所有关于海洋的政策执行都被牢牢把控在王权手中。

第四节　海事法庭与国际关系准则的形成

众所周知，15 世纪末至 16 世纪海上争霸愈演愈烈，各国之间不断发生海上劫掠、海洋战争，直到 17 世纪初雨果·格劳秀斯提出包括"海洋自由论"等理论，各国才开始探索处理国际纠纷的国际法。但是，格劳秀斯的理论没有立即取代既有规则，既受到包括"海洋封闭论"等在内的理论挑战，也没有立即被英国等海洋强国认可。因此，在格劳秀斯之前，欧洲应已有处理国际纠纷的法律体系或规则。

确实，从都铎王朝时期英格兰海事法庭的司法实践可以看到，当时欧洲各国有不少处理国际纠纷的共识与共通做法，都铎王权身处其中，在与海事法庭的密切互动中认可这些共识、加入这些做法，并促成 16 世纪的国际海洋

① See Statutes of the Realm，27 Eliz. c. 29；39 Eliz. c. 27.

纠纷法律体系与规则。或许因为这样的规则有相当广泛的认可度与生命力，契合当时部分国家的需求，才对新生的国际法理论造成一定阻碍。

格劳秀斯的理论并非像《乌托邦》《大西岛》那样的空想，他的被认为是国际法真正“奠基之作”的《捕获法》（De Jure Praedae）一书是从辩护一起捕获案件开始讲述的。[①] 本节也将从捕获规则入手，尝试从英格兰海事法庭的司法实践出发，阐述当时欧洲的国际海事司法体系，进而探索此种国际关系准则与都铎王权和海事法庭互动之间的关系，以及这一关系对英格兰形成海洋霸权格局的影响。

一、海事法庭与国际捕获准则的形成

为何捕获案件会成为格劳秀斯论述国际法理论的引子？其原因或许在于捕获是当时与战争相对的、在有多方参与的情况下可以在海上合法、和平获得他国船舶、货物等海洋财富的唯一方式。当时，以和平方式获得他国海洋财富的途径有不少，比如拾得、时效取得、判决等，这些方式都是单边合法，即经某国法律或司法机关认可后仅在该国合法有效。虽然当时欧洲各国关于这些方式合法有效的认定标准不尽相同，却一般不会引起他国抗议，一方面，出于互相尊重别国法律，亦即海事司法中的对等原则；另一方面，对个案不满的人也可以在案件发生地起诉，寻求法律救济。但捕获则不同。根据《康索拉多海商法》第273章与第287章的规定，和平控制敌国的船或货是捕获成立的要件之一，因此它也是和平获得他国海洋财富的方式之一。[②] 但是与拾得等方式不同的是，除《康索拉多海商法》以外，不论是《奥列隆法典》、1597年《汉萨同盟法》还是后来的《维斯比法典》（The Laws of Wisbuy），都没有提及捕获，意味着《康索拉多海商法》第273章与第287章是欧洲公认的捕获法，任一国国民之捕获是否有效的讨论都应在同一个法律规则体系

① ［荷］格劳秀斯：《捕获法》，张乃根等译，上海人民出版社2006年版，第1页。

② Christopher Robinson, *A Translation of the Chapters* CCLXXIII *and* CCLXXXVII *of the Consolato del Mare Relating to Prize Law*, p. 1.

进行。于是，一国司法机关作出认定捕获有效的判决常常成为他国抗议、反对的对象，正如布莱克斯通所说，作出能令其他国家接受的捕获判决是海事法庭的核心任务，[①] 捕获案件也就成为各国寻求共识的切入点，成为格劳秀斯论述国际法理论的突破口。

各国及其海事法庭都十分重视捕获案件，英格兰也是如此，对具体规则不仅多有讨论，也通过海事司法原则适时调整。都铎王朝前期，英格兰没有发展出本土捕获规则，都以《康索拉多海商法》第 273 章与第 287 章为准。但随着国际形势的变化以及王权政治、外交的需要，在对等原则等司法原则的指导下，海事法庭对捕获的认定标准一直在变动，比如 1557 年，英格兰咨议会就英法两国捕获规则的协调问题进行过专题讨论，当时的捕获法中并未规定敌方货物在友船与友方货物在敌船两种情况下的捕获是否合法，但法国认为合法，咨议会认为，应当和法国保持一致；[②] 再如 1589 年，海事法庭规定合法捕获的要件之一是整批货物没有损害，[③] 到 1599 年安德里亚斯案，捕获女王船只的行为更被定性为犯罪。[④]

尽管英格兰海事法庭对捕获要件多有调整，有的要件甚至完全出于本国国王或国民利益考虑，但仍有一些要件或规则是从未改变的，这些或许就是当时公认的国际捕获准则。

第一，《康索拉多海商法》第 273 章与第 287 章是基础规则。以海事法庭在 1573 年梅诉霍金斯案中认可海盗也可以捕获为例，该案中，海事法庭通过将海盗船扩张解释为《康索拉多海商法》第 273 章第 1 条中的武装船、巡逻船（armed ship or cruizer）来认定海盗的捕获有效，[⑤] 没有改变和平占有、船或货属于敌方所有等要件。但其实，认定海盗也可捕获的最方便做法无疑是

---

① William Blackstone, *Commentaries on the Laws of England*, *In Four Books*, book Ⅲ, p. 659 – 660.

② See Reginald Godfrey Marsden ed., *Select Pleas in the Court of Admiralty*, Vol. 2, p. 22.

③ See Reginald Godfrey Marsden ed., *Select Pleas in the Court of Admiralty*, Vol. 2, p. xv – xix.

④ See Reginald Godfrey Marsden ed., *Select Pleas in the Court of Admiralty*, Vol. 2, p. lxxv.

⑤ See Reginald Godfrey Marsden ed., *Select Pleas in the Court of Admiralty*, Vol. 2, p. 149.

改变和平占有要件，将其改变为“合法占有”，因为海盗本身就是暴力的代名词之一，在每一个案件中证明海盗没有使用暴力的难度很大，改和平占有为合法占有可以在今后的案件中更为方便地认定海盗可以捕获。在这种情况下海事法庭都没有改变要件，可见《康索拉多海商法》第 273 章与第 287 章作为认定捕获的基础规则得到充分的尊重。

第二，各国可以在基础规则上增加规则，但不可与基础规则矛盾。1557 年，英格兰咨议会关于认可法国捕获规则的决议可以证明当时法国存在新的捕获规则，[①] 但不论是敌方货物在友船还是友方货物在敌船的情况，都只是增加可认定发生捕获的情形，没有动摇捕获的成立要件，也就可以被他国认可。与之相对，都铎王朝时期英格兰禁止非英格兰籍船舶运输货物，认为违反相关法令的船舶、货物可以被捕获，虽然这一规定并不与捕获法中船或货应属于敌对国的规定冲突，但无疑增加了国际贸易商人被捕获的风险，没有被普遍认可。于是，在英格兰，海事法庭支持英格兰人以他人非法出口为由进行的捕获，[②] 而如果有人拒绝捕获未经海关申报的货物，他就会受到海事法庭的惩罚——尽管这种惩罚并不符合当时捕获法的规定。[③] 但在国外，知晓这一情况的外国商人往往会提前单独约定被英格兰人捕获的风险，比如 1563 年皮盖诉布兰登林案（Piquet c. Brandelyn），该案中，原告、被告在英格兰境外签订的运输合同中单独约定由被告承担被英格兰人捕获的风险，并提供安全通行证，后因被告没有履行合同成讼。[④] 类似的，在 1557 年柏斯菲尔德诉麦克雷案（Besfeilld c. Mackeley）中，被告在法国租原告的船前往苏格兰时，达成了一个价值 300 英镑的类担保（like bond）防止途中被英格兰人，而非其他国家的人捕获，后因被告不履行该担保成讼。[⑤]

---

① See Reginald Godfrey Marsden ed. , *Select Pleas in the Court of Admiralty*, Vol. 2, p. 22.

② See Reginald Godfrey Marsden ed. , *Select Pleas in the Court of Admiralty*, Vol. 1, p. 100 – 101, 211 – 212.

③ See Reginald Godfrey Marsden ed. , *Select Pleas in the Court of Admiralty*, Vol. 2, p. lxxiii.

④ See Reginald Godfrey Marsden ed. , *Select Pleas in the Court of Admiralty*, Vol. 2, p. 64 – 65.

⑤ See Reginald Godfrey Marsden ed. , *Select Pleas in the Court of Admiralty*, Vol. 2, p. 105 – 106.

从常理来看，第2条准则似乎没有问题，甚至可以说是一国在国际习惯的基础上维护、改进国内管控的自然之举。但如果将其与现代国际法与国内法的关系相比较，便会发现第2条准则与现代国际法相悖，导致当时的国际习惯既不优于国内法，也没有被转化为国内法。二者互相混同，具有同等地位，导致明明有国际捕获准则，却因各国国内法的不同规定而无法获得被各国认可的判决，各国因此互相责难，只能通过更为笼统的国际海事司法而非捕获准则本身来解决纠纷。

二、海事法庭与国际海事司法体系的形成与演变

除捕获外，其他类型的国际海洋纠纷也逐渐增多，国际海事司法开始呈现出清晰的样貌。比如关于司法管辖，1537年，连续发生两起外国当事人在海上劫掠案件中主张管辖异议的案件，即泰布斯诉圣马丁号案（Tybes c. St. Martin）与布鲁默诉圣马丁号案（Bloeme c. St. Martin），泰布斯与布鲁默都是法国人，他们都宣称自己捕获德国船圣马丁号，并分别在海事法庭起诉要求确认他们的捕获合法，但被告称，当时英德正开战，这起劫掠/捕获案件不在英国海事将军的管辖范围内。① 再如在法律适用方面，1570年柯里尔诉福特案与1570年米歇尔诉罗纳尔案都主张适用法国法为自己提供救济，海事法庭考察后接受了他们的主张。② 此外，在司法执行方面，在16世纪70年代英国与西班牙关系紧张时，英格兰曾在1572年2月与1573年4月连续两年发布命令要求查明被截在西班牙的英格兰船舶、货物、商品与英格兰人捕获的西班牙货物，通过二者平衡来补偿受损的英格兰人。③

都铎王朝之前，受限于航行技术、造船技术，欧洲各国无法真正回应当事人对救济国际海洋纠纷的需求，虽然国家、地区之间签订了不少救济条约、

---

① See Reginald Godfrey Marsden ed., *Select Pleas in the Court of Admiralty*, Vol. 2, p. lxv.

② See Reginald Godfrey Marsden ed., *Select Pleas in the Court of Admiralty*, Vol. 2, p. 119–120, 140.

③ Thomas Rymer and Paul Rapin de Thoyras, *Acta Regia*… Vol. 5, p. 496.

互助条约，但往往流于形式，国际海事司法也就无从成型。但都铎王朝时期，随着造船、航行等技术的进步，地理大发现、环球航行愈加频繁，欧洲各国不仅有能力救济受困于国际海洋纠纷的当事人，还有能力保护本国商船不受海盗侵扰，海事司法也就可以慢慢成型，为当事人提供实在的救济。

但这样的救济仍然是不同王权之间的同态复仇。一方面，这样的救济并不以当事人的，或者说个案的正义为导向。所谓以个案正义为导向，是指在判决之后尽力执行判决，无法执行的暂停执行，直到可以执行为止；但都铎王朝时期国际海事司法救济意不在此，海事法庭在作出判决之后，往往会给当事人颁发报复性劫掠证书，让他们自行去海上报复案外的他国的国民、货物，这是同态复仇而非执行判决。另一方面，这样的救济又是不同王权而非法治国家给予的。英格兰海事法庭已经作为国家司法机关而非特权法庭运作，它又是海商法本土化的主要力量，海事法庭本应坚持实现当事人的个案正义，但在绝对王权的控制下，它不仅放弃公平正义的初衷，甚至主动颁发报复性劫掠证书或认可海盗可以捕获谋取更多收入，因此，这种救济仅适合不同王权之间的博弈，而非法治国家的救济之道。

这种救济符合都铎绝对君主制下的外交需求，有助于形成16世纪的英格兰海权（Seapower）。[①] 都铎王朝时期，君主将外交视为自己的特权，尤其在伊丽莎白一世时代，女王因英格兰外交涉及其婚姻、王位继承等问题而常常禁止议会讨论。[②] 虽然学界对都铎王朝时期的均势政策，或者说“孤立主义”有一定争论，比如有的学者认为都铎王朝时期君主、政府、议会的成员、议事方式等均有变化，不太可能始终秉持一条清晰的外交原则，[③] 但不论国王是无心插柳还是有意为之，都需要一种有效手段应对国际形势，回应国民诉

① 海权和制海权（Sea Power）是两个不同的概念，前者指海洋在一国的政治、经济、文化中有极高的地位；后者则是美国海军理论家阿尔弗雷德·塞耶·马汉（Alfred Thayer Mahan）在1890年创造的军事理论概念。参见［英］安德鲁·兰伯特：《海洋与权力——一部新文明史》，龚昊译，湖南文艺出版社2021年版，“中文版序”第1页。

② 胡莉：《英国光荣革命前国王外交权力探析》，载《学术研究》2017年第8期。

③ 徐煜：《都铎时期英国外交政策研究的新动态——读〈16世纪英国与欧洲〉札记》，载《江西社会科学》2003年第2期。

求。虽然报复性劫掠等方式不仅没有解决国际海事纠纷，而且加剧了国民之间的报复冲突，但国王毕竟给予国民一条行之有效的救济方式，同时可以利用、乃至鼓励这种方式打击其他国家的海上力量、掠夺海洋财富，而在国王亲自出席的外交场合中又无须对此担责。在这样的基础上，海洋成为英格兰政治、军事、经济等战略的关键着力点，亨利八世有底气将英格兰移出欧洲体系、伊丽莎白一世则依靠海盗将军打败西班牙“无敌舰队”，最终使英格兰在16世纪率先实现海权。[①]

进一步地，此种国际海事司法体系可以暂时应对复杂、增多的捕获纠纷，但随着民族国家的形成与自然法研究的兴起，则必然会被淘汰。随着民族国家的形成，不同王权之间外交格局逐步转变为王权与民族国家、民族国家之间的外交格局，在这样的情况下，固然民族国家可以用国家主权代替王权，继续使用同态复仇的方式救济国际海事纠纷，但诚如格劳秀斯在其《捕获法》第一章第一段就指出的，民族国家内部开始反思，是否经过公共授权就可以使用战争等暴力手段获取救济？用践踏国际商业规则之人的物品救济自己蒙受的损失就一定是正当的吗？[②] 也正是由于有大批基督徒不接受报复性捕获带来的物品，学者们需要从新的角度，即自然法的角度论证海上战争、报复性劫掠与捕获的正当性。

---

① ［英］安德鲁·兰伯特：《海洋与权力——一部新文明史》，龚昊译，湖南文艺出版社2021年版，第173－276页。

② ［荷］格劳秀斯：《捕获法》，张乃根等译，上海人民出版社2006年版，第3页。

结　　语

至此，都铎王朝时期海事法庭及其与王权之间的关系、作用已经全部考察完毕，内容庞杂，需要作一些总结。

海事法庭在都铎王朝走向巅峰，又在都铎王朝之后不断衰落。1632 年，海事法庭与普通法法院签订协议，不仅海事法庭的管辖范围被限定在海洋这一单一地域范围，而且普通法法院有权传唤海事法官解释其向普通法法院颁发的禁令；[①] 在爱德华·科克于 17 世纪领导普通法法院取得主导地位的过程中，他也反复强调海事法庭的管辖范围应被限定在发生于海洋的特定刑事案件中，其法律适用方式也应以普通法法院为准，[②] 海事法庭的独立性与影响力不断被削弱。到 18 世纪，英格兰的海商海事法律在曼斯菲尔德（Mansfield）等法官的努力下不断被融入普通法，海事法庭则最终在 1875 年英国司法改革中被合并至彼时新成立的高等法院。[③]

目前学界对都铎王朝时期海事法庭的认识并不全面，本书意在建立起对海事法庭的全面认识。目前学界对海事法庭，尤其是都铎王朝时期海事法庭的一些论断虽然都能找到材料支持，但大多仅从政治、法律、军事等单一视角出发，以都铎政府本身的特点、海事法庭的部分案例或当时的海洋战争等为论据，没有形成对海事法庭的全面认识。本书通过梳理与论证都铎王朝时

---

① See Reginald Godfrey Marsden ed., *Select Pleas in the Court of Admiralty*, Vol. 2, p. xiv.

② Edward Coke, *The Fourth Part of the Institutes of the Laws of England Concerning the Jurisdiction of Courts*, p. 134 - 146.

③ 程汉大、李培锋：《英国司法制度史》，清华大学出版社 2007 年版，第 87 页。

期之前的海事法庭、都铎王朝时期海事法庭的权力属性、审判机制、管辖、法律适用、海事法庭与绝对君主制的关系，希望能够建立起大家对都铎王朝时期海事法庭的全面认识，尤其是海事法庭在进入都铎王朝后实质化、统一化的表现、“一般海事管辖权”的概念、实现英格兰海商法本土化的主要方式以及海事法庭与王权在军事、财政、司法等各方面的互动与作用。

在全面认识的基础上，可以发现海事法庭兴盛与衰落的机理。不论是拥有海事特色令状、全面扩张管辖范围还是突破《奥列隆法典》、自主适用国际条约，海事法庭都在王权的支持下逐步走向巅峰，尽管这些表现的直接原因包括但不限于高级海事将军、高级海事法官的崇高地位，16 世纪欧洲各地商法、海商法本土化的潮流以及其他偶然因素，但若失去王权支持，海事法庭几乎不可能在都铎王朝实现兴盛。同时，尽管有王权支持，海事法庭仍然在各个方面未能真正扎下根基、发挥不可替代的作用，比如审级以及陪审制等审判机制设计的失败、在普通法法院轻视的情况下赢得管辖之争以及为了服务王权导致捕获等法律规则混乱等。这导致直到都铎王朝结束，海事法庭都未能像普通法法院那样形成一套独立、完整的审判机制或法律体系，一旦王权不再需要海事法庭、其他法院开始重视与海事法庭的管辖之争以及其他法院形成一套成熟、完备的海商法，海事法庭自然立即走向衰落，直到退出历史舞台。

诚如兰伯特（Lambert）所说，学者们常常将维多利亚女王时代英国的海洋霸权与伊丽莎白一世女王时期联系起来，但是，尽管都铎王朝确实有意识地建立了海洋优势，最后的成功却具有偶然性。① 海事法庭或许就是这种偶然性的缩影。对英格兰来说，海洋战争的胜利、海外殖民地的扩张、海洋贸易的繁荣等都具有偶然性，而这些事件的影响又偶然地都波及海事法庭，为海事法庭巩固权力基础、扩张管辖、自主适用法律等带来契机，使它成为都铎王朝海洋战略的交汇点。都铎王朝的发展并不以海事法庭为中心，但重要的发展似乎都与它有关。

---

① ［英］安德鲁·兰伯特:《海洋与权力——一部新文明史》，龚昊译，湖南文艺出版社 2021 年版，第 276 页。

附录：截至都铎王朝时期英格兰海事法庭大事年表

时间	事件
1300 年	杰维斯·阿拉德（Gervase Alard）被授予海事将军称号（admiral）
1360 年	约翰·帕维利（John Pavely）、约翰·比彻姆（John de Beauchamp）被授予海事将军称号
1364 年	首次出现海事法庭（Court of Admiralty）：布拉登汉姆案（Bradenham）
1482 年	威廉·莱西（William Lacy）被任命为海事法庭专职法官
1493 年 4 月 5 日	亨利八世被任命为五港同盟执政官（Constable of Cinque Ports）
1524 年	开始出现有案卷记录的高级海事法庭案例
1524 年左右	高级海事法庭搬迁至伦敦博士院（Doctors' Common）
1525 年	亨利·菲茨罗伊（Henry Fitzroy）被授予高级海事将军称号
1536 年	威廉·菲茨威廉（William Fitzwilliam）被任命为高级海事将军
1540 年	约翰·罗素（John Russell）被任命为高级海事将军
1547 年 8 月 30 日	托马斯·西摩（Thomas Seymour）被任命为高级海事将军
1549 年 10 月 19 日	沃里克伯爵约翰·达德利（John Dadley, the Earl of Warwick）被任命为高级海事将军
1554 年 5 月 8 日	威廉·霍华德（Lord William Howard）被任命为高级海事将军
1558 年 2 月 10 日	爱德华·克林顿（Edward Clinton）被任命为高级海事将军

续表

时间	事件
1575 年	刘易斯（Lewes）博士被任命为高级海事法庭法官
1581 年	伊丽莎白一世女王登上德雷克（Drake）的船授予其骑士称号
1585 年	戴尔（Dale）和朱利叶斯·恺撒（Julius Caesar）两位博士被任命为高级海事法庭法官
1585 年 2 月 15 日	诺丁汉伯爵查尔斯·霍华德（Charles Howard，Lord Howard of Effingham，Earl of Nottingham）被任命为高级海事将军
1588 年	伊丽莎白女王登上爱德华·霍华德（Edward Howard）的船授予其骑士称号

主要参考文献

一、中文参考文献

1. 原始材料

(1)［英］伊丽莎白·拉蒙德编:《论英国本土的公共福利》，马清槐译，商务印书馆1989年版。

(2)［英］弗·培根:《新大西岛》，何新译，商务印书馆1959年版。

(3)［英］弗朗西斯·培根:《英王亨利七世本纪》，王宪生译，北京时代华文书局2016年版。

(4)［意］马基雅维里:《君主论》，王水译，北京理工大学出版社2009年版。

(5)［英］托马斯·孟:《英国得自对外贸易的财富》，袁南宇译，商务印书馆1965年版。

(6)［英］托马斯·莫尔:《乌托邦》，李灵燕译，西北大学出版社2016年版。

2. 著作

(1)［英］安德鲁·兰伯特:《海洋与权力——一部新文明史》，龚昊译，湖南文艺出版社2021年版。

(2)［美］保罗·肯尼迪:《大国的兴衰》，蒋葆英等译，中国经济出版社1989年版。

(3)［英］彼得·莱尔:《全球海盗史——从维京人到索马里海盗》，于百九译，广东人民出版社 2022 年版。

（4）［英］查尔斯·爱德华·莫伯利：《都铎王朝：1485—1547》，游莹译，华文出版社 2020 年版。

（5）陈曦文：《英国 16 世纪经济变革与政策研究》，首都师范大学出版社 1995 年版。

（6）程汉大、李培锋：《英国司法制度史》，清华大学出版社 2007 年版。

（7）程汉大主编：《英国法制史》，齐鲁书社 2001 年版。

（8）［德］弗朗茨·维亚克尔：《近代私法史》，陈爱娥、黄建辉译，上海三联书店 2004 年版。

（9）［英］格温·琼斯：《北欧海盗史》，刘村译，商务印书馆 1994 年版。

（10）何勤华、魏琼主编：《西方商法史》，北京大学出版社 2007 年版。

（11）何勤华主编：《外国法制史》，法律出版社 2016 年版。

（12）何勤华主编：《英国法律发达史》，法律出版社 1999 年版。

（13）［英］亨利·萨姆奈·梅因：《古代法》，沈景一译，商务印书馆 2009 年版。

（14）侯军主编：《国际海事法与案例分析》，载《上海海运学院学报》，编辑部 1987 年版。

（15）［德］卡尔·施米特：《陆地与海洋——世界史的考察》，林国基译，上海三联书店 2018 年版。

（16）［德］康拉德·茨威格特、海因·克茨：《比较法总论》，潘汉典等译，法律出版社 2002 年版。

（17）康瑞林：《1350 年至 1700 年英国港口贸易的崛起》，中国社会科学出版社 2019 年版。

（18）赖建诚：《王室与巨贾——格雷欣爵士与都铎王朝的外债筹措》，浙江大学出版社 2015 年版。

（19）刘季富：《英国都铎王朝史论》，河南人民出版社 2008 年版。

（20）刘明翰主编，刘景华、张功耀著：《欧洲文艺复兴史——科学技术卷》，人民出版社2008年版。

（21）刘明翰主编，周春生、徐家玲、陶永新著：《欧洲文艺复兴史——法学卷》，人民出版社2010年版。

（22）刘明翰主编，朱孝远著：《欧洲文艺复兴史——政治卷》，人民出版社2010年版。

（23）刘新成：《英国都铎王朝议会研究》，首都师范大学出版社1995年版。

（24）［英］罗伯特·哈钦森：《亨利八世——年轻的亨利》，魏静薇译，新世界出版社2020年版。

（25）［英］罗伯特·哈钦森：《亨利八世——最后的岁月》，赵彤译，新世界出版社2020年版。

（26）［德］马克斯·韦伯：《中世纪商业合伙史》，陶永新译，东方出版中心2010年版。

（27）马克垚：《英国封建社会研究》，北京大学出版社1992年版。

（28）［美］孟罗·斯密：《欧陆法律发达史》，姚梅镇译，河南人民出版社2016年版。

（29）［美］米尔伊安·R. 达玛什卡：《司法和国家权力的多种面孔——比较视野中的法律程序》，郑戈译，中国政法大学出版社2004年版。

（30）［英］尼古拉·巴伯：《艺术为证之都铎王朝》，吴静译，天津教育出版社2011年版。

（31）戚国淦、陈曦文主编：《撷英集——英国都铎史研究》，首都师范大学出版社1994年版。

（32）钱乘旦、许洁明：《英国通史》，上海社会科学院出版社2012年版。

（33）［英］乔纳森·赖利－史密斯：《十字军史》，欧阳敏译，商务印书馆2016年版。

（34）［美］苏珊·罗纳德：《海盗女王：伊丽莎白一世和大英帝国的崛起》，张文亭、张万伟译，中信出版社 2009 年版。

（35）刘明翰主编，王乃耀、申晓若著：《欧洲文艺复兴史——经济卷》，人民出版社 2010 年版。

（36）王乃耀：《英国都铎时期经济研究——英国都铎时期乡镇经济的发展与资本主义的兴起》，首都师范大学出版社 1997 年版。

（37）夏继果：《伊丽莎白一世时期英国外交政策研究》，商务印书馆 1999 年版。

（38）［美］雅各布·阿伯特：《伊丽莎白女王——至尊红颜与都铎王朝勃兴》，黄彩霞译，华文出版社 2018 年版。

（39）［荷］格劳秀斯：《捕获法》，张乃根等译，上海人民出版社 2006 年版。

（40）［荷］格劳秀斯：《战争与和平法》，马呈元译，中国政法大学出版社 2016 年版。

（41）［美］约翰·亨利·梅利曼：《大陆法系》，顾培东、禄正平译，法律出版社 2004 年版。

（42）［美］汤普逊：《中世纪经济社会史：300—1300 年》（下册），耿淡如译，商务印书馆 2017 年版。

（43）［美］詹姆斯·W. 汤普逊：《中世纪晚期欧洲经济社会史》，徐家玲等译，商务印书馆 2017 年版。

（44）赵立行：《商人阶层的形成与西欧社会的转型》，中国社会科学出版社 2004 年版。

（45）赵立行：《世界文明史讲稿》（修订版），复旦大学出版社 2017 年版。

（46）顾晓鸣主编，赵立行：《英国商人》，江西人民出版社 1995 年版。

（47）赵秀荣：《近代早期英国社会史研究》，中国社会科学出版社 2017 年版。

（48）郑文辉：《中国法律和法律体系》，中山大学出版社 2017 年版。

（49）刘明翰主编，朱龙华、王素色、赵立行著：《欧洲文艺复兴史——艺术卷》，人民出版社 2008 年版。

3. 期刊论文

（1）曹兴国：《海商法自体性研究》，大连海事大学 2017 年博士学位论文。

（2）程汉大、于民：《在专制与法治之间——“都铎悖论”解析》，载《世界历史》2002 年第 5 期。

（3）储槐植：《英美法院系统》，载《国外法学》1980 年第 4 期。

（4）高鸿钧：《英国法的域外移植——兼论普通法系形成和发展的特点》，载《比较法研究》1990 年第 3 期。

（5）［日］高见玄一郎：《世界港口史》，杨世强译，载《中国港口》2004 年第 8 期。

（6）何勤华：《中世纪西欧评论法学派述评》，载《中外法学》1996 年第 5 期。

（7）何勤华：《中世纪西欧注释法学派述评》，载《法律科学（西北政法学院学报）》1995 年第 5 期。

（8）洪明：《试析英国都铎王朝的重商政策》，载《华中理工大学学报（社会科学版）》1995 年第 4 期。

（9）洪明：《英国都铎时期大学教育的世俗化》，载《高等教育研究》2004 年第 6 期。

（10）胡莉：《英国光荣革命前国王外交权力探析》，载《学术研究》2017 年第 8 期。

（11）荚振坤：《中世纪欧洲海商法研究（11 至 15 世纪）》，华东政法大学 2013 年博士学位论文。

（12）李红海：《本是同根生，相煎何太急？——17 世纪初普通法法院与特权法院的对抗》，载《北大法律评论》2018 年第 2 期。

（13）李天生：《初论海商法的基本原则》，载《河北学刊》2012 年第 6 期。

（14）李新宽：《论英国重商主义政策的阶段性演进》，载《世界历史》2008 年第 5 期。

（15）刘新成：《都铎君主专制政体说质疑》，载《世界历史》1992 年第 1 期。

（16）刘新成：《都铎王朝的经济立法与英国近代议会民主制的起源》，载《历史研究》1995 年第 2 期。

（17）潘荣成：《都铎王朝变革对英国民族国家确立的影响》，载《贵州社会科学》2014 年第 12 期。

（18）屈文生：《论行政令状的司法化与普通法的诞生——兼议中世纪时期英王治理国家方式的转变》，载《河北法学》2010 年第 2 期。

（19）屈文生：《试论普通法令状的起源及其嬗变》，载《东方法学》2009 年第 5 期。

（20）司玉琢、李天生：《论海法》，载《法学研究》2017 年第 6 期。

（21）苏彦新：《比较法研究的功能论与诠释论——评〈比较法的理论与方法概论〉》，载《政法论坛》2019 年第 1 期。

（22）滕淑娜、吕洪涛：《都铎王朝赋税的来源与用途》，载《辽宁大学学报（哲学社会科学版）》2011 年第 3 期。

（23）王国强：《英国对物诉讼制度刍议》，载《大连海事大学学报（社会科学版）》2015 年第 4 期。

（24）魏鹤鸣、陈晔：《亨利八世时期的“至尊王权”理论研究》，载《世界宗教文化》2020 年第 2 期。

（25）肖崇俊：《英国海事法院的历史探析（1360—1873）》，华东政法大学 2010 年硕士学位论文。

（26）徐煜：《都铎时期英国外交政策研究的新动态——读〈16 世纪英国与欧洲〉札记》，载《江西社会科学》2003 年第 2 期。

（27）阎照祥：《论英国都铎专制君主制的有限性》，载《史学月刊》1999年第3期。

（28）叶秋华：《论英国法制传统的形成与英国法体系的确立》，载《法律文化研究》2020年第1期。

（29）于明：《早期普通法中的司法与王权——英国司法独立的“中世纪起源”的再思考》，载《南京大学法律评论》2014年第2期。

（30）张进先：《普通法系国家海事管辖权简介》，载《人民司法》1987年第3期。

（31）赵立行：《论中世纪的“灰脚法庭”》，载《复旦学报（社会科学版）》2008年第1期。

（32）赵立行：《西欧社会变动与十字军东征的进程》，载《复旦学报（社会科学版）》2002年第4期。

（33）赵绪庭：《英国海事法庭简介》，载《天津航海》1983年第3期。

（34）周均：《英国都铎王朝的财政结构及王权和议会的关系》，载《江苏大学学报（社会科学版）》2004年第4期。

二、外文参考文献

1. 原始材料

（1）*A Collection of Papers on Naval Architecture*, part Ⅲ, sold by J. Downes, 1800.

（2）*A Collection of the Statutes relating to the Cinque Ports*, printed by John Baskett, 1726.

（3）*A General Treatise of Naval Trade and Commerce*… printed by Henry Lintot, 1753.

（4）*A Proclamation to Represse all Piracies and Depredations vpon the Sea London*, printed by Robert Barker, 1602.

（5）Abbot, C, *Treatise of the Law Relative to Merchant Ships and Seamen*,

London：Shaw & Sons，1901.

（6）*An Abstract of all such Acts of Parliament，Now in Force，as Relate to the Admiralty and Navy of England*，London：S. Bridge，1697.

（7）Blackstone，William，*Commentaries on the Laws of England；in Four Books*，New York：Banks & Brothers，1877.

（8）*Calendar of State Papers，Domestic Series，of the Reigns of Elizabeth and James I*，1580 – 1625，London：Longman & Co.，Paternoster Row and others，1872.

（9）*Calendar of the Charter Rolls* 1341 – 1417 *v.* 5. 15 *Edward III* – 5 *Henry VI*，The Herford Times Limited，Maylord Street，Hereford，1916.

（10）*Calendar of the Patent Rolls Preserved in the Public Record Office*（1341 – 1509，1544 – 1624），published by his Majesty's Stationary Office，1901 – 1966.

（11）*Calendar of the State Papers relating to Ireland of the Reign（s）of Henry VIII.，Edward VI.，Mary，and Elizabeth*，1586 – 1588，London：Longman & Co.，Paternoster Row and others，1877.

（12）Carew，R，*The Survey of Cornvvall*，printed by S. Stafford，1602.

（13）Chalmers，George，and Great Britain，*A Collection of Treaties between Great Britain and other Powers*，1790.

（14）Chalmers，George，*Collection of Treaties between Great Britain and Other Powers*，Vol. 1 – 2，Forgotten Books，2015.

（15）Clerke，Francis，*Praxis Supremæ Curiæ Admiralitatis，Francisci Clerke，Prioribus Omnibuseditionibus Multó Auctior Atque Emendatior，Unà cum Indice et Notisnunquam Antehàc Additis. Cui Adjiciuntur Articuli Magistri Rowghton，Hactenùs Inedita，ad Officium Admiralitatis Angliae，&c. Spectantes. Apud W. Clarke & Filius*，Lincoln's – Inn，1798.

（16）Contributors，Multiple，*The Practice of the Court of Admiralty in*

England and Ireland to Thised Is Added, an Act of Parliament for the Encouragement of Seamen, together with... Gale ECCO Print Edition, 2010.

(17) *De Officio Admirallitatis Anglie vna cum Articulis Concernentibus Idem Officium London*, Thomas Berthelet, 1536.

(18) Elton, G. R. , *The Tudor Constitution: Documents and Commentary*, Cambridge University Press, 1982.

(19) English Report (1485 – 1602) .

(20) *Extracts, from the several Treaties Subsisting between Great Britain and other Kingdoms and States, of such Articles and Clauses, as Relate to the Duty and Conduct of the Commanders of His Majesty's Ships of War*, 1758.

(21) Garcie, Pierre, *The Rutter of the Sea with the Hauens, Rodes, Soundings, Kennings Windes, Floods, and Ebbes, Daungers and Coastes of Diuers Regions with the Lawes of the Ile of Auleron, and ye Iudgements of the Sea. With a Rutter of the North Added to the Same London*, printed by William Copland, 1567.

(22) Garcie, Pierre, *The Rutter of the Sea with the Hauens, Rodes, Soundings, Kennings Windes, Floods, and Ebbes, Daungers and Coastes of Diuers Regions with the Lawes of the Ile of Auleron, and ye Iudgements of the Sea. With a Rutter of the North Added to the Same London*, printed by Iohn Awdeley, 1573.

(23) Godwin, Francis et al. , *History of the Reigns of Henry the Seventh, Henry the Eighth, Edward the Sixth, and Queen Mary*, printed by W. G. , 1676.

(24) *Justinian's Digest*, Book XIV, Christopher Publishers Limited, 2016.

(25) *Letters and Papers, Foreign and Domestic, Henry* VIII, Vol. 1 – 21, London: Longman, Green, Longman, & Roberts, 1862 – 1908.

(26) Marsden, Reginald Godfrey, *Documents Relating to Law and Custom*

of the Sea, Vol. 1, The Making of Modern Law: Legal Treatises, 1800 – 1926.

(27) Molloy, Charles, *De Jure Maritimo et Navali: Or A Treatise of Affairs Maritime, and of Commerce*, 9th ed., Vol. 1, The Making of the Modern World, 1769.

(28) *Petition to the Admiralty for Pay*, London, 1601.

(29) Raleigh, Walter, *A Collection of Papers on Naval Architecture Originally Communicated through the Channel of the European Magazine, in which Publication the Further Communications on this Subject Will be Continued…* Part Ⅲ, printed by J. Downes, 1793.

(30) Robinson, Christopher, *A Translation of the Chapters CCLXXIII and CCLXXXVII of the Consolato del Mare Relating to Prize Law*, printed by W. Wilson etc., 1800.

(31) Rymer, Thomas & Paul Rapin de Thoyras, *Acta Regia: or, an Account of the Treaties, Letters and Instruments between the Monarchs of England and Foreign Powers, published in Mr. Rymer's Foedera, which are the Basis of the English History…* Vol. 4 – 5, published by M. Le Clerc, 1726 – 1727.

(32) Rymer, Thomas, *Foedera, Conventiones, Litera, et Cujuscunque Generis Acta Publica, Inter Reges Angliæ, et Alios Quosuis Imperatores, Reges, …ab anno* 1101, *ad Nostra Usque Tempora, Habita aut Tractata; … In lucem Missa de Mandato Reginæ…* Vol. 15 – 18, printed by A. & J. Churchill, 1704 – 1735.

(33) Segar, William, *Honor Military, and Ciuill Contained in Foure Bookes. viz.* 1. *Iustice, and Iurisdiction Military.* 2. *Knighthood in Generall, and Particular.* 3. *Combats for Life, and Triumph.* 4. *Precedencie of Great Estates, and Others London*, printed by Robert Barker, 1602.

(34) *Select Pleas in the Court of Admiralty*, Vol. 1 – 2, London: Spottiswood

and Co. , New – Street Square, 1892 – 1894.

(35) Serres, J. d. , *The Three Partes of Commentaries Containing the Whole and Perfect Discourse of the Ciuill Warres of Fraunce, vnder the Raignes of Henry the Second, Frances the Second, and of Charles the Ninth: With an Addition of the Cruell Murther of the Admirall Chastilion, and Diuers Other Nobles, Committed the* 24 *Daye of August, anno* 1572, printed by Frances Coldocke, 1574.

(36) *Statutes of the Realm* (1485 – 1602).

(37) Tanner, J. R. , *Tudor Constitutional Documents*, 1485 – 1603, Forgotten Books, 2016.

(38) Tawney, R. H. & Power, E. , *Tudor Economic Documents*, Longmans, 1951 – 1953.

(39) *The Clothiers Reasons for Establishing the Company of Merchant Adventurers of England*, London: s. n. , 169 – ? .

(40) Twiss, Travers, *Monumenta Juridica, The Black Book of the Admiralty, with an Appendix*, London: Longman & Co. , and Trubner & Co. ; etc. , 1871 – 1876.

2. 著作

(1) Baker, John, *English Law under two Elizabeths*, University of Cambridge, 2021.

(2) Baker, John, *Introduction to English Legal History*, Oxford University Press, 2019.

(3) Baker, Sherston, *Office of Vice – Admiral of the Coast: Being Some Account of that Ancient Office*, BiblioBazaar, 2010.

(4) Brenton, Edward Pelham, *The Naval History of Great Britain* (*Volume* 1); *From the Year MDCCLXXXIII to MDCCCXXII*, General Books, 2010.

(5) Campbell, John, *The Lives of the British Admirals*, Vol. 1, BiblioBazaar, 2010.

(6) Carter, Albert Thomas, *History of English Legal Institutions*, London: Butterworth & Co., 1902.

(7) Coke, Edward, *The Fourth Part of the Institutes of the Laws of England Concerning the Jurisdiction of Courts*, London, printed by John Steater and 4 Others, 1671.

(8) Cotton, Joseph, *Memoir on the Origin and Incorporation of the Trinity House of Deptford Strond*, printed by J. Darling, 1818.

(9) Daunton, M. J., Daunton, Martin, Clark, Peter, *The Cambridge Urban History of Britain*, Vol. 1 - 2, Cambridge University Press, 2014.

(10) Elton, G. R., *Studies in Tudor and Stuart Politics and Government*, Cambridge University Press, 1974.

(11) Elton, G. R., *The Parliament of England*, 1559 - 1581, Cambridge: Cambridge University Press, 1986.

(12) Entick, John, *A New Naval History*, printed for R. Manby etc., 1757.

(13) Geldart, W., *Elements of English Law*, Oxford University Press, 1975.

(14) Godolphin, John, *A View of the Admiral Jurisdiction*, printed by W. Godbid, 1661.

(15) Gosse, Philip, *The Pirates Who's Who*, published by Burt Franklin, 1924.

(16) Grant, R. G., *Battle at Sea: 3,000 Years of Naval Warfare*, DK PUB, 2011.

(17) Hanbury, H. G., *English Courts of Law*, Oxford University Press, 1979.

(18) Hedges, Charles, *Reasons for Setling [sic] Admiralty – jurisdiction, and Giving Encouragement to Merchants, Owners, Commanders, Masters of Ships, Material – men and Mariners Humbly Offered to the Consideration of His Majesty, and the Two Houses of Parliament London*, s. n., 1690.

(19) Helmholz, R. H., *The Oxford History of the Laws of England: Volume VI*, Oxford University Press, 2004.

(20) Hervey, Frederic, *The Naval History of Great Britain: From the Earliest Times to the Rising of the Parliament in* 1779 … Vol. 1, printed by W. Adlard, 1779.

(21) Holdsworth, William Searle, *A History of English Law*, Vol. 1 – 5, Brown Little, 1924.

(22) John H. Baker, *An Introduction to English Legal history*, Oxford University Press, 2019.

(23) Lane, Frederic Chapin, *Venice, a Maritime Republic*, Johns Hopkins University Press, 1973.

(24) Lavery, Brian, *The Arming and Fitting of English Ships of War*, 1600 – 1815, U. S. Naval Institute Press, 1989.

(25) Lewis, Archibald Ross, *European Naval and Maritime History*, 300 – 1500, Indiana University Press, 1986.

(26) Luders, Alexander, *Tracts on Various Subjects in the Law and History of England*… Vol. 2, printed by R. Cruttwell, 1810.

(27) McKechnie, William Sharp, *Magna Carta: A Commentary on the Great Charter of King John: With an Historical Introduction*, Lawbook Exchange Ltd., 2000.

(28) Musa, Shavana, *Victim Reparation under the Ius Post Bellum*, Cambridge University Press, 2019.

(29) Musson A. & Ramsay N., *Courts of Chivalry and Admiralty in*

Late Medieval Europe, Suffolk: Boydell & Brewer, 2018.

(30) Nigel,Meeson, John, Kimbell, *Admiralty Jurisdiction and Practice*, Informa, 2011.

(31) Palliser,D. M. , *The Cambridge Urban History of Britain*, Cambridge University Press, 2008.

(32) Pollard, A. F. , *Factors in Modern History*, Biblio Bazaar, 2015.

(33) Prynne, W. , *Brief Animadversions on, Amendments of, & Additional Explanatory Records to, the Fourth Part of the Institutes of the Lawes of England, concerning the Jurisdiction of Courts Compiled by the Late Famous Lawyer, Sir Edward Cooke, Knight...*, printed by Thomas Ratcliffe and Thomas Daniel, 1669.

(34) Radcliffe,G. R. Y Cross, Geoffrey. Hall, G. D. G. *The English Legal System*, London: Butterworths, 1977.

(35) Richardson, H. , *The Medieval Fairs and Markets of York*, St. Anthony's Press, 1961.

(36) Roscoe, Edward Stanley, *Roscoe on the Admiralty Jurisdiction & Practice of the High Court of Justice*, London: Stevens and Sons, 1920.

(37) Roscoe, Edward Stanley, *The Growth of English Law: Being Studies in the Evolution of Law and Procedure in England*, London: Stevens and Sons, 1911.

(38) Russell, James, *The Ancient Liberties and Privileges of the Cinque Ports and Ancient Towns: to which is Prefixed an Original Sketch of Constitutional Rights, and the Principles of our Ancient Representation*, printed by C. Stower, 1809.

(39) Sanborn, Frederic Rockwell, *Origins of the early English Maritime and Commercial Law*, London: The Century Co. , 1930.

(40) Selden, John et al. , *Mare Clausum: The Right and Dominion of the*

Sea in Two Books, Andrew Kembe and Edward Thomas, 1663.

(41) Selden, John, *The Dissertation of John Selden, Annexed to Fleta. Translated, with Notes*, Gale ECCO Print Editions, 2010, 1771.

(42) William Senior, *Doctors' Commons and the old Court of Admiralty: A Short History of the Civilians in England*, London, Longmans, Green and Co., 1922.

(43) Southey, Robert, *The British Admirals: With an Introductory View of the Naval History*, London: A. & R. Spottiswoode, New – Street – Square, 1833.

(44) Stein, Peter, *Roman Law in European History*, Cambridge University Press, 1999.

(45) Stubbs, W., *The Constitutional history of England, in its Origin and Development*, Cambridge: Cambridge University Press, 2011.

(46) Unger, Richard W., *The Ship in the Medieval Economy* 600 – 1600, McGill – Queen's University Press, 2008.

(47) Williams, Charles Harold, *The Making of the Tudor Despotism*, Russell & Russell, 1967.

3. 期刊论文

(1) *On the Evidence Receivable in the Court of Admiralty*, Law Magazine: Or Quarterly Review of Jurisprudence, Vol. 19, No. 1, 1853, p. 57 – 73.

(2) *Sixth Centennial of the Court of Admiralty in England*, The American Journal of Legal History, Vol. 4, No. 3, 1960, p. 285.

(3) *The Admiralty Court and Its Reforms*, Law Magazine and Law Review, or, Quarterly Journal of Jurisprudence, Vol. 5, No. 1, 1858, p. 34 – 44.

(4) August, Raymond S., *Trial by Jury in a Court of Admiralty: A Constitutional Right Buried under Historical Ignorance*, Journal of Maritime Law and Commerce, Vol. 13, No. 2, 1982, p. 149 – 176.

（5）Cadwallader, F. J. , "*The Court of Admiralty and Equity*"：*Principles and Practice of Maritime Law* , RSA Journal, January 1990, Vol. 138, No. 5402, p. 119 – 133.

（6）Cumming, Charles S, *The English High Court of Admiralty*, Tulane Maritime Law Journal, Vol. 17, No. 2, 1993, p. 209 – 256.

（7）Gordan, John D. III. , *Publishing Robinson's "Reports of Cases Argued and Determined in the High Court of Admiralty"*, Law and History Review, August 2014, Vol. 32, No. 3, p. 525 – 573.

（8）Guy, J. A. Wolsey, *The Council and the Council Courts*, The English Historical Review, Jul. , 1976, Vol. 91, No. 360, p. 481 – 505.

（9）Holdsworth, W. S. , *Reception of Roman Law in the Sixteenth Century III*, Law Quarterly Review, Vol. 28, No. 2 (1912), p. 131 – 147.

（10）Ibbetson, David, *Law and Custom*：*Insurance in Sixteenth – Century England*, Journal of Legal History, Vol. 29, No. 3, 2008, p. 291 – 308.

（11）Jackling, David, *The Cinque Ports*, Journal of the Law Society's School of Law, 4 (1929), p. 15 – 17.

（12）Laing, Lionel H. , *Historic Origins of Admiralty Jurisdiction in England*, Michigan Law Review, Dec. , 1946, Vol. 45, No. 2 (1946), p. 163 – 182.

（13）Marsden, R. G. , *The High Court of Admiralty in Relation to National History, Commerce and the Colonisation of America, A. D.* 1550 – 1650, Transactions of the Royal Historical Society, 1902, New Series, Vol. 16 (1902), p. 69 – 96.

（14）M'Millan, A. R. G. , *Scottish Court of Admiralty*：*A Retrospect II*, Juridical Review, Vol. 34, No. 2, 1922, p. 164 – 171.

（15）Potter, George S. , *Sources Growth and Development of the Law Maritime*, Yale Law Journal, Vol. 11, No. 3, 1901 – 1902, p. 143 – 152.

(16) Pyke, H. Reason, *Law of the Prize Court*, Law Quarterly Review, Vol. 32, No. 2, 1916, p. 144 – 167.

(17) Runyan, Timothy J., *The Rolls of Oleron and the Admiralty Court in Fourteenth Century England*, American Journal of Legal History, Vol. 19, No. 2, 1975, p. 95 – 111.

(18) Shephard, James W., *The Roles d'Oleron: A Lex Mercatoria of the Sea*, Comparative Studies in Continental and Anglo – American Legal History, 24, 2005, p. 207 – 254.

(19) Waddington, Raymond B., *Elizabeth I and the Order of the Garter*, The Sixteenth Century Journal, Spring, 1993, Vol. 24, No. 1, p. 97 – 113.